ESSAI

SUR

LA PATERNITÉ

ET

LA FILIATION

SOUS LE CODE CIVIL.

PAR M. B. RICHEFORT,

JUGE SUPPLÉANT DU TRIBUNAL DE L'ARROND^t DE BRIVES (CORRÈZE),
BATONNIER DES AVOCATS PRÈS CE TRIBUNAL.

> « Si les législateurs n'avaient pris aucune précaution
> » pour fixer l'état des hommes, les citoyens ne pourraient
> » se connaître entre eux que par la possession. Telle était
> » la règle qui les distinguait seule avant que les États
> » policés eussent établi des lois sur une matière si im-
> » portante. » COCHIN, tome 2, édit. de 1821, page 106.

LIMOGES.

F. CHAPOULAUD, IMPRIMEUR-LIBRAIRE,

PLACE DES BANCS, N° 9.

AOUT 1825.

AVANT-PROPOS.

L'ÉTAT des personnes dans la société est défini, la principale condition suivant laquelle un homme vit dans le public et dans sa famille, et qui lui donne certains droits et certaine domination. L'état de l'homme est ou public ou privé : le public comprend la liberté et le droit de citoyen ; il est appelé en droit, *status civilis, vel simpliciter status* : l'état privé comprend le droit de famille, qui peut être changé, *salvo statu publico.*

C'est l'état privé des hommes, sous le rapport de leurs droits de famille, qui a été le sujet de nos profondes méditations. Nous avons fait, pendant plusieurs années, une étude particulière du premier livre du Code civil, concernant *les personnes.* Il est infiniment plus étendu que le titre du Digeste *de statu hominum*, qui ne contient que vingt-sept décisions. L'ordre suivi par notre Code, sur cette matière, nous paraît mieux réglé que celui tracé par les jurisconsultes romains : il suit l'homme dans tous les droits qui sont attachés à sa personne, en le prenant depuis sa naissance jusqu'à l'époque de la vie où il est le maître de ses actions et de ses biens. Nous avons entrepris un ouvrage de longue haleine sur cette première partie de notre droit français, sans contredit la plus importante de toute législation civile. L'essai que nous nous hasardons à publier n'est qu'un fragment de notre grand travail : son sujet est peut-être le plus intéres-

iv

sant et le plus difficile, Nous n'avons pas le sot amour-propre de croire que nous l'ayons traité convenablement. Encore une fois, ce n'est qu'un essai, qui nous a bien coûté quelques veilles, mais qui ne paraîtra presque qu'un aperçu, si l'on fait attention au cadre large qu'il présente et au talent qu'il exige pour le remplir : ce n'est point un traité sur la paternité et la filiation que nous offrons au public. On sent plus de découragement que d'émulation, en lisant ce que les d'Aguesseau et les Cochin ont écrit sur la matière avec la profondeur de leur science et les inspirations de leur génie. Nous donnons un modeste commentaire, à la manière de Boutaric, de Furgole et de Chabot-de-l'Allier, mais en sollicitant une indulgence qui nous est si nécessaire pour notre début. Si nos observations sur chacun des articles du titre que nous avons étudié, peuvent fournir quelques lumières au grand nombre des plus habiles, nous nous croirons suffisamment récompensés.

Avant de nous hasarder à publier cet ouvrage, nous l'avons soumis à l'examen du premier jurisconsulte de notre époque, M. le comte Merlin. Cet ancien magistrat, qui fut pendant long-temps le flambeau de la cour de cassation, en nous indiquant quelques erreurs, que nous nous sommes empressés de rectifier, a bien voulu mettre de sa main, sur notre manuscrit, ces expressions, capables d'exciter notre émulation autant que notre amour-propre : *Il y a de très-bonnes choses dans cet important travail.* Nous lui rendons grâces d'un suffrage qui est aussi bienveillant pour nous qu'honorable. Qu'il daigne recevoir l'hommage, que nous lui consacrons ici, de notre respectueuse reconnaissance.

ESSAI

SUR

LA PATERNITÉ

ET

LA FILIATION.

ARTICLE 312.

§ Ier.

L'enfant conçu pendant le mariage a pour père le mari.

LA sagesse de cette maxime, tirée de la loi romaine (1), n'a pas besoin d'être développée : l'intérêt et la sécurité des familles rendaient nécessaire cette présomption légale. Nous verrons bientôt comment et dans quel cas elle cesse d'avoir effet. Nous voulons seulement tâcher de

(1) *Is pater est quem nuptiæ demonstrant. Leg. 5, § de in jus vocando.* Ferrière, dans son Dictionnaire de droit, au mot *Légitime*, rapporte qu'une princesse, instruite de cette règle, dit un jour au prince son mari : « Vous ne pouvez » pas faire des princes sans moi, et j'en puis faire sans » vous. »

I

fixer ici, sous un autre rapport, le véritable sens de ces premières expressions de l'article.

L'enfant conçu pendant le mariage, dit la loi, a pour père le mari. Mais supposons une veuve qui convole un mois ou huit jours, par exemple, après la mort de son premier mari : de quelle union sera censé provenir l'enfant dont elle accouchera dans les dix mois de son veuvage (1)?

Le cas de cette supposition semble d'abord ne pouvoir se présenter, à cause de l'article 228, qui déclare que la femme ne peut contracter un nouveau mariage qu'après dix mois révolus depuis la dissolution du mariage précédent. Mais il est à remarquer que la peine de nullité n'a pas été formellement attachée à la violation de cette disposition prohibitive ; et quoique cela paraisse un oubli, la cour de cassation n'en a pas moins décidé qu'il n'y avait point nullité dans le second mariage contracté dans

(1) Cette question a été soulevée par le docteur Fodéré, dans son Traité de médecine légale, tome 2, page 206. Il convient que le cas ne lui semble pas avoir été prévu par le Code. Cette matière, dit-il, peut devenir très-embrouillée, et donner lieu à de très-vives contestations. Il croit pourtant pouvoir décider que, si l'enfant naît dans les cent quatre-vingt-deux jours du second mariage, il appartient au premier mari, parce qu'il est viable. *Vid.* ce que je dis sur l'art. 314.

les dix mois de la dissolution du premier. L'arrêt qui l'a décidé ainsi est du 29 octobre 1811 (1), dans la cause des héritiers et de l'épouse *Verchères*. La cour s'est fondée 1° sur le motif précité ; 2° sur ce que la prohibition de l'article 228 n'est pas rangée parmi les causes des demandes en nullité de mariage dont il est traité au chapitre 4, titre 5, livre 1er. Elle a accompagné ces motifs du raisonnement suivant :

« Qu'il y aurait une rigueur exagérée à annuler
» l'acte le plus important et le plus favorable
» de la vie civile, un mariage, par l'application
» trop étendue de cet article du Code, qui ne
» crée qu'un empêchement temporaire , *qui*
» *n'est que de précaution et de police*, tandis
» que, pour en remplir le vœu, pour en assurer
» l'exécution et pour prévenir les inconvéniens
» possibles de la précipitation des secondes
» noces, il est des moyens suffisans dans *l'atten-*
» *tion plus exacte des officiers de l'état civil,*
» *et dans la surveillance active des magistrats*
» *exerçant le ministère public.* »

Il nous semble que la cour suprême s'est plus occupée de la validité de l'acte en lui-même que de ses conséquences. Écoutons M. Sirey dans ses observations à la suite de cet arrêt qu'il rapporte :

(1) Sirey, tome 12, 1re partie, page 46.

« Ceux qui ne croient pas que de graves in-
» convéniens puissent résulter de l'inobserva-
» tion de l'art. 228 du Code civil, ne font sans
» doute attention qu'au danger de ce qu'on
» appelle *turbatio sanguinis;* ils ne voient, dans
» l'art. 228, qu'une mesure de police ou de
» décence publique, tendant à soustraire une
» femme aux embrassemens d'un second mari,
» pendant qu'elle peut encore être enceinte du
» premier; et c'est pour cela que la loi a fixé
» le délai à dix mois, temps après lequel cesse
» légalement toute présomption de grossesse
» du fait du premier mari (312, Code civil).
» — Mais l'inobservation de l'article 228 peut
» avoir les inconvéniens les plus graves, dans
» le cas où il détruirait toutes les présomptions
» légales et humaines de la paternité. Supposons
» qu'une veuve se remarie huit jours après le
» décès de son premier mari, et qu'elle ac-
» couche ensuite vers la fin du neuvième mois,
» auquel des deux maris appartiendrait l'enfant ?
» Impossible de l'attribuer à l'un plutôt qu'à
» l'autre. Or, un tel inconvénient est grave,
» destructif des fins du mariage, et attentatoire
» à *l'ordre public.* D'où la conséquence, ou que
» la formalité est *substantielle*, ou que nos
» vœux doivent appeler une disposition ex-
» presse, qui prononce la nullité d'un mariage

» fait dans un délai tel qu'il ne puisse y avoir
» *présomption* de paternité plutôt pour l'un des
» deux maris que pour l'autre. »

Il n'y aurait donc d'autre peine à prononcer, comme le dit encore M. Sirey, que contre l'officier public qui aurait célébré le second mariage avant l'expiration du délai prescrit ; et quelle peine encore ? 16 fr. à 300 fr. d'amende ; car c'est la seule contenue pour le cas particulier dans l'art. 194 du Code pénal. Mais, de bonne foi, pensera-t-on que la crainte d'une peine aussi légère puisse arrêter un officier de l'état civil, lorsqu'il agira dans l'intérêt d'un parent, d'un ami, peut-être même par la séduction d'une forte récompense ? et comment, dans cette hypothèse, la surveillance des magistrats exerçant le ministère public pourra-t-elle être assez prévoyante, assez active, pour empêcher un mal qui peut produire tant de fâcheux résultats ?... Quoique probablement rare, le mal n'en existera pas moins *en principe*, puisqu'il est possible.

Indépendamment de l'incertitude sur les présomptions légales et humaines de la paternité, on peut ajouter, comme conséquence, la grande difficulté qu'il y aurait pour le droit de successibilité. L'enfant né dans les dix mois du décès du premier mari de sa mère, succédera-t-il à ce premier mari, ou bien au second, ou bien à tous les deux ensemble ?

La cour de Trèves eut à apprécier les consé-quences que nous venons de signaler dans l'affaire de Julie Crusius. Le premier mariage de cette femme n'avait pas été, à proprement parler, *dissout*, mais déclaré *nul* pour cause de violence. Julie Crusius voulut se remarier avant les dix mois du jugement qui l'avait dégagée de ses premiers liens. L'officier public refusa de passer à la célébration. La cour de Trèves approuva son refus par arrêt du 30 avril 1806 (1), fondé sur les motifs suivans :

« Considérant que, d'après les art. 201 et 202
» du Code civil, le mariage qui a été déclaré
» nul, produit néanmoins des effets, tant à l'é-
» gard des époux qu'à l'égard des enfans, lors-
» qu'il a été contracté de bonne foi; qu'il im-
» porte dès-lors de prévenir cette incertitude
» que la turbation du sang, occasionnée par un
» mariage précipité, pourrait produire à l'égard
» des enfans;

» Considérant que tel était l'esprit de la loi
» romaine, qui a défendu aux veuves de con-
» voler en secondes noces (*intra annum luctûs*)
» avant que dix mois fussent écoulés; que tel est
» aussi évidemment l'esprit de l'art. 228 du Code
» civil, et que, malgré toutes les apparences de

(1) Sirey, tome 6, 2ᵉ partie, page 189.

» l'éloignement que l'exposante paraît avoir eu
» pour son ci-devant mari, il est néanmoins
» possible qu'il y ait eu copulation. »

La décence publique, outragée par un convol
aussi précipité, aurait bien dû entrer pour quelque chose dans l'esprit du législateur, lors de la
rédaction de l'article 228. C'est là néanmoins,
comme on vient de le voir, la plus légère tache
de cette disposition de la loi. Non-seulement le
second mariage n'est pas nul, mais encore aucune peine n'est prononcée contre la femme qui
commet un délit aussi scandaleux pour la morale
que subversif de l'ordre de succéder; car on ne
peut considérer comme peine de ce délit celle
portée dans l'art. 386, qui s'applique à toutes les
femmes qui convolent à une époque plus ou
moins éloignée, et qui ne fait que leur enlever
l'usufruit légal du bien de leurs enfans attaché
à la puissance paternelle.

Il y avait une bien plus salutaire rigueur contre
les secondes noces en général dans la législation
romaine et dans l'ancien droit français. Ter-
tullien appelle les secondes noces un adultère.
Valère-Maxime dit qu'elles sont un aveu d'in-
tempérance. Cependant elles étaient permises,
*idque propter necessitatem ; quia meliùs est nu-
bere quàm uri* (1).

(1) Saint Paul, Ep. aux Cor., ch. 7, ℣ 9.

D'anciens canons défendaient aux ecclésiasti
ques qui étaient *in sacris*, de se trouver au
festins des secondes noces. Elles étaient enfi
privées de la bénédiction nuptiale.

Si les secondes noces, en général, étaient re
gardées très-défavorablement, à combien plu
forte raison paraissaient - elles odieuses lor:
qu'elles avaient lieu *intra annum luctûs!* La l
1re au Code *de secundis nuptiis*, contient cin
peines dont les femmes étaient punies, quar
elles passaient à de secondes noces avant l'an c
deuil expiré. La première était la note d'infam
qu'elles encouraient *ipso jure*. Le second ma
et le père de la veuve qui consentait au maria(
étaient sujets à cette peine. Il n'entre point da
notre sujet de faire connaître toutes ces peine
ni de dire quelles étaient celles qui avaient é
maintenues en France, dans les pays régis p
le droit écrit et dans les pays coutumiers.

Nous dirons seulement que, quoique, d'apr
le droit romain, et surtout d'après l'ancien:
législation française, les seconds mariages co
tractés dans l'an du deuil ne fussent pas nul
leurs effets étaient quelquefois désastreux. (
voit, dans le Dictionnaire de Ferrière, au m
secondes noces, un arrêt rapporté au Journal d
audiences, rendu par la grand'chambre du p:
lement de Paris, le 10 juin 1664, qui juge

contrairement aux prétentions de la femme, que l'enfant né dans les neuf mois de sa seconde union appartenait au second mari, quoiqu'elle eût convolé *dans les trois premiers jours* de son deuil. Elle fut en même temps privée de son douaire.

Il est affligeant pour la société que notre nouvelle législation ait déclaré en même temps, et que la femme ne peut se remarier avant les dix mois de son veuvage, et que pourtant, si elle se remarie dans cet intervalle, son union est valable. Mais, puisque la cour de cassation a pensé que la disposition prohibitive d'une loi ne remplace pas ou ne contient pas suffisamment une disposition irritante et précise, nous devons continuer (1) de faire des vœux pour que cette dernière soit formellement ajoutée, par une loi spéciale, à l'art. 228 du Code civil.

(1) Il y a quatre ans que nous avions rédigé, à ce sujet, une pétition à la chambre des députés, que M. le comte Purel-d'Espeyrut avait bien voulu se charger de remettre. Sans doute que les affaires politiques qui sont survenues dans l'intervalle ont fait ajourner le rapport de cette pétition.

ARTICLE 312.

§ 2.

Néanmoins celui-ci pourra désavouer l'enfant, s'il prouve que pendant le temps qui a couru depuis *le trois centième jusqu'au cent quatre-vingtième jour avant la naissance de cet enfant*, il était, *soit par cause d'éloignement*, soit *par l'effet de quelque accident*, dans l'impossibilité *physique* de cohabiter avec sa femme.

N° 1. *Depuis le trois centième jusqu'au cent quatre-vingtième jour avant la naissance.* — Cette locution ne nous paraît pas très-intelligible pour le commun des hommes.

De quelle époque, de quel événement, de quel fait connu, le législateur entend-il que l'on parte pour trouver le temps intermédiaire du trois centième au cent quatre-vingtième jour ? Est-ce du dernier des premiers trois cents jours de la célébration du mariage ? Mais si le mari cohabite pendant les dix premiers mois de son mariage avec sa femme, et qu'il ne s'absente ensuite que pendant cent quatre-vingts jours, ou six mois, certes il ne pourra pas désavouer l'enfant né à l'expiration de ce dernier terme, parce qu'il est sensible qu'il aura été conçu pendant la cohabitation précédente. Est-ce du jour de la conception ? Mais on ne peut fixer aucune époque à cette opération mystérieuse, soit qu'elle se fasse avant, ou immédiatement, ou plusieurs années après la célébration du mariage.

La première rédaction de cet article, communiqué au tribunat, portait :

« Néanmoins celui-ci pourra désavouer l'en-
» fant, s'il prouve qu'au moment de la concep-
» tion de cet enfant, il était, soit pour cause
» d'éloignement, soit par l'effet de quelque
» accident, dans l'impossibilité physique de
» cohabiter avec sa femme. »

On observa avec raison que les mots *au moment de. la conception de l'enfant* n'offraient qu'une idée vague ; que l'époque de la conception étant inconnue, ce n'était qu'en circonscrivant ce moment dans les limites les plus généralement avouées, qu'il était possible de prévenir les inconvéniens de l'arbitraire ; que deux cas étaient à prévoir : 1° la naissance de l'enfant la plus précoce ; 2° la naissance la plus tardive ; qu'à la vérité, l'une et l'autre étaient prévues par les articles 314 et 315 du projet ; que l'art. 314 déterminait le plus court terme, depuis le moment de la conception jusqu'à celui de la naissance ; que l'art. 315 déterminait le plus long ; mais que, comme ces deux articles étaient absolument indépendans du paragraphe dont il s'agit, lequel

n'était relatif qu'à l'impossibilité physique et
aux enfans conçus pendant le mariage, les
termes qu'ils fixaient ne pourraient lui être
appliqués que par induction ; que l'importance
du sujet, l'ordre des articles, la clarté de la rédaction, sollicitaient pour ce paragraphe une expli-
cation formelle ; on proposa de le rédiger ainsi :

« Néanmoins celui-ci pourra désavouer l'en-
» fant, s'il prouve que, trois cent un jours *avant*
» la naissance de cet enfant, et *depuis cette*
» *époque* jusqu'au cent quatre-vingtième, il
» était, soit pour cause d'éloignement, soit par
» l'effet de quelque accident, dans l'impossibilité
» physique de cohabiter avec sa femme (1). »

Cependant l'article fut définitivement rédigé
tel qu'il est aujourd'hui.

Le projet de rédaction que nous venons de
rapporter, nous donne l'intelligence de l'article
tel qu'il est aujourd'hui conçu. Il signifie que le
mari pourra désavouer l'enfant s'il prouve que,
soit pour cause d'éloignement, soit par l'effet
de quelque accident, il a été empêché de cohabiter avec sa femme pendant les quatre mois ou
cent vingt jours qui se sont écoulés avant les six
mois ou cent quatre-vingts jours qui ont pré-

---

(1) Conférences du Code civil, tome 2, page 267, par
un jurisconsulte qui a concouru à la confection du Code.
A Paris, chez Firmin Didot, an 13 (1805).

cédé celui de la naissance de cet enfant. On voit qu'en effet, en remontant à cette époque, l'enfant serait né dix mois et un jour après la dernière cohabitation, et que, par conséquent, il ne peut être présumé appartenir au mari."

L'exactitude de ce calcul est démontrée par l'exposé de M. Bigot-Préamenu du 20 ventôse an 11.

« La loi exige, dit l'orateur, qu'il y ait eu
» impossibilité pendant le temps qui aura cou-
» ru depuis le trois centième jusqu'au cent
» quatre-vingtième jour avant la naissance de
» l'enfant; le temps le plus long de la grossesse
» étant de trois cents jours et le plus court de
» cent quatre-vingts, *si depuis l'époque où a*
» *pu commencer le temps le plus long jusqu'à*
» *celui où a pu commencer le temps le plus*
» *court,* il y a eu impossibilité, il est évident
» que la présomption qui naît du cours ordi-
» naire de la nature a toute sa force. »

Le tribun Duveyrier, dans son discours au corps législatif, séance du 2 germinal an 11, dit aussi :

« Il faut que, dans l'intervalle de temps
» donné à la possibilité de la conception, c'est-
» à-dire, dans l'intervalle de *cent vingt jours qui*
» *s'écoule entre le cent quatre-vingtième et le*
» *trois centième jour avant la naissance de l'en-*

» *fant*, l'esprit humain ne puisse conservér la
» possibilité d'un seul instant de réunion. »

Enfin M. Toullier, dans son *Droit civil français*, t. 2, pag. 122, dit encore plus clairement :

« Le mari doit donc prouver quatre mois
» entiers et continus d'absence ou d'impuissance
» accidentelle, à commencer depuis le premier
» jour du dixième mois jusqu'au premier jour
» du sixième avant la naissance de l'enfant. »

La difficulté d'entendre cette partie de l'article, *depuis le trois centième jusqu'au cent quatre-
vingtième jour avant la naissance de cet enfant*, venait de ce que les mots *avant la naissance* semblaient ne se rapporter qu'au cent
quatre-vingtième jour, et non au trois centième
qui paraissait avoir un point de départ obscur,
indéterminé, difficile à saisir.

On doit bien remarquer que, pour rendre
le désaveu admissible, il faut que les quatre
mois d'absence ou de toute autre impossibilité
physique soient pleins, c'est-à-dire, qu'ils soient
composés de cent vingt jours. De sorte que, si
le mari était rentré auprès de sa femme le cent
dix-neuvième jour, il ne pourrait se plaindre.
C'est pour cela que la loi a compté par *jour*
et non par *mois*. La remarque est utile aujour-
d'hui surtout que nous suivons le calendrier
grégorien dont les mois sont irréguliers. Nous

entrerons à ce sujet dans un plus grand détail, en examinant les articles 314 et 315.

N° 2. *Soit par cause d'éloignement.* — M. Duveyrier, dans son exposé au corps législatif du 2 germinal an 12, dit qu'il faut que l'absence soit constante, continue, et de telle nature que, dans l'intervalle de temps donné à la possibilité de la conception, l'esprit humain ne puisse concevoir la possibilité d'un seul instant de réunion entre les deux époux.

Quelques auteurs, pour admettre l'exception de l'absence, exigeaient, entre les deux époux, l'espace immense des mers.

« Cette précision, continue M. Duveyrier, » était affectée et scolastique ; elle n'était ni « juste ni correspondante au principe ; elle ne » remplissait pas l'objet proposé. L'absence » réelle peut se modifier par d'autres causes ; » elle peut s'établir par d'autres preuves tout » aussi décisives : il suffit d'exiger qu'elle soit » telle qu'au moment de la conception, toute » réunion, même momentanée, entre les deux » époux, ait été physiquement impossible.

» On a demandé, dit encore M. Duveyrier, » si la prison qui sépare deux époux pourrait » être assimilée à l'absence. Il est clair, ré- » pond-il, que c'est l'absence elle-même, pourvu » toujours que la séparation ait été tellement

» exacte et continuelle, qu'au temps de la con-
» ception, la réunion d'un seul instant fût phy-
» siquement impossible. »

M. Toullier, loc. cit., pag. 123, n'admet la prison comme exception de l'absence, qu'autant que la prison se trouverait dans une distance assez éloignée pour opérer l'impossibilité physique d'un rapprochement; autrement, dit-il, la complaisance ou la corruption des gardes et des gardiens pouvant se prêter à une réunion momentanée, l'impossibilité physique exigée par la loi n'existerait plus. Cette condition ne nous paraît pas tout-à-fait concluante dans la supposition même de M. Toullier; car il ne paraîtrait admettre l'exception qu'à cause de l'éloignement du mari, et non du fait de sa captivité : ce qui rentrerait dans l'exception unique de l'absence. Cependant, il peut arriver que, selon la cause de la détention du mari, il soit tenu au secret, ou enfermé dans une prison d'état, pendant tout le temps requis par la loi ; alors on ne peut supposer ni complaisance ni corruption de la part des gardes ou des geoliers ; alors, par conséquent, la présomption de l'impossibilité de la cohabitation devrait continuer d'exister. D'ailleurs, les mots *soit par l'effet de quelque accident*, dont se sert la loi, sont génériques et peuvent s'appliquer à une infinité de cas dans lesquels l'impossibilité de la cohabitation serait forcée.

Cette présomption serait surtout forte et dé-terminante, si le mari avait demeuré, pendant les cent vingt jours dont parle la loi, en capti-vité chez l'ennemi. La preuve de cette captivité est facile à rapporter. Elle résiste à toute sup-position de rapprochement entre les deux époux, à moins que la femme ne prouve qu'elle est allée joindre son mari, et qu'elle a resté un temps quelconque dans l'endroit où il se trouvait, ou du moins à une distance assez proche pour que l'on puisse supposer la possibilité d'une coha-bitation momentanée.

Cette impossibilité de cohabitation résultant de l'éloignement ou de l'absence en général, est bien difficile à établir, surtout par rapport à la durée exigée de quatre mois ou cent vingt jours. Elle dépend de l'appréciation des circonstances. La cour de Paris décida, le 9 août 1813 (1), que le mari qui est en France, à cent soixante lieues de sa femme, à l'époque où la loi présume qu'elle a pu concevoir, n'est pas, à raison de cette distance, dans l'impossibilité physique de cohabitation avec elle; qu'il a pu voyager et cohabiter; qu'il est réputé père.

M. Merlin, Répertoire, au mot *légitimité*, dit

____

(1) Sirey, tome 13, 1ʳᵉ partie, page 310.

qu'en 1637, on publia dans toute la France un imprimé en forme d'arrêt, attribué au parlement de Grenoble, par lequel il paraissait que cette cour avait déclaré légitime un enfant né pendant l'absence du mari, et *conçu par la force de l'imagination de sa mère*. Mais il ajoute qu'il fut démontré que cet arrêt était de pure invention, et que, comme il était injurieux à la cour à laquelle il était attribué, le parlement de Paris en défendit la publication par arrêt du 13 juin 1637; que même le parlement de Grenoble, par arrêt du 13 juillet suivant, le déclara faux, supposé et calomnieux, ordonna qu'il serait lacéré par la main du bourreau, jeté au feu, et brûlé devant la grande porte du palais, etc. : nous le croyons sans peine.

Le Code ne fixe pas à quelle distance les époux doivent avoir vécu l'un de l'autre. Mais, comme le dit M. Merlin, l'absence du mari ne peut pas faire cesser la présomption de paternité, si elle ne réunit trois caractères, savoir : la longueur, la certitude et la continuité. Sans l'un d'eux, et pour peu qu'il y ait de doute sur ce point, on doit présumer que la mère est innocente, et, par conséquent, que le fils est légitime. *In favorem prolis potiùs inclinamus.* C'était la maxime du pape Innocent III, dans le chapitre *ex tenore,* aux décrétales, *qui filii sint legitimi.* Encore une fois, c'est aux tribunaux à apprécier les circonstances sur la possibilité ou impossibilité physique de la cohabitation, quelque courte qu'elle ait été ou pu être.

N° 3. *Soit par l'effet de quelque accident.* — Nous avons dit que ces mots étaient génériques, et comprenaient plusieurs cas que le législateur ne pouvait pas tous préciser. Nous nous bornerons à en indiquer deux principaux, que nous allons examiner dans deux articles séparés, savoir : l'impuissance et la séparation de corps.

Art. 1. *L'impuissance* (1). — On définit l'impuissance un défaut naturel qui rend inhabile à la génération. Ce défaut empêche d'atteindre la principale fin du mariage, qui est la procréation des enfans. Autrefois, l'impuissant, qui savait l'être, se rendait infâme en se mariant, parce qu'il trompait la femme qu'il épousait, et même les parens qui la lui confiaient. C'était dans le cas de l'impuissance perpétuelle, qui était une cause de nullité de mariage, à la différence de l'impuissance temporelle, dont on pouvait guérir par des remèdes. Le canon *si per sortiarias, caus.* 33, *quæst.* 1, parle d'une autre espèce d'impuissance vulgairement appelée *nouement d'aiguillette*, provenant de maléfice et

____

(1) *Præsumitur habilis quisque ad generandum, nisi probetur inhabilis. Alciat., præsumpt.* 41.

sortilége. Mais ce n'était qu'un des effets de l'impuissance véritable, ou le plus souvent le résultat d'une imagination frappée, comme l'observent tous les auteurs du temps. L'impuissance est plus souvent chez l'homme que chez la femme; parce que, de la part de l'homme, elle vient d'un de ces trois défauts, *nimirùm erectiònis, intromissionis, et immissionis seminis in vas fœmineum;* tandis que l'impuissance de la femme n'est fondée que sur ce que *adeò arcta est, ut cum eâ carnale commercium haberi nequeat.* C'est le langage des docteurs. Aussi, dans l'ancienne législation, on voyait peu de procès intentés pour raison de l'impuissance de la femme.

Lorsqu'un mariage était attaqué de nullité pour cause d'impuissance, on faisait subir aux époux l'épreuve publique et scandaleuse du *congrès.* Mais ce spectacle honteux, où la pudeur, la religion et la raison se trouvaient tout à la fois offensées, comme le dit un de nos institutaires, fut aboli pour toujours par arrêt du parlement de Paris du 18 février 1677. Cet arrêt fut rendu dans la cause du marquis de Langey, qui avait eu sept enfans d'un second mariage, après que le premier eut été cassé sur son impuissance prétendue. *Vid.* Journal du palais, tom. 1, pag. 780, et tom. 2, pag. 699. L'épreuve du congrès, inconnue au droit civil et au droit canon, s'était introduite dans les tribunaux ecclésiastiques vers le milieu du sixième siècle.

Depuis l'abolition de cette épreuve, on ne procédait plus en France qu'à la visite du prétendu impuissant, et ensuite de l'époux accusateur. Mais toutes les inspections possibles ne pouvaient fournir aucune certitude sur l'impuissance prétendue, à moins qu'elle ne fût extérieurement manifeste (1).

Quoi qu'il en soit, l'impuissance vérifiée et reconnue était une cause de nullité des mariages, ou une cause de séparation de corps; la chose est constante. Mais en est-il de même aujourd'hui sous l'empire du Code civil? Il nous semble que cette question se rattache intimement à celle que nous avons posée, savoir, si l'impuissance établit une exception à la présomption de paternité. Il existe cependant, en-

---

(1) Salomon, âgé de douze ans, engendra Roboam, et la glose *in cap.* 1, *extr. de delict. puer.*, rapporte qu'un enfant de neuf ans rendit sa nourrice enceinte; et, à ce sujet, Despeysses, tome 1, page 150, id. in fol., dit fort plaisamment qu'il a trouvé, dans je ne sais quel auteur, que la perdrix femelle se tenant vis-à-vis du mâle, « du vent « qui souffle de lui, conçoit par un admirable effort de la » nature. » Il ajoute, plus plaisamment encore, que « si les » femmes avaient cette même faculté, on ne s'informerait » pas, comme on fait, si les maris sont capables d'en- » gendrer ou non. »

tre ces deux questions, une différence que nous ferons plus bas remarquer.

L'art. 146 du Code civil dit qu'il n'y a pas de mariage lorsqu'il n'y a point de consentement; et l'art. 180, en répétant cette disposition, ajoute que, lorsqu'il y a eu erreur dans la personne, le mariage peut être attaqué par celui des deux époux qui a été induit en erreur.

Certes, la nature, la morale, la religion, l'intérêt de famille, celui de la société, tout nous commande de croire que, si l'un des époux avait pu penser que celui avec lequel il s'est uni était privé des facultés nécessaires pour remplir la principale fin du mariage, il se serait abstenu de former ce lien indissoluble. Il y a donc eu erreur de sa part; il y a eu erreur dans sa personne; car cette femme a cru épouser un mari dans l'acception naturelle et civile du mot, et elle n'a épousé qu'un homme qui n'en a que le nom.

On peut dire, il est vrai, que cet homme a ignoré l'empêchement dirimant qu'on lui reproche. Mais ici nous pensons qu'on doit distinguer. Si l'impuissance n'a qu'une cause intérieure et *cachée*, enveloppée dans les autres mystères de la nature, à la bonne heure, ce mari aura été de bonne foi; mais s'il est privé du concours de ces organes extérieurs qui constituent la virilité ; que ce dénuement existât avant le mariage, qu'il provînt d'une omission de la nature ou de quelque accident, cet homme n'aura pas pu se méprendre sur sa position ni sur ses facultés. Il a su qu'il était impropre au mariage : il n'a donc pas été de bonne foi en s'unissant à une femme dont il savait ne pouvoir faire ni une épouse ni une mère.

« Le Code, dit M. Merlin, *Répertoire*, v° *im-*
» *puissance*, ne s'explique pas sur l'impuissance,
» et la loi du 20 septembre 1792 n'en parlait
» pas plus que lui. Doit-on conclure de là que
» le législateur a voulu mettre à l'abri de toute
» attaque le mariage qu'aurait contracté un in-
» dividu à qui la nature aurait *refusé* les or-
» ganes nécessaires pour le consommer, ou qui
» en aurait été *privé*, soit par une opération de
» l'art, soit par un accident quelconque ? On
» peut dire qu'un pareil mariage serait essen-
» tiellement vicié, même d'après le Code, par
» l'erreur dans laquelle cet individu aurait in-
» duit la personne qui aurait cru en faire son
» époux ; car l'art. 146 de ce Code déclare qu'il
» n'y a point de mariage lorsqu'il n'y a point
» de consentement ; et il n'y a certainement
» point de consentement lorsqu'il y a erreur
» sur une qualité de cette nature. »

La cour de Trèves rendit un arrêt, le 27

janvier 1808 , conformément à ces principes.
Elle les appliqua dans une cause où l'impuissance était reprochée à la femme (1). Elle ordonna que, par gens de l'art, cette femme serait
vue et visitée, à l'effet de constater si son état
physique et sa conformation s'opposaient au
but naturel et légal du mariage ; et , dans le cas
où il existerait un obstacle à cet effet, s'il existait déjà avant le mariage, ou s'il était survenu
depuis, et s'il était possible d'y remédier.(Sirey,
tome 8, 2ᵉ partie, page 214.)

Nous savons qu'il a été rendu un arrêt contraire par la cour de Gênes , le 7 mars 1811 ,
sur l'impuissance reprochée par la dame Gaz-
zone à son mari (Sirey, t. 11 , 2ᵉ part., p. 193);
mais l'arrêtiste ne dit pas de quelle espèce était
l'impuissance reprochée. Il y est parlé seulement d'impuissance *naturelle* , ce qui peut
rentrer dans la première supposition que nous

(1) Chez les Hébreux, quand quelqu'un se mariait, on
lui disait : *Faciat Dominus hanc mulierem, quæ ingreditur
domum tuam, sicut Rachel et Liam, quæ ædificaverunt domum Israël. Ruth, cap. ult.*, ℣ 11. — Despeysses nous ap-
prend qu'anciennement les Romains observaient la coutume de mettre, dans la chambre du nouveau marié avec
une fille, la première nuit de ses noces, des simulacres de
certains dieux, afin que, par leur aide, il pût, sans aucune
difficulté, jouir de son épousée ; ce qui ne se faisait pas
lorsque quelqu'un épousait une veuve. Tom. 1, pag. 151.

avons faite, et ne pas contrarier notre système fondé sur la distinction entre l'impuissance dont la cause est intérieure, mais toujours naturelle, et l'impuissance causée par l'absence ou le défaut de conformation des organes. On a vu que notre distinction est précisément le point de départ de la décision de M. Merlin.

C'est à l'aide de cette distinction que nous croyons devoir décider que, si le mari prouve que, pendant le temps qui a couru depuis le trois-centième jusqu'au cent quatre-vingtième jour avant la naissance de l'enfant, il était, par l'effet de son impuissance, dans l'impossibilité physique de cohabiter avec sa femme, il pourra désavouer cet enfant.

Il ne nous paraît pas qu'on puisse concevoir un doute sérieux pour le cas où l'impuissance serait survenue au mari depuis le mariage par accident, c'est-à-dire, par l'effet de la castration ou de la mutilation, fruit d'un crime commis sur sa personne, pourvu que la mutilation soit reconnue suffisante pour opérer l'impuissance absolue; car alors il y a bien impossibilité physique de cohabitation : il en est de même d'une maladie grave et longue (1).

(1) M. Duveyrier, dans son discours au corps législatif, s'exprimait ainsi :

Mais on nous dira peut-être que, relativement à l'impuissance, ayant pour cause l'absence naturelle des organes de la génération, existant avant le mariage, le mari n'est pas recevable à en excepter, parce qu'il ne peut pas se faire un moyen de sa propre turpitude.

Nous répondons que cela était vrai autrefois, mais seulement pour empêcher le mari de demander la nullité de son mariage fondée sur son impuissance (1). La raison en était, qu'il devait se trouver fort heureux que sa femme consentît à garder le silence sur la honte dont il l'avait couverte, et que tout lui interdisait d'ajouter le scandale de la publicité. Mais on sent la différence de ce cas à celui que nous traitons. Dans ce dernier, la société entière est intéressée à conserver l'ordre naturel des successions,

« Il en est de même de la seconde cause d'impossibilité
» physique, de l'impuissance accidentelle du mari. Il
» serait déraisonnable de vouloir détailler les espèces, les
» cas, les accidens qui peuvent la produire, soit qu'il s'a-
» gisse d'une blessure, d'une mutilation, d'une maladie
» grave et longue ; il suffit de savoir que la cause doit être
» telle et tellement prouvée, que, dans l'intervalle du temps
» présumé de la conception, on ne puisse supposer un
» seul instant où le mari aurait pu devenir père. »

(1) Arrêt du parlement de Paris, du 9 décembre 1607 ; Corbin, en ses plaidoyers, chap. 72.

à veiller à ce que les biens d'une famille ne passent pas sur la tête d'un enfant étranger (1).

Les explications dans lesquelles nous venons
d'entrer ont prévenu et détruit, ce nous semble, l'objection qu'on avait voulu tirer de l'art.
313, qui porte que le mari ne pourra, en alléguant *son impuissance naturelle*, désavouer
l'enfant. Notre opinion est incontestablement
vraie pour le cas de l'impuissance *accidentelle*.
Elle doit paraître également solide pour le cas
où l'impuissance a pour cause *l'absence* ou *le
défaut de conformation* des organes de la génération ; car cet état est évidemment contraire
aux lois de la nature ; en parlant de l'impuissance
naturelle, il est clair que l'art. 313 n'a en vue que
celle dont la cause est intérieure et *cachée*, ainsi
que nous l'avons dit plus haut (2).

Art. 2. *La séparation de corps.* — C'est une

____

(1) On doit trouver, d'après cela, beaucoup trop forcées
ces paroles de M. Duveyrier, dans son discours au corps
législatif : « L'homme doit supporter toutes les charges de
» la paternité dont il a témérairement affecté la puissance,
» et dévorer la honte d'un enfant dont il peut n'être pas le
» père, mais qu'il a eu la frauduleuse audace de promettre
» à sa femme et à la société. »

(2) Le droit romain admettait plusieurs causes d'impossibilité. La loi 6, ff. *de his qui sui vel alieni juris sunt*,
s'exprime ainsi : *Sed mihi videtur, quod et Scævola probat, si*

grande question que celle de savoir si la séparation de corps judiciaire peut établir une exception légitime à la présomption de paternité du mari, et fonder par suite le désaveu de l'enfant né pendant le temps qui a couru depuis le trois centième jour, époque de la séparation *irrévocablement* prononcée, jusqu'au cent quatre-vingtième jour avant la naissance de cet enfant. L'opinion de M. Merlin et de M. Toullier, qui se sont déterminés pour la négative, est un antécédent que nous devrions sans doute religieusement respecter. Aussi, nous bornerons-nous à de simples observations que nous puiserons dans la théorie du droit ancien, comparé avec la jurisprudence et le droit nouveau.

Le Code civil ne parle pas directement de la séparation de corps comme moyen de désaveu. Nous n'en parlerons nous-mêmes que comme étant hypothétiquement compris, ainsi que beaucoup d'autres cas, dans les divers *accidens* dont

---

constet maritum aliquandiù cum uxore non concubuisse, infirmitate interveniente, VEL ALIA CAUSA, *vel si eâ valetudine pater familiâs fuit ut generare non possit : hunc qui in domo natus est, licèt vicinis scientibus, filium non esse.* Les Romains reconnaissaient, comme l'on voit, l'impossibilité morale; mais le Code ne paraît l'admettre que dans le cas unique de l'article 313. *Vid.* Toullier, tome 2, page 129, 2ᵉ édit., et le discours de M. Duveyrier au corps législatif.

l'effet peut établir l'impossibilité *physique* de cohabitation dont parle l'art. 312.

La séparation de corps est une espèce de divorce, *non quoad fœdus et vinculum, sed quoad thorum et habitationem*, suivant le droit canonique (1).

La séparation de corps et d'habitation est définie, un jugement qui ordonne que les conjoints par mariage seront séparés d'habitation et de biens, en conséquence des mauvais traitemens faits par le mari à sa femme, ou des débauches de l'un ou de l'autre; de sorte que la femme ne demeurera plus avec son mari.

Le jugement qui prononce la séparation de corps et d'habitation rend nécessaire la demeure séparée des époux. Dès l'instant que celui qui l'a demandée a senti le besoin de la faire proclamer et constater par un acte solennel, pour profiter de ses conséquences, il semblerait donc

______

(1) Selon le concile de Trente, sess. 24, le mariage étant une fois valablement contracté, est indissoluble pour quelque cause que ce puisse être, même pour l'adultère de la femme, au lieu que, chez les Romains, le divorce était toléré, et les mariages pouvaient être dissous pour les causes marquées dans la loi *Consensu, Cod. de repudiis*. Le divorce avait été introduit en France par la loi du 20 septembre 1792, et maintenu par le Code; mais il a été aboli par la loi du 8 mai 1816.

qu'il faudrait l'intervention d'un acte de même nature pour constater la réunion, et en recueillir tous les avantages. Il est vrai que la loi parle de l'impossibilité *physique* de cohabitation ; mais cette impossibilité physique ne doit-elle pas résulter d'un fait moral bien imposant, de la présomption légale ? Or, dès qu'un jugement a séparé deux époux, ne doit-on pas légalement présumer que l'un et l'autre ont obéi à l'injonction de la justice, et alors ne serait-ce pas à celui qui en excepte à prouver la réunion postérieure pour faire croire à la possibilité physique de cohabitation ?

Inutile d'objecter ce que dit Cochin, dans la cause de la demoiselle Ferrant; car les père et mère de cette demoiselle n'étaient point judiciairement séparés, ils ne l'étaient que par transaction. Le sceau de la justice n'était point là comme gardien tutélaire de l'honneur de l'époux. Il était d'ailleurs établi que madame la présidente Ferrant était grosse de deux mois avant sa séparation de fait d'avec son mari.

D'Aguesseau, dans son trente-quatrième plaidoyer, en examinant les conséquences de la maxime *is pater est,* etc., s'exprime en ces termes : « Le mariage assure l'état des enfans; mais » cette conjecture, toute puissante qu'elle est, » n'est fondée que sur la *cohabitation antérieure,*

» non-seulement à la naissance, mais même à
» la conception des enfans. *Sans cela*, il est cer-
» tain que cette présomption, détachée de toutes
» les autres circonstances, n'est nullement dé-
» cisive (1). » Le célèbre chancelier rattache
essentiellement, comme l'on voit, la présomption de paternité à la cohabitation. A la fin de
son vingt-troisième plaidoyer, on voit un arrêt
rendu sur ses conclusions, le 15 juin 1693, par
le parlement de Paris, qui déclara l'enfant légitime, quoique l'adultère de sa mère fût prouvé
et avoué par elle dans ses interrogatoires juri-
diques, parce qu'elle avait toujours demeuré
avec son mari, qui n'avait resté absent que trois
mois seulement. Toujours on voit que c'est de
la cohabitation pendant le mariage, et non uniquement du mariage, que la présomption de paternité tire sa principale force. D'après cela,
n'est-il pas permis de conclure, par la raison des
contraires, que cette présomption doit cesser,
ou du moins être d'un bien faible poids, dès le
moment que la séparation judiciaire est prononcée entre les époux? Ne pourrait-on pas aller
jusqu'à désirer, dans l'intérêt des mœurs comme
dans celui des familles, que, si le temps de la
gestation légale s'est écoulé depuis la séparation

(1) Édit. in-8º, tom. 3, pag. 41.

jusqu'à la naissance de l'enfant, la mère fût obli-
gée du moins de prouver un rapprochement, une réunion, un temps quelconque de fréquen-
tation dans l'intervalle? Cette preuve devrait être par suite à la charge de l'enfant désavoué; car enfin on court le danger d'introduire le fruit du crime dans une famille qui, dans l'état de société, ne doit se composer que d'individus légitimes (1).

Il paraîtrait absurde d'imposer au mari la preuve du non rapprochement, parce que c'est un fait négatif dont la justification serait impossible et absolument indifférente.

La cour de Rouen, par arrêt du 23 février 1814 (Sirey, tom. 15, 2ᵉ part., pag. 85), a jugé que la séparation de corps affaiblit la présomption de paternité du mari. Dans l'espèce de cet arrêt, la séparation avait été prononcée, le 13 avril 1812, pour *sévices, injures* et *mauvais traitemens* exercés par la femme contre son mari. Plus d'un an après, et le 24 avril 1813, la femme accoucha d'un enfant mâle, qui fut inscrit sur les registres

(1) Un membre du tribunat proposa de rédiger ainsi l'art. 313 :

« Le mari ne pourra désavouer l'enfant pour cause d'a-
» dultère de la part de sa femme, à moins que la naissance
» de l'enfant ne lui ait été célée, *ou qu'il n'ait vécu séparé*
» *d'habitation de sa femme à l'époque de la conception;* auquel
» cas, etc. » *Conférences du Code civil.*

de l'état civil. Action en désaveu de la part du mari. Il est reçu à la preuve des faits par lui articulés, que la cause d'inimitié qui avait amené la séparation, n'avait cessé d'exister depuis, et qu'il était notoire qu'il n'y avait pas eu de rapprochement entre lui et son épouse jusqu'à la naissance de l'enfant. Voici le principal motif de cet arrêt :

« Attendu, en droit, que, si la séparation de
» corps ne dissout pas le mariage, elle rompt
» du moins les rapports, les habitudes, les com-
» munications entre les époux; que la maxime
» *is pater est* n'est *fondée* que sur la *cohabita-*
» *tion,* toujours présumée dans l'état ordinaire
» du mariage, mais que, dans l'état de sépara-
» tion de corps, *il n'existe plus la même pré-*
» *somption de cohabitation,* et qu'alors la pré-
» somption de paternité tirée de la maxime *is*
» *pater est* perd elle-même de sa force, et est
» susceptible d'être anéantie par les faits et cir-
» constances de la cause; qu'il n'y a point eu de
» rapprochement entre les époux depuis la sé-
» paration. »

La cour de cassation, dans l'arrêt Brudieu, du 9 novembre 1809 (Sir., tom. 10, 1re part., pag. 77), reconnut que la jurisprudence des anciens tribunaux « avait toujours fort sagement
» subordonné l'application de la maxime *is pater*

» *est* à la nature des faits et des circonstances
» caractéristiques des différentes espèces qui se
» présentaient à juger. » Là aussi il s'agissait
d'un enfant né le 18 juin 1791, après la séparation de corps judiciaire prononcée contre sa
mère en l'année 1789. Il est vrai qu'il y avait
beaucoup d'autres circonstances pour prouver
que l'enfant n'était point le fruit du mariage;
telle que la déclaration d'être né *de père et mère
inconnus;* divorce des époux (Jean Brunet et
Catherine Bouyer); reconnaissance de la mère
et de son second mari (Joseph Brudieu, curé
constitutionnel) que l'enfant leur appartenait;
comme aussi déclaration contraire de la part de
la femme et de son second mari, après le décès
du premier, en date du 24 mars 1806, « que la
» justice et la religion leur imposaient l'obliga-
» tion de déclarer et d'attester que Joséphine
» était réellement la fille de Jean Brunet et de
» Catherine Bouyer; que celle-ci lui avait con-
» stamment donné des soins à ce titre; que si, lors
» de ses couches, elle avait affecté de les tenir
» secrètes autant que possible , c'était pour se
» soustraire à la vengeance de Brunet, etc., etc. »
Mais si nous citons cet arrêt, c'est à cause du
motif donné par la cour suprême sur le degré
d'influence de la maxime *is pater est* dans les

différentes conjonctures qui peuvent se présenter (1).

Cependant, nous revenons à dire qu'en droit la circonstance la plus forte, abstraction faite de toutes les autres, devrait être la séparation de corps *effectuée;* car, si les meilleurs auteurs sont d'accord pour décider que la *cohabitation* est le fondement de la maxime invoquée, toutes les fois que la séparation est prononcée et effectuée, la présomption est que la cohabitation a dû cesser dès l'instant même ; ce devrait donc être à la femme et à l'enfant à détruire cette présomption par la preuve du rapprochement. La garantie du mari devrait donc jusque-là se trouver tout entière dans le jugement qui a prononcé la séparation. A combien plus forte raison devrait-on le décider ainsi, si c'était le mari qui eût fait prononcer cette séparation, et surtout

____

(1) La seconde déclaration de Joseph Brudieu et de Catherine Bouyer ne pouvait détruire les conséquences de la première. « Les père et mère, dit d'Aguesseau, peuvent » bien assurer, par leur suffrage, l'état de leurs enfans ; » mais ils ne peuvent jamais le détruire. » Tom. 2, pag. 510 et 546, tom. 3, pag. 185 ; Cochin, dans la cause de la demoiselle Ferrant. Il ne restait donc que la circonstance principale de la séparation de corps, jointe à la déclaration que l'enfant était né de père et mère inconnus.

si elle était fondée sur l'inconduite de la femme (1)?

<hr>

ARTICLE 313.

Le mari ne pourra, en *alléguant* son impuissance naturelle, désavouer l'enfant : il ne pourra le désavouer, *même pour cause d'adultère*, à moins que sa naissance ne lui ait été cachée, auquel cas il sera admis à prouver tous les faits propres à justifier qu'il n'en est pas le père.

—

N° 1. *En alléguant son impuissance naturelle.* — En prenant isolément cette expression

(1) Il nous semble qu'au moins la séparation de corps exécutée devrait faire admettre le désaveu, si le mari prouvait l'inconduite de sa femme pendant la séparation, avant et aux approches de la conception présumée. Cependant, M. Toullier, tom. 2, pag. 124, dit « qu'on proposa au » conseil d'Etat de faire cesser la présomption de paternité, » lorsque les époux ont été séparés de corps, à moins qu'il » n'y eût réunion et réconciliation ; mais la proposition fut « rejetée, parce qu'il n'y a point, en ce cas, d'impossi- » bilité physique de cohabitation. Bien plus, ajoute-t-il, » l'adultère prouvé contre la femme séparée de corps ne » suffit point encore pour faire cesser l'application de la » règle *is pater est* à l'enfant conçu depuis la séparation, » suivant l'axiome que la femme peut être adultère, et » l'enfant légitime. »
Oui sans doute, cette maxime est vraie, mais dans le

alléguer, dont se sert l'article, on pourrait la mettre en opposition avec le mot *prouver*, et en tirer la conséquence que, si, après avoir *allégué*, le mari pouvait prouver son impuissance naturelle, son action en désaveu devrait être reçue.

Mais ce n'est pas sans raison que le législateur a employé seulement l'expression *alléguer* en parlant de l'impuissance *naturelle*. C'est qu'il n'a eu en vue que cette espèce d'impuissance dont la cause est *intérieure* et *cachée*, et qu'il est impossible de constater, quelque profonde que soit la science de la médecine. C'est ce qui confirme de plus en plus la différence que nous avons ci-dessus établie entre les diverses sortes d'impuissance. Aussi l'article ne parle-t-il que de l'impuissance *naturelle*. C'est à celle-là seulement qu'il borne la prohibition du désaveu.

N° 2. *Même pour cause d'adultère* (1). — Il y

cas de la cohabitation des époux. Au contraire, dans le cas de la séparation, cette maxime serait une prime d'encouragement à la dépravation des femmes. *Vid.* l'arrêt ci-dessus cité de la cour de Rouen. *Vid.* surtout l'arrêt, également cité, de la cour de cassation, dans la cause Brudieu.

(1) On rapporte que Zaleuque, roi des Locriens, fit une loi qui ordonnait que celui qui serait convaincu d'adultère perdrait les deux yeux, et que son fils unique ayant été convaincu le premier d'avoir commis un adultère, Zaleuque, pour mettre la loi à exécution, se fit crever un,

a beaucoup de sagesse dans cette incrédulité du législateur. De tous temps, en effet, le hasard,

œil, et en fit crever un à son fils. Ferrière, Dictionnaire de droit, *verbo loi.* C'est pour prouver que les bons princes observent les lois religieusement pour donner l'exemple, *leg.* 4, *Cod. de legib.*, quoique la loi 31, ff. *eod. tit.*, dise que le prince n'est point assujetti aux lois.

L'adultère est défini *alieni thori violatio.* Il n'y avait point anciennement à Rome d'accusation publique pour raison du crime d'adultère. La loi *Julia*, qui fut faite sous l'empereur Auguste, fut la première qui établit une accusation publique et une peine certaine contre ceux qui seraient convaincus de ce crime, savoir, la rélégation. La peine de mort fut ensuite prononcée par la loi 30, au Cod. *ad leg. Jul., de adult.* Cette peine fut changée en celle de la fustigation, et du couvent pour les femmes, par Justinien, dans sa Novelle 134, chap. 10. Autrefois, en France, l'adultère était également réputé crime capital. (*Charlemagne dans ses Capitulaires, liv.* 5, *chap.* 325.) Postérieurement, la peine de l'adultère était de courir nu dans la ville où le crime avait été commis. Mais depuis il ne fut plus regardé que comme crime privé, dont la poursuite et la vengeance n'appartenaient qu'au mari, qui ne pouvait le faire punir lorsqu'il s'en était lui-même rendu coupable. Quoique ce crime ne fût que privé en France, il était puni, à l'égard des hommes convaincus sur la poursuite du mari, du bannissement à temps. Les femmes de basse condition étaient condamnées au fouet, et celles d'une condition relevée, aux peines de l'*authentique.* Par cette peine, elles perdaient leurs dot et conventions matrimoniales ; elles étaient mises au couvent pour deux ans, pendant lesquels il était permis à leurs maris de les reprendre ; mais, ce

ou plus encore peut-être la science de la perversité des mœurs a prouvé qu'une femme, dans l'état ordinaire du mariage, peut violer la foi conjugale, sans augmenter le nombre de ses enfans. Alors, l'existence de la cohabitation entre les époux doit maintenir la présomption légale de paternité légitime, sauf les cas d'exception, dont nous parlerons bientôt.

Cela est si vrai, que l'aveu ou les forfanteries de la mère ne peuvent détruire, ni même affaiblir la présomption de légitimité de ses enfans (1). Nous en voyons un exemple dans la loi

temps passé, elles y demeuraient renfermées à perpétuité. (Suivant l'authentique *sed hodiè ad leg. Jul. de adult.*) Aujourd'hui l'adultère n'est qu'un délit privé, que le mari peut seul dénoncer. La peine contre la femme est de trois mois à deux ans d'emprisonnement. Le mari est le maître d'arrêter l'effet de cette condamnation, en consentant à reprendre sa femme. La peine contre le complice est la même, et de plus une amende de 100 à 2,000 fr. Art. 336, 337 et 338 du Code pénal.

(1) Voët, en ses Pandectes, liv. 1, tit. 4. — La loi du 19 floréal an 2 réprouvait positivement la déclaration faite par une citoyenne, que l'enfant dont elle était devenue mère fût d'un autre que de son mari. « Considérant qu'il » est dans les principes de notre législation que la loi ne » reconnaît d'autre père que celui qui est désigné par le » mariage; qu'une déclaration contraire est immorale, et » qu'une mère ne saurait être admise à disposer à son gré » de l'état de son enfant. »

29, §1, ff. *de probat. et præsump.*, où l'on demande au jurisconsulte Scævola si une déclaration faite par une mère irritée peut nuire à
ses enfans. *An.... obsit professio à matre iratâ
facta?* Il répond en ces termes, *veritati locum
superfore.* L'arrêt que nous avons cité, et que
l'on trouve à la fin du vingt-troisième plaidoyer
de d'Aguesseau, fut rendu dans l'espèce d'une
femme convaincue d'adultère, mais qui avait
toujours demeuré avec son mari. En sorte que
sa mauvaise conduite, avouée par elle, n'empêchait pas qu'on ne pût penser que le mari était
le véritable père de l'enfant. (*Vid.* la note de la
pag. 45, tom. 3.) « Ainsi, dit ce grand magis-
» trat, *loc. cit.*, pag. 40, quoiqu'il puisse arri-
» ver qu'un enfant conçu dans le temps du ma-
» riage soit redevable de la vie au seul crime
» de sa mère, cependant, parce qu'il peut se
» faire aussi qu'il ne la doive qu'à l'union hono-
» rable d'une femme avec son mari, on présume
» toujours que la mère est innocente et le fils
» légitime, jusqu'à ce que le contraire soit dé-
» montré par des preuves évidentes. Il ne suffit
» pas même de prouver l'infidélité de la mère,
» pour en conclure que le fils est illégitime. La
» loi s'oppose à cette conséquence injuste, et
» elle se déclare en faveur du fils par ces paro-
» les fameuses, si souvent citées dans ces ma-

» tières : *cùm possit et illa (uxor) adultera*
» *esse, et impubes defunctum patrem habuisse.* »
C'est dans ces sources morales que la disposition
de notre nouveau droit a été puisée.

N° 3. *A moins que la naissance ne lui ait été
cachée.* — Quelque dépravée que soit une femme, la vertu fait toujours entendre chez elle
quelques accens ; elle ne peut se soustraire à
ses reproches lorsqu'elle l'a méconnue. Aussi,
quand une femme s'est rendue coupable, et
qu'elle croit être certaine que le fruit qu'elle
porte dans son sein n'est que le fruit du crime,
son premier mouvement, sa première pensée
est de le cacher à son mari, de lui en dérober
toutes les traces. L'on sait que c'est d'une femme passionnée que le plus grand des poètes la-
tins, Virgile, a dit autrefois (1), *omnia tuta ti-
mens.* C'est pour cela que la connaissance du
cœur humain a porté le législateur à placer cette
indication comme un fanal sur la route de la
vérité.

On remarque que la loi ne parle que de la *naissance* cachée, et non de la grossesse de la mère.
Le fait seul de la grossesse cachée ne pourrait, en effet, tirer légalement à conséquence,
si la naissance était publique. On voit souvent
des femmes vertueuses, et qui passent pour

______

(1) Enéide, liv. 4, vers 298.

telles, qui, ayant déjà eu plusieurs enfans, ou qui étant restées long-temps sans en avoir, et se trouvant avancées en âge, n'osent pas, par une pudeur de famille mal entendue, convenir qu'elles sont enceintes. Dans la cause du sieur Bouillerot-de-Vinantes, il s'agissait de l'état d'un enfant dont la mère avait caché sa grossesse et avait été *condamnée pour adultère*, mais sans que l'arrêt eût déclaré l'enfant bâtard adultérin, parce que le mari demeurait avec sa femme, et n'avait été absent que pendant trois mois. L'enfant fut réputé légitime. D'Aguesseau disait dans cette cause, en parlant de la mère :
« Mais quand même on pourrait croire qu'elle
» aurait été exempte de ces mouvemens si or-
» dinaires aux accusés, que doit-on en con-
» clure, si ce n'est qu'elle a pu être dans l'er-
» reur touchant le commencement de sa gros-
» sesse, qu'elle a peut-être appréhendé que son
» mari n'en portât le même jugement? Mais ni
» sa passion, ni son erreur, ne peuvent faire
» aucun préjudice à l'état de son fils; et d'ail-
» leurs le motif qui l'a déterminée à cacher sa
» grossesse *est trop incertain* pour décider, par
» cette unique circonstance, de la condition et
» de la fortune de l'enfant (1). »

(1) Tome 2, page 359.

De même, on doit dire que le fait seul de la naissance cachée, lorsque la grossesse a été connue de la famille et du public, et que d'ailleurs elle n'est précédée d'aucun autre motif de forte suspicion, ne serait pas un fait assez grave pour fonder une action en désaveu. Aussi la loi a-t-elle soin de ne pas attacher à ce fait unique la preuve décisive de l'illégitimité de l'enfant; mais elle dit que, si sa naissance a été cachée au mari, il sera admis à proposer tous les faits propres à justifier qu'il n'est pas le père; la naissance cachée n'est rappelée dans l'article que comme condition d'admissibilité de la preuve des autres faits. Seule, elle ne serait pas concluante. Absente, la preuve des autres faits, même de celui d'adultère, ne serait pas reçue pour fonder l'action en désaveu.

Dans le nombre des faits propres à justifier que le mari n'est pas le père, entrent tous ceux que les juges peuvent trouver probans en prenant le fait de la naissance cachée pour point de départ. Ainsi, on peut y comprendre l'absence, l'impuissance, la séparation de corps, la grossesse célée, telles que nous les avons caractérisées, et autres faits propres à prouver l'illégitimité de l'enfant, et, par conséquent, l'adultère de la mère. Leur appréciation appartient aux magistrats, d'après la latitude que la loi leur laisse par les expressions dont elle se sert, TOUS *les faits propres à justifier, etc.*

N.° 4. Une difficulté très-importante et très-sérieuse s'était élevée à cause de la construction de cet art. 313.

« Le mari, y est-il dit, ne pourra, en alléguant
» son impuissance naturelle, désavouer l'en-
» fant : il ne pourra le désavouer, même pour
« cause d'adultère, A MOINS que la naissance
» ne lui ait été cachée, auquel cas, etc. »

C'est dans ces expressions *à moins*, qui paraissent lier les deux membres de la phrase, qu'existait la difficulté dont nous parlons. On disait que les deux faits d'adultère et de naissance cachée devaient *concourir* l'un avec l'autre pour donner au mari le droit de désavouer l'enfant ; de manière que l'adultère fût reconnu et constaté avant l'introduction de l'action en désaveu.

Le 16 avril 1806, le sieur Bougarel et Magdelaine-Joséphine Duchollet, son épouse, demandèrent le divorce par consentement mutuel ; et le divorce fut prononcé le 21 mai 1807.

Cependant, le 10 mars précédent, la dame Bougarel était accouchée d'un fils dans la maison de son père, où elle avait passé le temps des épreuves ; et cet enfant avait été inscrit le même jour dans les registres de l'état civil, *sans indication de père.* Il est même à remarquer que l'officier de l'état civil le porta sur la liste des enfans naturels.

Instruit de sa naissance, le sieur Bougarel se présenta devant le juge de paix du canton de Bourbon-l'Archambault, le 11 juin 1807, et il lui exposa qu'il avait appris par la rumeur publique que, le 10 mars précédent, plus de neuf mois après la demande du divorce, Joséphine Duchollet, sa ci-devant épouse, était accouchée d'un enfant dont la naissance lui avait été cachée; qu'il était dans l'intention de désavouer cet enfant, et qu'il réclamait, en conséquence, la convocation d'un conseil de famille, composé des parens de la mère, pour procéder à la nomination d'un tuteur *ad hoc* à l'enfant qu'il se proposait de désavouer.

Le sieur Julien Duchollet, grand-père, ayant été nommé tuteur, le désaveu lui fut signifié le 27 juin; le 7 juillet suivant, il fut également signifié à Joséphine Duchollet.

Enfin, le 18 du même mois, le sieur Bougarel introduisit son action en désaveu; il se fonda sur ce que la naissance de l'enfant lui avait été cachée, et demanda à être admis à proposer et à prouver tous les faits propres à justifier qu'il n'était pas le père de Julien-Jean-Baptiste.

Le tuteur répondit que la naissance de l'enfant n'avait pas été célée dans le sens de l'art. 3i3 du Code civil, puisque le sieur Bougarel avait vu son épouse enceinte lorsqu'il s'était présenté avec elle devant le président du tribunal civil pour demander le divorce ; que l'accouchement avait eu lieu dans le domicile où la dame Bougarel s'était retirée du consentement de son mari, et que l'enfant avait été inscrit sur les registres de l'état civil le jour même de sa naissance.

Le 4 avril 1810, le tribunal civil de Moulins rendit un jugement par lequel il rejeta l'action en désaveu. Sur l'appel, premier arrêt de la cour de Riom, du 29 août, qui, infirmant, reconnaît que la naissance a été cachée au mari, et l'admet à établir qu'il n'en est pas le père. Second arrêt, du 11 mars 1811, qui ordonne la preuve de certains faits articulés par le sieur Bougarel. Cette preuve faite, troisième arrêt, du 26 juin suivant, par défaut, qui admet le désaveu. Opposition de la part du tuteur, dans laquelle il ajoute au premier moyen celui pris de ce que, *avant d'intenter son action en désaveu, le mari n'a pas établi par un jugement de condamnation que sa ci-devant épouse s'était rendue coupable d'adultère, ainsi que cela est exigé par l'art. 3i3 du Code civil.*

26 août 1811, arrêt qui rejette l'opposition
par les motifs suivans :

« En ce qui touche la fin de non-recevoir,
» considérant que l'art. 313 du Code civil ne
» subordonne pas l'action en désaveu de pater-
» nité à l'exercice de la demande en adultère
» et au jugement de cette demande; qu'il porte
» seulement que le mari ne pourra désavouer
» l'enfant, même pour cause d'adultère, à moins
» que la naissance ne lui ait été cachée, auquel
» cas il sera admis à proposer tous les faits pro-
» pres à justifier qu'il n'en est pas le père; —
» considérant, en conséquence, que cet article
» du Code ne commande pas l'exercice d'une
» action préalable en adultère et d'une action
» admise et jugée, mais décide uniquement que
» la cause d'adultère sera insuffisante, si, en
» outre, la naissance de l'enfant n'a pas été
» cachée; — considérant que, par l'art. 316
» de la même loi, le mari, dans les divers cas
» où il est autorisé à réclamer, doit le faire
» dans le mois, s'il se trouve sur le lieu de la
» naissance de l'enfant, et dans les deux mois
» après la découverte de la fraude, si on lui
» avait caché la naissance de cet enfant; —
» considérant que ce terme est de rigueur, et
» qu'après son expiration le mari ne serait plus
» recevable dans la demande en désaveu; d'où

» il résulte que, s'il lui était imposé préalable-
» ment l'obligation de poursuivre sa femme
» comme adultère, et de la faire condamner aux
» peines portées en ce cas par la loi, il ne pour-
» rait jamais user du bénéfice que lui accorde
» l'art. 316, parce que la procédure en adultère
» ne pourrait pas être mise à fin avant le délai
» fatal; — Considérant, en outre, qu'en con-
» cordant les dispositions de l'art. 313 avec celles
» des articles 316, 317 et 325, il est évident,
» par l'esprit et par les termes de la loi, que la
» fin de non-recevoir proposée est admissible,
» puisque, indépendamment de ce qui vient
» d'être observé sur l'art. 316, l'art. 317 porte
» que, si le mari est mort avant d'avoir fait sa
» réclamation, mais étant encore dans le délai
» utile pour la faire, ses héritiers auront deux
» mois pour contester la légitimité de l'enfant,
» à compter de l'époque où cet enfant se serait
» mis en possession des biens du mari, ou de
» l'époque où les héritiers auraient été troublés
» par l'enfant dans cette possession; puisqu'en-
» fin, par l'art. 325, il est décidé que la preuve
» contraire, c'est-à-dire, de la non paternité,
» pourra se faire par tous les moyens propres
» à établir que le réclamant n'est pas l'enfant
» de la mère qu'il prétend avoir, ou même, la
» maternité prouvée, qu'il n'est pas l'enfant du

» mari de la mère; — considérant que les hé-
» ritiers ne peuvent pas intenter, de leur chef,
» une action qu'il a négligée, une action dans
» laquelle le silence seul du mari outragé les
» ferait déclarer non recevables, et que cepen-
» dant ils sont fondés à exercer l'action en dés-
» aveu de la paternité, s'ils se trouvent dans
» les cas prévus par l'art. 317; d'où il suit que,
» le mari méritant encore plus de faveur qu'eux,
» la fin de non-recevoir proposée résiste à l'es-
» prit et aux termes de la loi, et conséquem-
» ment doit être rejetée. »

Pourvoi en cassation de la part du tuteur. M. Merlin fut d'avis de casser l'arrêt de la cour de Riom. *Vid.* ses motifs dans Sirey, tome 12, 1re part., pag. 377 et suiv.

Ce savant magistrat étayait son opinion du passage suivant du discours prononcé par le tribun Duveyrier :

« Si la femme adultère a caché à son mari
» sa grossesse, son accouchement, la naissance
» de l'enfant, le sentiment qui lui a dicté ce
» mystère et imposé les soins et l'embarras qu'il
» exige, est d'une telle prépondérance, qu'il
» serait injuste de ne pas l'appeler en témoi-
» gnage sur la question de la véritable paternité.

» Alors tout ce que la présomption légale du
» mariage peut exiger, c'est que la présomption

» contraire , parvenue à un si haut degré de
» puissance, ne suffira pas encore pour la dé-
» truire ; mais on ne peut refuser au mari qui
» a DÉJA *prouvé le crime de sa femme et le*
» *mystère dont elle a enveloppé le fruit de son*
» *crime,* la faculté d'offrir à la justice les autres
» preuves qui peuvent compléter la démonstra-
» tion, et le soustraire aux charges et à la honte
» d'une fausse paternité.

» Le Code n'admet donc l'exception de l'im-
» possibilité morale fondée sur l'adultère, que
» sous trois conditions formelles :

» Il faut que l'adultère soit constant, et il ne
» peut l'être que par un jugement public ;

» Il faut que la femme ait caché à son mari
» la naissance de l'enfant adultérin ;

» Et ces deux conditions remplies, il faut en-
» core que le mari présente la preuve des faits
» propres à justifier qu'un autre est le père de
» l'enfant. »

Cependant , par arrêt du 8 juillet 1812 , la
cour de cassation rejeta le pourvoi par les motifs suivans :

« Attendu que ces mots *pour cause d'adul-*
» *tère,* qui se lisent dans l'art. 313 du Code civil ,
» ne s'y trouvent que par opposition à *l'impuis-*
» *sance naturelle,* dont le législateur venait de
» s'occuper dans la première disposition dudit

» article , et seulement pour faire remarquer
» que , si la supposition de l'impuissance natu-
» relle n'est pas un motif suffisant pour autori-
» ser le mari à désavouer l'enfant né dans le
» mariage , l'adultère de la femme suffit pour
» autoriser l'exercice de cette action , lorsque
» cette cause se réunit à la circonstance que la
» naissance de l'enfant désavoué a été cachée
» au mari ; que le recélement de la naissance
» de l'enfant est la seule condition exigée pour
» rendre admissible l'action en désaveu, lors-
» qu'elle est fondée sur l'adultère ; que l'art. 313
» du Code civil n'exige rien de plus ; qu'il serait
» frustratoire, en effet, qu'il y eût preuve préa-
» lable et juridique de l'adultère , pour que le
» mari pût être admis à rapporter la preuve
» qu'il n'est pas le père de l'enfant désavoué ,
» *cette preuve ne pouvant se faire sans emporter*
» *nécessairement celle de l'adultère de la fem-*
» *me;* qu'aussi l'art. 313 ne porte pas que l'a-
» dultère sera préalablement jugé ; que la cour
» d'appel de Riom a donc pu décider, en point
» de droit, sans violer ledit article, qu'il suf-
» fisait au défendeur en cassation d'avoir établi
» que la naissance de l'enfant lui avait été ca-
» chée , pour rendre admissible la preuve qu'il
» n'était pas le père de cet enfant qu'il avait
» désavoué pour cause d'adultère ; que la cour

» d'appel n'aurait même pu rejeter la preuve
» de non paternité qui était offerte, sans ajouter
» à la disposition de l'art. 313, et sans créer
» une fin de non-recevoir que la loi n'a pas
» établie,... *rejette.* »

On voit que la cour de cassation n'a regardé l'adultère que comme moyen justificatif du désaveu, mais ne l'a pas indispensablement exigé comme preuve déjà acquise et consacrée. En d'autres termes, la cour suprême a décidé que deux conditions, au lieu de trois, étaient nécessaires pour admettre le désaveu; savoir, la naissance cachée et la preuve des faits propres à justifier que le mari n'est pas le père (1).

Pourquoi, en effet, un mari se déterminera-t-il à désavouer l'enfant dont la naissance lui aura été cachée? C'est parce qu'il pensera que cet enfant est le fruit de l'adultère. Les faits qu'il sera chargé, dans ce cas, de prouver devront donc toujours tendre à établir l'adultère; car ce n'est que par ce moyen qu'il justifiera qu'il n'est pas le père de l'enfant.

A quelle époque sera-t-il intéressé à faire

______

(1) M. Toullier avait partagé l'opinion contraire de M. Merlin; mais il l'a abandonnée lors de l'arrêt de la cour de cassation. *Vid.* son Cours de droit civil, tom. 2, pag. 127, *in not.*

cette preuve? A la seule époque et dans le seul cas où elle est admissible pour l'objet proposé, c'est-à-dire, lorsque la naissance de l'enfant lui aura été cachée. Il ne devait, il ne pouvait donc pas lancer auparavant son accusation et la faire accueillir par un jugement. Il est même possible que ce n'est qu'en apprenant la naissance de l'enfant et surtout les moyens dont on s'est servi pour la dérober à sa connaissance, qu'il a, en même temps, appris le crime de sa mère; il faut d'ailleurs observer que quelquefois un mari qui connaît l'inconduite de sa femme, garde le silence, par un reste d'affection qu'il lui conserve malgré lui, ou pour son propre honneur et celui de ses autres enfans. La loi lui permet, mais ne l'oblige pas de publier et de faire constater sa turpitude. Ce n'est que lorsqu'on veut lui donner un héritier qui ne lui appartient pas, et qu'on cherche à le lui céler, que l'intérêt de famille le détermine; qu'il a droit, par conséquent, de revenir sur le passé, et de prouver que cet individu n'est que le fruit de l'adultère, sur lequel il avait cru jusque-là ne pas devoir appeler les regards du public et de la justice. Il nous paraît donc tout-à-fait naturel et juste que la cour de cassation ait jugé qu'il n'était pas nécessaire, pour rendre recevable l'action en désaveu, que la preuve du crime de la femme fût préalablement établie; qu'elle ne doit venir que sur cette action, et comme moyen justificatif de l'illégitimité de l'enfant désavoué.

Il n'est pas besoin de faire remarquer que l'adultère à prouver doit remonter seulement à l'époque présumée de la conception. Nous ne pensons pas qu'un mari pût faire accueillir son action en désaveu en prouvant l'inconduite de sa femme qui remonterait à un temps plus éloigné, à moins qu'il n'établît aussi la continuation des fréquentations de la part du complice de la femme. Cela dépend des circonstances, et rentre toujours dans la généralité des faits propres à justifier que le mari n'est pas le père.

Un mari pourra-t-il, dans les termes précédens, intenter et faire admettre son action en désaveu contre l'enfant dont la naissance aura été inscrite sur les registres de l'état civil, comme provenant de père et mère inconnus, ou avec indication de la mère non signataire, et non de celle du mari, lorsque l'épouse désavouera complétement la maternité (1)?

(1) Dans le mariage, la maternité reconnue suppose nécessairement la paternité du mari, sauf le désaveu dans les cas déterminés par la loi. *Vid. tamen* ce qui est dit sous l'art. 325. Il en est de même de la paternité reconnue, res-

Il faut bien faire attention que nous ne traitons ici que la matière de la paternité légitime, et non celle du divorce ou de la séparation de corps.

Quel est l'objet du mari qui désavoue? D'empêcher qu'un enfant étranger s'introduise dans sa famille : or, dans le premier cas que nous

pectivement à l'épouse. La mère ne peut faire disparaître la présomption légale que par une inscription de faux. Cette inscription ne peut être faite à la requête du ministère public, dans le silence des parties intéressées, parce qu'elle a pour objet de faire constater et punir une suppression d'état, qui doit être préalablement vérifiée entre elles sur action civile. C'est ce qui a été jugé par le fameux arrêt dont parle M. Toullier, tome 2, page 157. Jean-Pierre Houel avait trois enfans d'une *concubine*. Il les fit inscrire sur le registre de l'état civil sous le nom de sa femme. Les intéressés gardèrent le silence. Ce scandale excita les poursuites du ministère public, qui traduisit Jean-Pierre Houel devant la cour de justice criminelle spéciale du département de l'Eure. Cette cour se déclara compétente ; mais la cour de cassation, contre les conclusions de M. Merlin, cassa le jugement de cette cour criminelle. *Vid.* l'arrêt du 20 prairial et celui du 10 messidor an 12. Sir., tom. 4, pag. 367. Il ne faut pas perdre de vue que l'art. 45 du Code civil dit que les extraits des registres de l'état civil, *conformes à ces registres*, font foi jusqu'à inscription de faux ; à plus forte raison, les registres eux-mêmes, lorsque surtout les déclarations sont faites par les personnes indiquées par l'art. 56 du même Code, au nombre desquelles se trouve spécialement le mari.

avons posé, il ne peut être frappé par cette crainte ; car nous verrons plus tard que la principale preuve que doit faire l'enfant pour établir sa filiation légitime, ne peut se tirer que de l'inscription de sa naissance sur le registre de l'état civil. Nous verrons que, à défaut de ce titre, il faut qu'il prouve sa possession constante de l'état d'enfant légitime ; dernière preuve, qui, si elle était rapportée, serait l'obstacle le plus insurmontable à l'action en désaveu, puisqu'elle constituerait, de la part du mari, la reconnaissance la plus formelle de sa paternité. Au demeurant, le désaveu ne serait admis, dans ce cas, qu'autant qu'il y aurait aveu de maternité, et qu'au fait de recélement se joindrait la preuve de l'adultère ou des faits propres à justifier la non paternité.

Au second cas, on peut dire qu'une épouse serait bien à plaindre, si la malveillance seule pouvait lui attribuer un enfant qui ne lui appartiendrait pas. L'arrêt que nous venons de rapporter n'était point dans cette espèce, puisqu'il n'y avait pas dénégation de maternité. L'inscription sur le registre de l'état civil fut prise pour un recélement de l'enfant. Ce fut parce qu'on n'y avait point indiqué le nom du mari comme père, ce qui annonçait que la femme savait qu'il ne lui appartenait pas.

Cette inscription sur le registre de l'état civil peut donc être prise pour un véritable recélement de l'enfant; à plus forte raison, celle qui serait faite d'un enfant né de père et mère reconnus, avec les conditions que nous avons ci-dessus indiquées. Il y a bien d'autres manières de cacher la naissance d'un enfant au mari ; comme, par exemple, lorsque, après avoir célé sa grossesse par un éloignement affecté, la femme s'absente pour aller accoucher dans un lieu éloigné du domicile marital, quoiqu'elle fasse inscrire son enfant sur le registre de l'état civil de la commune où l'accouchement a eu lieu, sous son nom et celui de son mari. L'on sent, en effet, que toutes ces précautions ne peuvent être prises que par une femme qui a la science certaine que son enfant n'est point le fruit du mariage. *Vid.* un arrêt de la cour de Paris, du 11 juin 1814, Sirey, tome 15, 2e part., pag. 17.

ARTICLE 314.

L'enfant né avant le cent quatre-vingtième jour du mariage
ne pourra être désavoué par le mari dans les cas suivans :
1° s'il a eu connaissance de la grossesse avant le mariage ; 2° s'il a assisté à l'acte de naissance, et si cet acte est
signé de lui, ou s'il contient sa déclaration qu'il ne sait
signer ; 3° si l'enfant n'est pas déclaré viable.

*L'enfant né avant le cent quatre-vingtième
jour du mariage.* — Lors de la discussion qui
eut lieu au conseil d'État, on avait ainsi arrêté
la rédaction de cette première partie de l'article :

« L'enfant né avant le cent quatre-vingtième
» jour du mariage, *et qui aura survécu dix*
» *jours à sa naissance...* » M. Cambacérès demanda pourquoi l'article attachait un effet absolu
à la circonstance que l'enfant aurait survécu de
dix jours à sa naissance. M. Beranger répondit
que c'était pour s'assurer si l'enfant était né viable, et déterminer par-là l'époque de sa conception. Mais, au tribunat, on réclama contre ces
mots ; on dit : « Cette condition réduirait la mère
» à la douloureuse alternative de désirer la mort
» de son enfant, ou de craindre un désaveu à ja-

» mais flétrissant pour elle. Un tel combat én-
» tre la nature et l'honneur exposerait la vie de
» l'enfant à être sacrifiée, sinon par un crime,
» au moins par une négligence dont l'effet pour
» lui serait le même. On a pensé qu'il était dan-
» gereux de placer le cœur humain dans une
» situation si délicate. » La commission proposa,
en conséquence, d'ajouter seulement ces mots
sans accident, de manière que l'article dut être
ainsi conçu :

» L'enfant né *sans accident* avant le cent
» quatre-vingtième jour du mariage. » On donnait pour raison de cette addition, que c'était
afin de distinguer l'accouchement naturel de
celui qui ne l'est pas (1).

Mais, au corps législatif, la rédaction de
l'article fut arrêtée telle qu'elle est aujourd'hui.
Voici comment s'exprima le tribun Duveyrier,
pour faire disparaître les additions proposées :

« On établissait une lutte bien dangereuse
» entre la vie de l'enfant et l'honneur de la mère.
» Il fallait que l'enfant mourût dans les dix
» jours, pour que sa mère vécût sans honte et
» sans reproche. De là la crainte injurieuse,
» mais raisonnable, qu'une négligence affectée,
» ou des moyens plus coupables peut-être,
» vinssent suppléer à l'imperfection supposée de

(1) Conférences du Code civil *cit. sup.*

» la nature, et porter une influence fatale sur la
» vie de l'enfant dont la vue devait être l'oppro-
» bre de sa mère et le titre de sa condamna-
» tion. Ce sentiment était bien digne de toucher
» les hommes vertueux occupés de cet ouvrage;
» et, sans balancer, ils ont préféré, *aux risques*
» *de quelques contestations inévitables*, le parti
» adopté dans le projet de loi. »

L'enfant né pendant le mariage a pour lui
l'avantage de la possession. Mais cette possession
n'est que provisoire lorsque la naissance arrive
avant le cent quatre-vingtième jour du mariage,
et que le désaveu du mari est fait par ce motif;
comme aussi, sans le désaveu dans les cas déterminés, la possession provisoire de l'enfant
devient définitive, parce que *le silence du mari*
est une reconnaissance de sa légitimité. Ainsi le
dit la raison; ainsi devait le décider la loi, dans
l'intérêt des mœurs et du repos des familles (1).

Restait la grande question de savoir si l'enfant né avant le cent quatre-vingtième jour du
mariage devait être regardé comme le fruit du
crime, ou comme un fruit prématuré produit
par accident ou par l'imperfection de la nature.
C'était pour décider cette question difficile et
importante que le conseil d'État voulait établir

____

(1) Toullier, tome 2, page 130.

une règle fixe et invariable, en décidant, dans toutes les hypothèses, que l'enfant qui aurait survécu dix jours à sa naissance, et qui serait venu avant le cent quatre-vingtième jour du mariage, était viable ; que, par conséquent, sa conception était antérieure à l'union des époux ; que, par suite, il devait être réputé ne pas appartenir au mari. Mais il était impossible d'établir cette règle, ainsi que nous le verrons plus bas ; de sorte que nous en sommes réduits à courir à chaque instant les *risques de contestations inévitables,* comme en convenait franchement le tribun Duveyrier : extrémité déplorable, que l'on peut joindre à la masse des calamités humaines!...

Hors les cas d'exception qu'il indique, l'art. 314 ne regarde point comme légitime l'enfant né avant le cent quatre-vingtième jour du mariage (1).

Le jurisconsulte Paul, dans la loi 12 au Digeste, *de statu hominum,* déclare légitime l'enfant qui vient au monde dans le septième mois commencé (2). D'où, *à contrario,* s'il naît avant

(1) *Septimo mense nasci perfectum partum jam receptum est, propter auctoritatem doctissimi viri Hyppocratis : et ideò credendum est eum qui ex justis nuptiis septimo mense natus est, justum filium esse.*

(2) Le désaveu, dans ce cas, n'a pas besoin d'être étayé

le septième mois commencé, il est illégitime.
Le Code semble n'avoir pas porté le rigorisme
tout-à-fait jusque-là, puisqu'il décide que, si
l'enfant naît le cent quatre-vingtième jour, il est
le fruit du mariage. Mais il faut remarquer que
la nouvelle loi ne compte pas par mois, mais
par jour; que les mois sont irréguliers d'après
le calendrier grégorien; que surtout le mois de
février n'est que de vingt-huit jours dans les années non bissextiles. Alors on voit que le Code
a porté la méfiance au moins aussi loin que la
loi romaine. Il faut croire qu'il a dû consulter,
pour cela, la médecine et l'expérience.

Examinons maintenant les trois exceptions
posées par la loi contre la présomption d'illégitimité résultant de cette naissance précoce.

1° *S'il* (le mari) *a eu connaissance de la
grossesse avant le mariage.* — La loi suppose,
avec raison, que le mari, dans ce cas, est l'auteur de la grossesse; car on ne peut pas penser
que, s'il savait ne l'être pas, et que cependant
il la connût, il fût assez immoral pour s'approprier la honte de sa femme en la prenant pour
sa légitime épouse.

Le rôle que doit jouer le mari après avoir

de la preuve d'impossibilité physique de cohabitation.
Arrêt de la cour de Liége du 12 fructidor an 13, Sirey,
tome 6, 2ᵉ part., p. 24.

désavoué l'enfant né avant le cent quatre-vingtième jour du mariage, est celui de défendeur. Il
a pour lui, en effet, la présomption de la loi que
la conception est antérieure à son union. C'est
donc à la femme à prouver qu'il avait connaissance de son état lorsqu'il lui a donné le titre
d'épouse. Mais parce que le désaveu du mari
tend à flétrir l'honneur de la femme, il est incontestable que celle-ci a toujours, et dans tous
les cas, le droit de prouver la préconnaissance
de sa grossesse, pour établir que son enfant appartient à celui qui l'a associée à son sort. Cependant la cour de Besançon décida, le 29 prairial an 13 (1), qu'en cas de désaveu, par le mari,
d'un enfant né cent huit jours après le mariage,
la mère pouvait, selon les circonstances, être
déclarée non recevable à prouver contre son
mari que ce dernier avait connaissance de la
grossesse avant le mariage. Nous ne pensons pas
que la jurisprudence adoptât cette décision,
qui, au surplus, fut rendue par défaut. Quelque
fortes que puissent être les présomptions contre la femme, comme elles ne sont point *juris
et de jure,* elles doivent toujours céder à la
preuve contraire.

Comment pourra se prouver la connaissance

____

(1) Sirey, tome 5, 2ᵉ part., pag. 331.

de la grossesse avant le mariage? La loi n'indique point la nature des preuves à faire. Elle en
laisse donc l'appréciation au magistrat, qui doit
se déterminer d'après les circonstances. Nous
pensons que, pour peu qu'il apparaisse que le
mari n'ignorait point l'état de sa femme au moment du mariage, son action en désaveu doit
être rejetée, parce qu'un homme délicat ne
prendra jamais pour épouse celle dont la conduite antérieure aura seulement excité ses soupçons.

_ M. Merlin, *Répert.*, *verbo Légitimité*, dit :
« On a vu plus haut, n° 4, que l'ancienne juris-
» prudence n'admettait le mari qui, avant d'é-
» pouser sa femme, avait eu des habitudes in-
» times avec elle, à désavouer l'enfant qu'elle
» avait mis au monde avant le cent quatre-vingtiè-
» me jour du mariage. Mais cette jurisprudence
» était fondée sur un principe que la loi ne re-
» connaît plus : la paternité pouvait alors être
» recherchée, et elle passait pour suffisamment
» établie par la preuve des familiarités qui
» avaient eu lieu, entre la mère et le père pré-
» tendu, à l'époque de la conception de l'en-
» fant. Aujourd'hui, la recherche de la paternité
» n'est plus admise. On ne pourrait donc pas
» aujourd'hui remplacer, par la preuve de pa-
» reilles familiarités, celle qu'exige l'art. 314

» de la connaissance de la grossesse avant le
» mariage; ou du moins cette preuve ne pour-
» rait avoir d'effet qu'autant que les familiari-
» tés eussent un caractère et se rapportassent à
» une époque qui *forceraient* de supposer qu'el-
» les n'ont pas *pu avoir lieu* sans la connais-
» sance de la grossesse. »

M. Toullier, tome 2, pag. 133 et 134, n'est
pas aussi rigoureux. « Quoique, dit-il, l'enfant
» naisse à un terme qui prouve que sa concep-
» tion est antérieure au mariage, il peut néan-
» moins appartenir au mari, si le mariage a été
» précédé d'un commerce entre les deux époux.
» Ainsi, quoique la naissance prématurée de
» l'enfant dispense le mari de donner d'autres
» preuves au soutien de son action, le tuteur
» peut articuler contre lui des faits de fréquen-
» tation intime, ou même de cohabitation avec
» la mère, pour en conclure qu'ayant connu la
» femme, il a aussi connu, *ou dû connaître* la
» grossesse, et qu'il est le père de l'enfant; et ces
» faits peuvent être prouvés par tous les genres
» de preuves, même par témoins, sans qu'il
» soit besoin de commencement de preuve par
» écrit. »

M. Proudhon, tome 2, page 18, pense, au
contraire, que le tuteur de l'enfant ne pourrait
être admis à prouver les faits de fréquentation

intime antérieure au mariage ; parce que, l'art. 314 ne parlant que de la connaissance *positive* de la grossesse, il n'est pas permis d'articuler d'autres faits, sans retomber dans l'arbitraire. Il se fonde encore, comme M. Merlin, sur ce que la recherche de la paternité est interdite.

Il nous semble que l'opinion de M. Toullier est la plus raisonnable et la plus juste. Comment établira-t-on mieux la connaissance que le mari aura eue de la grossesse de sa femme, que par ses fréquentations antérieures au mariage ? D'ailleurs, la loi ne dit pas que la connaissance doit être *positive*, comme l'avance M. Proudhon. Il serait difficile, même impossible, de se la procurer, dans le sens rigoureux du mot. D'un autre côté, la loi n'indique pas les divers moyens par lesquels *seuls* on peut acquérir cette connaissance. La preuve de la fréquentation intime est un de ceux, et nous ajoutons celui de tous qui doit fixer le plus positivement possible sur la connaissance de la grossesse antérieure. Cette connaissance de la grossesse est le résultat de la preuve, et non la preuve même. On ne court donc pas le risque de tomber dans l'arbitraire, en prouvant des faits qui peuvent procurer ce résultat, et dont, encore une fois, la loi n'a indiqué ni la nature ni la pertinence. — Quant à l'autre objection,

prise de ce que la recherche de la paternité est interdite, M. Toullier répond à M. Proudhon et à M. Merlin d'une manière, ce nous semble, sans réplique, en disant « qu'il y a une grande
» différence entre l'enfant naturel, qui, n'ayant
» aucune possession de son état, demande à
» prouver une paternité toujours incertaine, et
» l'enfant né sous le voile sacré du mariage,
» que sa naissance a mis en possession de son
» état, et qui ne fait que défendre sa posses-
» sion. » *Vid.* la note de M. Toullier, au bas de la page 134.

2° *S'il a assisté à l'acte de naissance,* ET *si cet acte est signé de lui, ou contient sa déclaration qu'il ne sait signer.* — Il ne suffirait pas que le mari eût assisté à l'acte de naissance; il faudrait encore qu'il l'eût signé, ou qu'il eût déclaré ne savoir signer; car les deux membres de la phrase sont liés, comme l'on voit, par la conjonction *et,* de manière à faire voir que le concours des deux circonstances est indispensable pour faire rejeter le désaveu. De même, l'on conçoit que la signature du mari, suivie, sur le registre, d'une protestation de sa part, ne pourrait lui être opposée comme une reconnaissance de paternité; car on n'approuve point une chose contre laquelle on proteste à l'instant même. Comment cela pourrait-il être, puisque, ainsi

que nous venons de le dire, la loi n'attache aucune importance à la seule présence du mari,
sans sa signature ou sans sa déclaration qu'il ne
sait signer?

Comme l'article ne parle que de la signature
du mari, *ou* de sa déclaration qu'il ne *sait* signer, que décidera-t-on dans le cas où le mari
présent, sachant signer, ne le *pourra* pas, à
cause d'une infirmité dont il sera atteint? Nous
pensons que, si l'officier de l'état civil men-
tionne sur le registre la déclaration faite par le
mari de ne *pouvoir* signer, ainsi que le motif de
son empêchement, cette mention établira une
reconnaissance suffisante de paternité, parce
que les officiers de l'état civil sont des officiers
publics, qui doivent en être crus, jusqu'à inscription de faux, pour tout ce qu'ils font dans
l'exercice de leurs fonctions. Leurs registres
sont des actes authentiques, qui font pleine foi
de ce qu'ils renferment, art. 1317 et 1319 du
Code civil. Ils doivent donc être environnés de la
même confiance dans les deux cas. Si le dernier
dont nous venons de parler ne se trouve point
dans l'art. 314, c'est parce que le législateur,
dans l'art. 39, l'avait déjà prévu, en disant généralement que les actes de l'état civil « seront
» signés par l'officier de l'état civil, par les
» comparans et les témoins, ou que mention

» sera faite de la *cause qui empêchera* les com-
» parans et les témoins de signer. » Il avait
donné une autre garantie dans l'art. 38, qui
porte que « l'officier de l'état civil donnera *lec-*
» *ture* des actes aux *parties comparantes* ou à
» leur fondé de procuration, et aux témoins, et
» qu'il y sera fait *mention* de l'accomplissement
» de cette formalité. »

3° *Si l'enfant n'est pas déclaré viable* (1).—Cette
circonstance indique que l'enfant qui n'est pas
déclaré viable peut avoir eu une naissance prématurée et la devoir à un accident. Dès-lors il
n'est pas prouvé que sa conception soit antérieure
au mariage. Ainsi est à couvert l'honneur de
l'épouse. D'ailleurs, on voit souvent des avortons. La présomption de l'innocence de la mère
doit toujours l'emporter, dans ce cas, sur la présomption de sa culpabilité. Au surplus, quel intérêt aurait le mari de désavouer un enfant reconnu non viable, puisqu'il n'est point habile à
succéder, suivant l'art. 725? Il ne pourrait avoir
qu'un but scandaleux, comme le dit M. Toul-

(1) Dans ce cas, la conception est censée avoir eu lieu
pendant le mariage. Alors la loi décide que, s'il est né
avant le cent quatre-vingtième jour de cette conception,
il n'est pas présumé viable. Chabot-de-l'Allier, Commentaire sur les successions, tome 1, pag. 75; — Toullier,
tome 2, pag. 131.

lier (1), celui de déshonorer inutilement l'épouse pour une faute antérieure au mariage.

Quand et à quels signes reconnaîtra-t-on qu'un enfant n'est-pas né viable? C'est là la source de ces contestations *inévitables* dont parlait M. Duveyrier. Ce sont ces contestations que le conseil d'État voulait *éviter* quand il proposait de ne déclarer viable que l'enfant qui aurait survécu dix jours à sa naissance. Cette question appartient plutôt à la médecine qu'à la législation. Cependant ce sont les tribunaux qui sont chargés d'en appliquer les conséquences civiles aux divers cas qui peuvent se présenter. Ils ont donc le droit de vérifier les élémens dont la médecine se sera servie pour établir la justesse des résultats qu'elle aura trouvés. Cela est d'autant plus juste et vrai, que la loi ne commande pas aux magistrats de s'en rapporter aveuglément au rapport des médecins ; que, loin de là, l'art. 323 du Code de procédure civile dit, sans distinctions des matières, que les juges ne sont point astreints à suivre l'avis des experts, si leur conviction s'y oppose.

Avant d'examiner si un enfant est né viable, il faut savoir s'il était vivant en sortant du sein de sa mère. Car, s'il est mort-né, la question de

(1) Tome 2, pag. 162.

viabilité est oiseuse. Si l'enfant a crié en naissant, c'est là un signe infaillible qu'il était vivant,
d'après l'avis général des anatomistes et des médecins. Mais ce signe n'est pas le seul qui puisse
constater la naissance, quoique l'enfant soit mort
immédiatement. La loi 3, au Code *de posthumis*,
avait expressément décidé qu'il n'était pas nécessaire que l'enfant eût jeté des cris pour qu'il
fût réputé avoir vécu. La présomption de vie
peut résulter de la respiration complète ou des
mouvemens répétés de l'un ou de plusieurs de
ses membres. Chabot, pag. 73 et 74.

D'après le même auteur, la preuve de la non
viabilité de l'enfant est, dans tous les cas, à la
charge de ceux qui ont intérêt qu'il ne soit pas
né viable. Dans le cas particulier de l'art. 314,
le mari a pour lui, comme nous l'avons vu, la
présomption légale. C'est donc à sa femme à prouver et à faire décider que l'enfant n'est pas né
viable, quoiqu'il fût vivant lorsqu'il est sorti du
sein de sa mère ; car, si elle ne fait pas cette
preuve, l'action en désaveu du mari sera reçue.
La raison qu'en donne encore M. Chabot, est
que, lorsqu'un enfant est né, et qu'il a vécu
pendant quelques instans, la présomption de
droit est en faveur de sa viabilité. On peut tirer,
à contrario, la conséquence que, si l'enfant était
mort lorsqu'il est sorti de son sein, elle n'a plus

besoin de prouver la non viabilité ; parce qu'alors on ne peut pas dire qu'il soit né : la naissance seule suppose nécessairement la vie.

M. Chabot ne traite, il est vrai, la question que sous le rapport de la successibilité. Mais la cour de cassation a décidé en principe, le 8 février 1821 (1), que *la successibilité est une conséquence nécessaire de la légitimité.* Les règles qu'invoque cet auteur peuvent donc être appliquées à la matière du désaveu, qui n'est qu'une exception contre la légitimité.

Nous dirons donc, avec lui, *loc. cit.,* pag. 77, que, si l'enfant né avant le cent quatre-vingtième jour du mariage a été inhumé sans que les hommes de l'art aient constaté son état, et si l'on ne peut plus, en l'exhumant, réparer utilement cette omission, il faut décider que l'enfant qui a vécu était présumé viable, puisqu'il a été capable de succéder. La mère doit s'imputer le défaut des précautions qui lui étaient prescrites pour faire constater la non viabilité.

Nous dirons encore que, par le nom d'*enfant,* la loi parle d'un individu né avec une figure humaine, et qui ne puisse être rangé dans la classe des monstres, ni dans celle des prodiges. *Leg.* 14, *ff. de statu hominum.*

____

(1) Sirey, tome 21, 1re part., pag. 404.

Si la preuve de non viabilité est à la charge de la mère, dans le cas de l'art. 314, la preuve de la naissance, c'est-à-dire de la vie, est à la charge du mari, en cas de dénégation de la part de son épouse; car la loi parle toujours d'enfant né. Elle supose toujours qu'il a vécu; et elle le suppose si bien, qu'elle veut une déclaration de non viabilité pour rejeter le désaveu, c'est-à-dire une preuve que, par son défaut de perfection, l'enfant ne pouvait pas continuer de vivre. Si donc la preuve que l'enfant a vécu ne résulte pas de l'attestation personnelle de l'officier de l'état civil par lui consignée dans l'acte de naissance, le mari devra rapporter cette preuve par les témoins qui auront assisté à l'accouchement. Nous disons l'attestation personnelle de l'officier de l'état civil, parce que, suivant l'art. 55., l'enfant doit lui être présenté. La loi ne s'en rapporte donc qu'à lui, et non à la déclaration qui lui serait faite par d'autres personnes, excepté par celles dont parle l'art. 56. La différence est que la déclaration de l'officier de l'état civil, dérivant de son attestation personnelle, ne pourrait être détruite que par la voie de l'inscription de faux, art. 45 du Code civil; que, par conséquent, le mari n'aurait pas besoin d'autre preuve, tandis que, dans le second cas, il serait obligé de rapporter la justification dont nous avons parlé. M.

Chabot est encore là , qui décide que la preuve de la vie de l'enfant est, dans tous les cas, à la charge de ceux qui ont intérêt qu'il ait vécu, *loc. cit.*, page 74 (1).

C'est aux gens de l'art, dit le même auteur, à décider si un enfant est né viable, en calculant, d'après son état, au moment de sa naissance, quelle a été l'époque de sa conception. On assure, ajoute-t-il, que la médecine a des moyens de discerner, par l'inspection du cœur et des progrès de l'organisation de l'enfant mort peu de temps après sa naissance, s'il s'est écoulé plus ou moins de cent quatre-vingts jours depuis sa conception.

Nous avons pensé qu'il n'était pas hors de propos de consigner ici les divers moyens usités par

(1) « Mais à quelle époque de la grossesse l'enfant peut-
» il naître viable ? Je ne rapporterai pas toutes les discus-
» sions qui se sont élevées sur cette matière. Il suffira de
» faire remarquer qu'il résulte de la disposition de l'art.
» 314 du Code civil, que l'enfant qui est né avant le cent
» quatre-vingtième jour de la *conception,* n'est pas *légale-*
» *ment présumé viable.* En effet, cet article n'autorise le
» mari à désavouer l'enfant qui est né avant le cent qua-
» tre-vingtième jour du *mariage,* qu'après que l'enfant a
» été *déclaré viable;* et il est évident que cette déclaration
» préalable aurait été inutile, si le législateur avait présu-
» mé viable l'enfant né avant le cent quatre-vingtième jour
» de sa conception. » Chabot, tome 1, pag. 75 et 76.

les gens de l'art pour la recherche de la viabilité, et que nous avons puisés dans-les traités de
médecine légale.

Haller, dans ses Élémens de physiologie du
corps humain, tom. 8, liv. 9, pag. 422 et suiv.,
dit : *Antè septimum mensem fœtus non potest
superesse* (1).

Le docteur Fodéré, dans son Traité de médecine légale, tom. 2, pag. 130 et suiv., dit que,
pour décider de la viabilité de l'enfant, dans le
cas de naissance précoce, il faut avoir égard aux
saisons, aux variations de l'air, à la constitution et aux habitudes de la femme, et aux im-
pressions qu'elle a reçues. Après avoir rapporté
plusieurs exemples de fœtus de cinq mois conservés, à force de soins, par la chaleur douce et
graduée d'un four, il pense, pag. 143, que ces
exemples ne prouvent rien contre la règle générale qui regarde morts-nés les enfans qui nais-

(1) Dupuis, *Origine de tous les cultes*, tome 1, pag. 222,
rapporte, relativement à l'importance attribuée par tous les
peuples anciens et modernes au nombre de sept, que c'est
au septième mois de grossesse que les Indiens font des cé-
rémonies pour remercier les dieux d'avoir amené à terme
l'enfant. Il cite Macrobe, pour faire voir combien les anciens Grecs et les anciens Romains faisaient cas de ce nombre dans la formation du fœtus et dans tout le développement de l'organisation de l'homme, et même sur toutes
les parties de sa vie.

sent avant la fin du septième mois. Il donne ensuite les règles suivantes :

La longueur d'un fœtus de quatre mois environ est de six pouces; de cinq mois à cinq mois et demi, de neuf pouces à un pied; de quinze à à seize pouces sur la fin du septième mois ou au commencement du huitième : la longueur ordinaire d'un enfant mûr et à terme est de dix-huit à vingt pouces, et les deux extrêmes, de seize à vingt-deux, et même vingt-trois pouces. Sa pesanteur, vérification faite des tables de Roderer, est de six à sept livres et demie : on en a vu de dix livres moins un quart, et un autre de treize livres.

Passant aux caractères de maturité et de perfection des organes et des fonctions, il les réduit aux suivans :

1° De pousser des cris aussitôt que la tête a franchi le détroit, et qu'elle se trouve sous le domaine de l'air atmosphérique, ou du moins de les pousser quelque temps après;

2° De remuer tous les membres avec facilité et avec plus ou moins de force;

3° De s'attacher d'abord à la mamelle, ou du moins de sucer le doigt introduit dans la bouche;

4° De n'être pas coloré d'un rouge trop foncé;

5° D'avoir les ouvertures de la bouche, des yeux, du nez, des oreilles, parfaitement détachées;

6° D'avoir de la graisse, des cheveux, et des ongles bien développés;

7° De rendre avec facilité, et peu d'heures après la naissance, l'urine et le méconium (en supposant que les ouvertures consacrées à ces excrétions ne sont pas fermées contre nature).

Il ajoute qu'on est assuré que l'enfant n'est pas venu à terme, et qu'il n'est ni mûr ni viable, lorsqu'il se présente avec les circonstances suivantes :

1° Sa taille et sa grosseur sont beaucoup au-dessous de celles d'un enfant de neuf, ou pour le moins de sept mois, depuis sa conception présumée;

2° Il ne s'annonce pas en criant, mais il est muet, ou tout au plus il ne fait que pousser des plaintes continuelles;

3° Non-seulement il ne tette ni ne paraît vouloir téter, mais il ne suce pas le doigt qu'on lui met à la bouche, et on est obligé de l'alimenter artificiellement;

4° Il ne remue pas, ou il n'exécute que de faibles mouvemens;

5° Sa peau est d'un rouge intense dans toute son étendue, et on y observe, comme à travers un transparent, une infinité de vaisseaux bleuâtres;

6° Les articulations sont relâchées, les os du

crâne ne résistent pas à la plus légère pression, la fontanelle est très-évasée, les paupières sont agglutinées, la bouche, les narines et les oreilles sont comme fermées ; .

7° Au lieu de cheveux, la tête n'offre qu'un poil follet, et les ongles ne sont pas formés ;

8° L'enfant dort presque continuellement ; à peine aperçoit-on son souffle ; on est obligé d'employer sans cesse une chaleur artificielle pour le réchauffer ; il ne rend qu'imparfaitement son urine et ses excrémens ;

9° On peut ajouter à ces caractères la cécité, attendu que la membrane qui recouvre la pupille, et qui disparaît entièrement au neuvième mois, existe encore, au moins partiellement, au septième mois.

C'est d'après ces principales données que les juges pourront apprécier, en connaissance de cause, les rapports que leur présenteront les experts-médecins pour décider la question de viabilité.

Qu'on ne croie pas cependant que ces caractères soient toujours décisifs dans tous les cas. Le docteur Fodéré dit, à la pag. 155, qu'on doit y réunir les considérations tirées de la mère ; savoir : si l'accouchement a été naturel, sans provocation, ou s'il est venu à la suite de quelque accident, soit au moral, soit au physique ;

si la mère était malade avant ses couches, ou si elle se portait bien : on examinera aussi le placenta, savoir s'il est dans l'état sain ou dans un état morbifique ; ce dernier état étant une cause assez ordinaire de l'avortement, ou, si l'on veut, un symptôme qui l'accompagne presque toujours.

Tous ces signes réunis ne sont même pas toujours sans exceptions. M. Fodéré observe, à la pag. 156, qu'une femme de six à sept mois de grossesse peut mettre au monde un enfant volumineux, et qu'au contraire, des fœtus de sept et neuf mois viennent au monde si petits, si frêles, et avec une si mauvaise constitution, qu'on les prendrait pour des avortons de cinq à six mois.

Mais, dit-il à la pag. 157, il est certains caractères de maturité qui accompagnent un enfant de neuf mois, quelque chétif qu'il soit, et qui ne se trouvent pas dans un avorton, quoique plus volumineux : ce sont la couleur et la densité de la peau, la solidité des os du crâne, les membres formés et bien distincts, les organes des sens bien apparens, la poitrine plus grande, et le ventre moins gros et moins étendu, et principalement un certain air vieux sur la physionomie, qui fait qu'une personne un peu exercée ne prend pas le change sur leur âge.

L'on sent que ce n'est que comme renseigne-

mens pour les magistrats, et non comme motifs
infaillibles de décision , que nous venons d'indiquer ces caractères et ces signes de l'observation médicale. Mais, avec eux, on court moins
risque de se tromper. Il restera toujours quelque doute sur la question de viabilité. Cette
question sera surtout plus difficile , si l'enfant
est mort lors de la visite des médecins. Voyez,
pour ce dernier cas , l'auteur, pag. 157 et suiv.

ARTICLE 315.

La légitimité de l'enfant né trois cents jours après la dissolution du mariage , pourra être contestée.

Le tribunat observa que, de la manière dont
cet article était rédigé , il semblerait que, si la
légitimité de l'enfant né douze mois , par
exemple , après la dissolution du mariage, n'é-
tait point contestée , il devrait être regardé
comme légitime; que ce ne pouvait être l'intention de la loi; qu'il pensait que l'article devait
être conçu dans des termes plus précis et plus
positifs , et qu'au lieu de laisser la faculté de
contester ou de ne pas contester la légitimité
de l'enfant né trois cents jours après la disso-

lution du mariage, quelque laps de temps qui se fût écoulé depuis, il fallait, en ajoutant un jour de plus à ce terme, fixer l'époque fatale d'une fin de non-recevoir insurmontable. La section du tribunat adopta une nouvelle rédaction ainsi conçue :

« La loi ne reconnaît pas la légitimité de
» l'enfant né trois cent un jour après la disso-
» lution du mariage. » *Confér. du Code civil.*

M. Duveyrier, dans son discours au corps législatif, répondit que l'enfant né trois cents jours après le mariage, n'était pas *de droit* illégitime.
« Et pourquoi, dit-il? Parce que tout intérêt
» particulier ne peut être combattu que par un
» intérêt contraire. La loi n'est point appelée
» à réformer ce qu'elle ignore; et, si l'état de
» l'enfant n'est point attaqué, il reste à l'abri
» du silence que personne n'est intéressé à
» rompre. »

L'article fut maintenu.

M. Merlin, *Répertoire, verbo Légitimité,* dit :
« Le Code n'a pas cru devoir établir sur cette
» matière *une règle précise;* il s'est *borné* à dire
» que la légitimité de l'enfant né trois cents
» jours après la dissolution du mariage pourra
» être contestée. » Cependant l'art. 228 défend à la veuve de se remarier avant les dix mois de la dissolution de son mariage. L'art. 312 permet

le désaveu pour cause d'impossibilité physique de cohabitation pendant dix mois. Les dix mois sont donc le terme fatal des naissances tardives. La simple contestation semblerait donc suffire pour établir irrévocablement et sans contradiction l'illégitimité. De plus, la présomption de cette illégitimité étant une présomption légale, la loi défend de la repousser par aucune preuve; elle dispense même de toute preuve celui au profit duquel cette présomption existe. Art. 1352 du Code civil. *Vid. tamen* un arrêt de la cour de Grenoble, du 12 avril 1809, rapporté dans le Répertoire, *verbo Légitimité*, qui préjuge que, à l'instar du désaveu du mari, la contestation peut être repoussée par la preuve de la légitimité. Il nous paraît qu'on applique mal le verbe *pourra* dont se sert l'article. Il ne regarde que la faculté laissée aux héritiers de contester, et non la faculté laissée à l'enfant de débattre la contestation par la preuve contraire. Car, encore une fois, la présomption légale est contre la légitimité.

Il ne faut pas confondre, dit M. Toullier, tom. 2, pag. 137, l'action en désaveu avec la contestation de légitimité; deux actions de nature fort différentes. Le désaveu est dirigé par voie d'*action* contre l'enfant qui a en sa faveur la présomption de légitimité à cause de la possession provisoire de son état; tandis que la *contestation* de légitimité est opposée par *exception* à l'enfant présumé illégitime, et qui réclame la légitimité. C'est ce que prouve fort bien une excellente dissertation de M. Sirey, que l'on trouve dans le tom. 22 de son Rec., 2ᵉ part., pag. 321.

Cette dissertation prouve fort bien encore que cet art. 315 ne devait être placé qu'à la fin du chapitre, et non au milieu d'un système de dispositions sur le cas de naissance à terme, ou de conception dans le mariage, puisque cet article n'a trait qu'au cas de naissance tardive ou de conception hors mariage. Ce qui le démontre, c'est que, dans la *Conférence du Code civil*, que nous avons déjà citée, et qui est attribuée à M. Favard, on voit que, lors de la discussion au tribunat, un membre observa que « la place na-
» turelle de cet article était à la fin du chapitre,
» et non pas au milieu, vu qu'il contenait une
» règle générale et distincte, qui ne tenait en
» aucune façon, ni aux articles qui le précèdent,
» ni à ceux qui le suivent ; cette observation,
» ajoute M. Favard, fut accueillie, et la section
» pensa que l'article devait être placé le dernier,
» sous le titre du mariage. » Cependant il est resté à sa place, nonobstant l'observation.

Mais disons, avec M. Sirey, qu'il reste entendu que cet art. 315 ne tient en aucune façon, *ni à ce qui précède, ni à ce qui suit.*

Nous avons vu que la naissance la plus précoce devait avoir lieu au moins le cent quatre-vingtième jour du mariage, pour être réputée légitime ; de même, la naissance la plus tardive ne doit pas dépasser le trois centième jour, à compter de la dissolution du mariage, pour que l'état légitime de l'enfant ne puisse être contesté. Le Code a voulu, dans les deux cas, fixer l'incertitude de l'ancienne jurisprudence, sous laquelle on décidait, suivant les circonstances, tantôt, que l'enfant qui naissait le onzième, le douzième, le treizième mois de la mort du mari, était le fruit de son union ; tantôt, qu'il était le fruit du crime de sa mère, selon que celle-ci s'était bien ou mal comportée pendant son veuvage (1).

De ce que l'art. 315 dit seulement que la légitimité de l'enfant né trois cents jours après la dissolution du mariage *pourra* être contestée, il s'en suit, que si elle ne l'est pas, et que l'enfant prenne possession de son état, il doit y rester et jouir de la qualité d'enfant légitime. Comme aussi, lorsque l'enfant veut réclamer, dans ce cas, la légitimité, la simple contestation le rend illé-

(1) *Vid.* le Traité de médecine légale de Fodéré, tom. 2, pag. 114, 180 et suiv. ; — Répert. de M. Merlin, *verbo Légitimité*, où l'on voit des naissances de onze, douze, treize, quatorze, jusqu'à seize mois de grossesse.

gitime, sans que les contestans soient astreints à faire la moindre preuve pour justifier leur exception (1). C'est ce qui résulte évidemment des termes de la loi : telle est l'opinion de M. Toullier, pag. 140 et suiv. (2).

(1) Cour d'Aix, 6 avril 1807; — Cour de Grenoble, 12 avril 1809; — Cour d'Aix, 8 janvier 1812; — Sirey, tome 7, 2ᵉ part., pag. 643; tom. 9, 2ᵉ part., pag. 288; tome 12, 2ᵉ part., pag. 214.

(2) Nous ne pouvons résister au besoin de citer le passage suivant du docteur Fodéré, page 204 du tome 2 :

« Toutes les fois, dit-il, que je serai consulté sur la lé-
» gitimité d'une naissance tardive, je ne rechercherai pas
» si elle est suivant l'ordre le plus commun, mais j'exa-
» minerai s'il existe des causes affaiblissantes qui aient pu
» être suivies d'un pareil effet. Si à cette preuve physique
» se joignait le témoignage d'une vie retirée et d'une répu-
» tation intacte, je n'hésiterai pas à donner raison à ma
» cliente, *la grossesse eût-elle même été prolongée jusqu'au*
» *douzième mois.* J'en aurai, au contraire, une opinion
» bien différente, si, jouissant d'une bonne santé, elle
» s'était, en outre, signalée par un goût décidé pour la
» dissipation et les plaisirs. La dame française dont parle
» Godefroy avait passé l'année de son veuvage à pleurer
» son mari : elle eût aussi bien gagné son procès au tribu-
» nal des physiciens qu'à celui des moralistes; elle l'eût
» perdu auprès des uns et des autres, si elle eût fait un tout
» autre usage de sa liberté. J'en jugerai de même pour la
» femme qui, dans l'intervalle de huit à neuf mois depuis
» la mort du mari, mettrait au monde un enfant très-
» chétif, qu'on ferait passer pour illégitime d'après sa
» force et son volume. *Indépendamment des considérations*

Nous verrons bientôt que l'*action* en *désaveu* est prescriptible. Mais l'exception de *contestation* ne l'est pas ; parce qu'il est de la nature d'une exception de durer autant que l'action. Or, suivant l'art. 328, l'action en réclamation d'état est imprescriptible à l'égard de l'enfant.

Ainsi, tenons bien pour certain que les prescriptions dont il va être parlé dans les articles suivans, ne s'appliquent point à la contestation permise dans le cas de cet art. 315, mais concernent seulement l'action en désaveu, dans les divers cas exprimés dans les articles précédens.

Sous le règne de la loi du divorce, on s'était demandé si la contestation appartenait seulement au mari et non à ses héritiers, de manière que ceux-ci ne pussent opposer l'exception en cas de silence ou de reconnaissance de l'enfant, faite par le mari après les trois cents jours de la dissolution de son mariage. Mais on décidait que les héritiers pouvaient contester malgré la reconnaissance ou le silence du mari, parce que l'illégitimité était de droit. Toullier, pag. 143. Aujourd'hui, cette question ne peut plus s'agiter, parce que le mariage ne peut se dissoudre que

» *physiques, celles qui tiennent à la conduite ne doivent pas* » *moins avoir un très-grand poids.* »

Cependant le docteur Fodéré écrivait sous le Code civil, et avait parlé de l'art. 315.

par la mort. La contestation ne peut plus appartenir qu'aux héritiers. Les héritiers du mari
seuls peuvent former le désaveu; mais la *contestation* peut être également faite par les héritiers de la femme et par ses parens, qui ont intérêt de faire rester l'enfant dans l'état d'illégitimité où il est né, afin de succéder à la mère.
Toullier, pag. 141 et 142.

ARTICLE 316.

Dans les divers cas où le mari est autorisé à réclamer, il
devra le faire dans le mois, s'il se trouve sur les lieux de
la naissance de l'enfant;
Dans les deux mois après son retour, si, à la même époque, il est absent;
Dans les deux mois après la découverte de la fraude, si on
lui avait caché la naissance de l'enfant.

Les premières expressions de l'article indiquent qu'il ne parle et n'entend parler que de
l'action en désaveu, et prouvent de plus en plus
combien a été mal placé l'art. 315.

L'action du mari doit être formée dans le mois,
s'il se trouve *sur les lieux* de la naissance de l'enfant. La loi n'exige pas qu'il se trouve sur *le lieu*
même de l'accouchement, c'est-à-dire dans la

maison, dans la ville, dans le bourg, dans le village, ou dans la commune où la naissance s'est opérée. Il est certain, dit M. Toullier, pag. 145, que le mari doit être hors de la commune, mais cela ne suffit pas ; car, sans résider dans la même ville, dans la même commune, ou dans le même département, le mari peut être dans un lieu si voisin, et avec lequel les communications soient si faciles, qu'il ne puisse raisonnablement ignorer les événemens qui arrivent dans sa famille ; et voilà pourquoi le Code emploie cette expression indéterminée, *les lieux*, qui désigne la distance dans laquelle on ne peut ignorer des faits qui intéressent aussi vivement que la grossesse d'une épouse et la naissance d'un enfant. Aussi, sans établir une règle précise, dont l'application rigoureuse aurait souvent blessé la justice, le Code se contente d'indiquer aux juges que le mari ne doit jouir du double délai que dans les cas où il était impossible qu'il ignorât la grossesse et l'accouchement de sa femme : la décision dépend nécessairement des circonstances (1).

(1) Au conseil d'Etat, M. Treillard demanda pourquoi on accordait au mari absent deux mois après son retour pour faire sa déclaration, lorsqu'on ne lui donnait qu'un mois quand il était présent à la naissance de l'enfant. M. Cambacérès proposa de fixer le délai à deux mois dans les deux cas. L'article fut renvoyé à la section.

Les délais prescrits doivent courir à compter du jour de la naissance, ou à compter du retour du mari, s'il était absent lors de la naissance, ou à compter de la découverte de la fraude, si la naissance lui avait été cachée, soit qu'il fût ou non sur les lieux.

En cas d'absence du mari hors du territoire français, le délai court, non du jour de son retour en France, mais de son retour dans les lieux de la naissance de l'enfant. (Arrêt de la cour royale de Paris (1), du 9 août 1813.) Mais nous croyons que cet arrêt a été trop loin en considérant que, « aux termes de l'art. 316, le délai » accordé au mari absent pour intenter l'action » en désaveu, ne commence à courir que du » moment de son retour aux lieux, soit de la » naissance, *soit du domicile conjugal.* » La cour de Paris a ajouté ces dernières expressions à la loi, qui ne parle que *des lieux de la naissance.* Elle ne devait parler que de cela ; car la naissance peut avoir lieu hors du domicile conjugal ; et le mari, fût-il rentré dans ce domicile, pourrait encore ignorer la naissance de l'enfant.

Avant le Code, il n'existait pas de délai de rigueur durant lequel le mari fût tenu de désavouer la paternité. Il pouvait toujours former son action en désaveu, pourvu qu'il ne résultât

(1) Sirey, tom. 13, 2e part., pag. 310.

pas de sa conduite qu'il se fût reconnu directement le père de l'enfant. C'est ce qu'a formellement jugé la cour de Toulouse, par arrêt du 28 juillet 1808 (1). Le Code a donc introduit, à cet égard, un droit nouveau.

ARTICLE 317.

Si le mari est mort avant d'avoir fait sa réclamation, mais étant encore dans le délai utile pour la faire, les héritiers auront deux mois pour contester la légitimité de l'enfant, à compter de l'époque où cet enfant se serait mis en possession des biens du mari, ou de l'époque où les héritiers seraient troublés par l'enfant dans cette possession.

Cet article fut soumis à une grande discussion, tant au conseil d'État qu'au tribunat. Le conseil d'État voulait la rédaction suivante :

« Si le mari est mort avant d'avoir fait sa
» réclamation, mais étant encore dans le délai
» utile pour la faire, les héritiers auront deux
» mois pour contester la légitimité de l'enfant,
» *à compter de l'époque où sa prétention leur*
» *sera notifiée.* »

A son tour le tribunat voulait que l'article fût ainsi conçu :

(1) Sirey, tom. 8, 2ᵉ part., pag. 317.

« Si le mari est mort avant d'avoir fait le dés-
» aveu, mais étant encore dans le délai utile
» pour le faire, les héritiers n'auront le droit
» de désavouer l'enfant que dans le cas prévu
» par l'art. 1er.

» Ils auront deux mois pour désavouer, à
» compter du jour où la mort du mari leur
» sera connue; et si, à cette époque, ils ignorent
» la naissance de l'enfant, les délais compteront
» du jour où ils auront acquis cette connais-
» sance. »

La notification exigée par le conseil d'État
pouvait conduire à de grandes injustices, comme
le disait M. Regnault-de-St-Jean-d'Angely. Par
exemple, une femme accouche pendant l'absence
de son mari, sous le nom duquel elle fait inscrire l'enfant : le mari meurt éloigné dans le
délai pendant lequel il lui était permis de réclamer ; l'enfant cependant demeure en possession de son état. Il serait possible qu'après
vingt ans des héritiers vinssent le lui contester,
parce qu'il ne leur aurait pas fait notifier sa prétention, et l'attaquassent avec beaucoup d'avantage, parce que, à une époque si éloignée de sa
connaissance, ils pourraient rassembler contre
lui une foule de probabilités. D'ailleurs, si les
héritiers ou leur résidence lui sont inconnus, où
et à qui fera-t-il sa notification ?

Le système du tribunat n'était pas plus juste, quant à la première modification qu'il proposait. Pourquoi réduire les héritiers du mari au seul cas de l'art. 1er, et ne pas leur permettre le désaveu pour les causes mentionnées en l'art. 2? Etait-ce parce que la poursuite de l'adultère n'appartient qu'au mari? Mais cette vérité n'existe que respectivement aux liens du mariage, et non aux enfans qu'on voudrait lui supposer. D'ailleurs, comme le disait M. Duveyrier au corps législatif, le droit de désavouer, qui appartient au mari, doit nécessairement passer à ses héritiers, par l'effet infaillible d'une autre loi tout aussi importante pour la société, celle de la transmission héréditaire.

La seconde modification que le tribunat voulait apporter à l'article, nous paraît plus raisonnable. Elle consistait, comme on vient de le voir, à ne faire courir le délai de deux mois qu'à compter du jour où la mort du mari serait connue de ses héritiers, ou à compter du jour où ils connaîtraient la naissance de l'enfant, s'ils l'avaient ignorée.

Nous avons tout à l'heure supposé que les héritiers du mari demeuraient loin de son domicile ou de sa résidence. Il est très-possible que plus de deux mois s'écoulent depuis sa mort, sans qu'ils en aient connaissance, pas plus que de la naissance de l'enfant, comme s'ils restaient aux îles. Cependant, dans l'intervalle, l'enfant, ou, quoi que soit, son tuteur, qui le représente, prend possession en son nom des biens du mari immédiatement après l'ouverture de sa succession; ou, ce qui peut être très-rapproché, immédiatement après sa nomination à la tutelle. Il en jouit deux mois et plus, après lequel temps les héritiers qui viendront pour réclamer et désavouer l'enfant, seront pourtant déclarés non recevables, d'après la rédaction actuelle de l'art. 314. Ainsi, la spoliation sera consacrée par cette courte possession , par cette possession ignorée!.... Il faut convenir qu'il y a au moins bien de la rigidité dans cette disposition. Elle est d'autant plus étonnante, que l'art. 316 accorde au mari lui-même un délai pour le mettre à même d'acquérir la connaissance de l'illégitimité de l'enfant et pour la contester, tandis que, par son silence, l'art. 317 le refuse à ses héritiers.

Dira-t-on que les héritiers du mari ne sont pas aussi favorables que lui-même? Et pourquoi? Dès l'instant que l'action en désaveu passe à ses héritiers, ne doit-elle pas y passer avec tous les moyens de l'exercer! Il y a de plus cette grande considération pour eux, c'est qu'ils sont censés n'avoir pas aussi-bien que le mari connaissance des passions, des habitudes de la femme, des circonstances locales, et que leurs soupçons ne peuvent s'éveiller ou se vérifier aussitôt que les siens. Ils devraient, au contraire, jouir d'un délai pour le moins aussi long que celui qui lui est accordé à lui-même, surtout, nous le répétons, s'ils sont éloignés de son domicile à l'époque de son décès ou à celle de la naissance de l'enfant, ou de sa mise en possession.

Objectera-t-on encore que l'art. 317 suppose que c'est l'enfant lui-même et personnellement qui doit prendre possession des biens du mari, ou troubler les héritiers dans la leur, ce qui suppose qu'il doit être majeur à cette époque, et que, par conséquent, un très-long délai se sera écoulé jusque-là, pendant lequel les héritiers du mari auront eu le temps de prendre toutes les informations et de faire toutes les découvertes nécessaires?.

Mais ce serait la première fois qu'on aurait prétendu que les droits d'un enfant ne peuvent pas être exercés pendant sa minorité. La loi, au contraire, lui donne un tuteur, non-seulement pour le défendre, mais encore pour agir pour lui, en remplissant, dans ce dernier cas, les formalités qu'elle indique. La loi ne fait aucune distinction entre les divers droits qu'il s'agit de lui conserver ou de réclamer dans son intérêt; et dès que, dans le cas particulier, l'art. 317 ne distingue pas non plus, il s'ensuit que la prise de possession dont il parle peut se faire par le tuteur, et qu'elle est censée faite par l'enfant lui-même. Notre premier raisonnement reste donc dans toute sa force, soit que la tutelle se trouve sur la tête de la mère vivante, soit qu'en cas de renonciation, destitution ou décès, elle ait été conférée à un autre par le conseil de famille.

Tout cela nous porte à penser que, si, par les motifs que nous venons d'indiquer, les héritiers du mari n'avaient pas eu le temps de former leur action en désaveu dans les délais fixés, les tribunaux les relèveraient de cette expiration, parce qu'on ne peut pas exiger l'impossible, et que d'ailleurs l'article 317 ne prononce aucune déchéance.

Mais aussi il est raisonnable d'exiger de la part de ces héritiers qu'ils justifient des causes et des motifs qui les ont empêchés d'acquérir plus tôt la connaissance, soit de la mort du mari, soit de la naissance de l'enfant, soit de sa mise en possession, sans quoi il serait juste de les déclarer non recevables.

Il en serait différemment si les héritiers du mari étaient eux-mêmes en possession de ses biens, et qu'ils fussent troublés par l'enfant dans cette possession, parce qu'alors ils ne pourraient ignorer sa prétention, et seraient, par conséquent, obligés de le désavouer dans les deux mois à compter du *trouble*. Le trouble s'établit non-seulement par une demande *directe formée judiciairement contre eux* par l'enfant ou en son nom, mais encore par des actes qui constatent que les héritiers avaient *connaissance* de la prétention de l'enfant exprimée par des écrits extrajudiciaires. Cependant la cour de Rouen, par arrêt du 2 mai (1) 1815, avait décidé le contraire. Dans cette espèce, des saisies-arrêts avaient été faites tant par la mère de l'enfant que par l'enfant lui-même devenu majeur; mais elles n'avaient pas été *dénoncées* aux héritiers. Toutefois, la mère, Mme de Cauville, dans le compte de tutelle qu'elle avait fait *signifier* à ses quatre enfans contestans, avait parlé du cinquième, dont l'état était désavoué par ses frères, et avait agi comme tutrice de cet enfant. Ce ne fut que lorsqu'ils furent assignés sur la reddition de compte de la succession du mari, que les frères contestèrent la légitimité dans les deux mois à compter de cette assignation, parce qu'elle contenait une demande directe contre eux et, par conséquent, *trouble formel* dans leur possession. Mais la cour suprême, par

(1) Sirey, tom. 16, 2e part., pag. 364.

arrêt du 22 mai 1817, cassa l'arrêt de la cour
de Rouen, par le motif que le trouble résultait
suffisamment du compte tutélaire signifié par
Mme de Cauville, et dans lequel elle avait pris
la qualité de tutrice de l'enfant désavoué, et que
le désaveu n'avait pas été suivi d'une action en
justice dans le délai d'un mois, conformément
à l'art. 318.

Au reste, les héritiers n'ont pas besoin d'attendre le trouble pour former leur action en
désaveu. Ils sont libres de la former avant toute
prétention à la légitimité. De même, ils ne sont
pas obligés de suivre les erremens de l'action
commencée par leur auteur. C'est ce qu'ont décidé la cour de Liége et la cour de cassation,
par arrêts des 12 fructidor an 13 et 25 août
1806 (1).

M. Toullier soulève la question de savoir si,
pendant l'instance en désaveu, l'enfant a droit
à une provision. Il distingue entre l'enfant conçu
pendant le mariage et celui qui a été conçu avant,
mais qui est né pendant le mariage. Le premier,
ayant pour lui la présomption de la loi, peut
incontestablement obtenir une provision contre
les héritiers qui jouissent. Quant au second,
M. Toullier inclinerait à penser qu'il n'y a au-

____

(1) Sirey, tome 6, 2e part., p. 953.

cun droit, parce que, dit-il, la règle *is pater est*
ne milite en sa faveur que sous la condition
qu'il ne sera pas désavoué. Cependant il finit
par convenir que le seul fait de la naissance le
constitue en possession provisoire de légitimité.

Il ne peut, en effet, y avoir de différence
entre ces deux enfans. Tous deux, jusqu'à preuve
contraire, sont présumés appartenir au mari.
Cette présomption leur est acquise par la loi.

Elle leur tient lieu de titre, qui doit provi-
soirement être exécuté tant qu'il ne sera pas
renversé. Ce titre est d'autant plus respectable
que c'est la loi elle-même qui l'a créé.

Il ne pourrait en être ainsi de l'enfant dont la
naissance serait contestée pour être venue trois
cents jours après la dissolution du mariage. Celui-là a contre lui la présomption légale. Dès le
moment que la contestation arrive, le voilà déchu de toutes ses espérances. Non-seulement il
n'a pas de titre, mais il n'a même pas l'appa-
rence d'un titre; il ne peut plus prétendre à la
légitimité : il ne peut donc prétendre aux biens
du mari; donc aucune provision ne peut lui
être accordée. Aussi est-ce une grande erreur
consacrée par la cour d'Aix, qui a décidé, le
6 avril 1807 (1), que la légitimité, en cas de

____

(1) Sirey, tome 7, 2ᵉ part., pag. 643. — Non-seule-

contestation pour naissance tardive , pouvant être *admise* ou *rejetée* , la présomption est , *pendant procès*, que l'enfant est légitime. Nous

ment la cour d'Aix l'avait décidé ainsi, mais elle avait encore jugé que, *pendant procès*, l'enfant dont la légitimité était contestée pour être né trois cents jours après la dissolution du mariage, avait droit à une provision, et que cette provision était payable *solidairement* par tous les héritiers *sans caution*. Mais ce que nous venons de dire prouve qu'il ne peut y avoir de *procès* dans ce cas, puisque la simple *contestation* rend l'enfant illégitime de droit. « Il suffit,
» dit M. Toullier, *loc. cit.*, de comparer l'acte de sa nais-
» sance avec l'acte de décès du mari. S'il résulte de cette
» comparaison qu'il s'est écoulé trois cents jours entre la
» dissolution du mariage et la naissance de l'enfant, il sera
» *illégitime de droit*. Ainsi, la différence d'un seul jour peut
» décider *irrévocablement* du sort de l'enfant. S'il en était
» autrement , si l'enfant né trois cents jours après la dis-
» solution du mariage n'était pas de droit illégitime, il
» faudrait en dire autant de l'enfant né trois cent dix, trois
» cent cinquante, quatre cents jours ou plus après le ma-
» riage dissous; car, après l'époque de trois cents jours
» fixée par la loi, il n'est point de terme où l'on puisse
» s'arrêter plutôt qu'à tout autre. » Il faut cependant la contestation de la part des héritiers pour donner un sens , et un sens raisonnable au mot *pourra* dont se sert l'art. 315, ainsi que nous l'avons observé plus haut. L'erreur de la cour d'Aix venait de ce qu'elle ne s'était pas aperçue que le mot *contester* qui se trouve dans l'art. 317, n'est employé qu'à la place du mot *désavouer* dont il est parlé dans l'art. 316 , et non dans le sens ni dans le cas de l'art. 315.

ne saurions trop signaler cette erreur. Encore une fois, la contestation de l'enfant né trois cents jours après la dissolution du mariage le rend illégitime *de droit.* M. Toullier le dit formellement et le prouve jusqu'à l'évidence au n° 828 du tome 2 de son ouvrage.

En comparant l'art. 317 avec l'art. 316, il paraît bien résulter que les héritiers du mari peuvent désavouer l'enfant dans tous les cas où il peut le désavouer lui-même, suivant les articles 312, 313 et 314. Pourraient-ils également le désavouer pour cause d'impuissance accidentelle du mari? Nous ne le pensons pas, lorsque ce dernier est mort sans avoir employé ni fait constater ce fait. Nous nous fondons sur le passage suivant du Répertoire, au mot *Légitimité,* pag. 139 :

Cela résulte de ce que nous avons également prouvé plus haut que cet article 315 n'était pas à sa place, et devait être mis à la fin du chapitre, pour ne pas confondre les espèces.

Ce que nous venons de dire recevrait cependant une modification dans le cas où il pourrait être prouvé que la date de la mort du mari ou de la naissance de l'enfant est erronnée, de manière que, au moyen d'une juste rectification, il en résulterait que l'enfant est né dans les dix mois, et non dix mois après la dissolution du mariage ; mais nous pensons que cette rectification ne pourrait se faire qu'au moyen de l'inscription de faux.

« Il ne suffit pas d'alléguer l'impuissance du
» mari pour faire déclarer un enfant illégitime,
» il faut la constater juridiquement : et comme
» cela n'est plus possible après la mort du mari,
» il est clair que ses héritiers ne peuvent pas
» attaquer de ce chef l'état d'un enfant né pen-
» dant son mariage. C'est aussi ce qu'ont jugé
» plusieurs arrêts rapportés dans le Dictionnaire
» de Brillon, au mot *Impuissant.* »

Ainsi, la généralité de l'art. 317 doit être res-
treinte aux autres causes de désaveu.

ARTICLE 318.

Tout acte extrajudiciaire contenant le désaveu de la part
du mari ou de ses héritiers, sera comme non avenu,
s'il n'est suivi, dans le délai d'un mois, d'une action en
justice, dirigée contre un tuteur *ad hoc* donné à l'enfant,
et en présence de sa mère.

Cet article augmente d'un mois le délai accordé
par l'art. 316. Ainsi, le dernier jour du mois ou
des deux mois fixés par ce dernier article, selon
les circonstances, étant arrivé, le mari ou ses
héritiers pourront adresser à l'enfant, s'il est
majeur, ou à sa mère, s'il est mineur, en la prenant comme sa tutrice légale, ou, en cas de

mort, à son tuteur, s'il en a, un acte extrajudiciaire, dans lequel ils lui déclareront qu'ils n'entendent pas le reconnaître comme provenu du mariage. L'on sent que, si l'enfant n'avait pas de tuteur, il faudrait lui en faire nommer un *ad hoc*, même pour lui adresser l'acte extrajudiciaire ; car autrement l'enfant, s'il était mineur, n'aurait aucune qualité pour le recevoir ni pour y répondre. Il serait comme non avenu, et l'on courrait le danger de se voir déchu de l'action en désaveu.

L'acte extrajudiciaire n'est point d'obligation. Ce n'est qu'une faculté accordée au mari ou à ses héritiers, pour les faire jouir d'un délai plus long que celui fixé par l'art. 316. Ainsi, ils peuvent renoncer à cette faculté, et porter directement leur action en désaveu devant les tribunaux contre le tuteur *ad hoc* de l'enfant, qu'ils auront fait préalablement nommer, si déjà il ne l'avait été, et contre sa mère. S'ils avaient commencé par l'acte extrajudiciaire, leur action en désaveu devrait être formée dans le mois de sa date, sous peine de déchéance.

L'appel en cause de la mère (1), concurremment avec le tuteur *ad hoc*, est indispensable.

______

(1) On n'a pas besoin de faire observer que la loi suppose la mère vivante. Mais si elle était morte, l'action n'en serait pas moins bien formée contre le tuteur *ad hoc*.

L'objet de la loi est sensible. Cette femme a à défendre son honneur attaqué comme épouse. Comme mère, elle a aussi à défendre les droits de son enfant. Personne ne peut aussi-bien qu'elle donner à la justice des renseignemens pour la fixer sur le mérite du désaveu formé. Plus que tout autre, elle a été intéressée à se les procurer et à en conserver soigneusement les monu-mens (1).

Comme il s'agit d'une question d'état, on est dispensé de soumettre l'action en désaveu au préliminaire de la conciliation. Art. 49 du Code de procédure civile. Cependant si, malgré cette inutilité, on avait commencé par là, nous pensons que la citation en conciliation interromprait la prescription du jour de sa date, pourvu que la demande fût formée en justice dans le mois à dater du jour de la non comparution ou de la non conciliation. Cela paraît résulter des articles 2245 du Code civil et 57 du Code de procédure civile. C'est ce qui a été formellement jugé par la cour de cassation, dans l'arrêt Brudieu, cité sous l'art. 312, en date du 9 novembre 1809.

(1) Elle ne peut jouer utilement que ce rôle ; car on a déjà vu que les déclarations qu'elle pourrait faire contre la légitimité de son enfant, ne pourraient porter à celui-ci aucun préjudice. *Vid. sup.*

De quelle manière le tuteur *ad hoc* sera-t-il donné à l'enfant? Comme l'article n'indique aucun mode particulier pour la nomination de ce tuteur, il semble qu'elle devrait avoir lieu par un conseil de famille composé suivant l'art. 407, c'est-à-dire de six parens ou alliés, pris moitié du côté paternel et moitié du côté maternel.

Mais il faut considérer ici que le désaveu fait empêche qu'il n'y ait encore, à proprement parler, des parens *paternels*, puisque la paternité du mari est méconnue. L'enfant ne peut trouver de parens que dans la ligne maternelle. C'est pour cela que, dans la cause de Victoire-Joséphine de Grady, la cour de cassation, par arrêt du 25 août 1806 (1), valida la nomination du tuteur *ad hoc* faite par un conseil de famille uniquement composé des parens maternels de cet enfant désavoué. Une observation très-importante à faire est que, si l'enfant n'avait pas été défendu par son tuteur, ou s'il ne l'avait pas été valablement, il pourrait, par ce motif, se pourvoir par requête civile, suivant l'art. 481 du Code de procédure civile, contre tous jugemens qui l'auraient déclaré illégitime. C'était la disposition de l'art. 35, tit. 35, de l'ordonnance de 1667.

(1) Sirey, tom. 6, 2ᵉ part., pag. 952.

ARTICLE 319.

La filiation des enfans légitimes se prouve par les actes de naissance inscrits sur le registre de l'état civil.

—

N° 1. Nous voici arrivés à la partie la plus difficile et la plus compliquée du titre que nous examinons, parce qu'elle est la plus abondante en espèces variées, et qu'il faut bien de l'attention pour saisir leurs nuances, et pour leur appliquer exactement les diverses dispositions qui peuvent les concerner (1).

Dans le premier chapitre, la loi a raisonné dans la supposition où l'enfant avait la preuve

(1) « Il n'y a point de causes qui méritent d'être exami-
» nées avec plus d'attention, et dont la décision soit plus
» difficile que celles dans lesquelles il s'agit d'assurer l'état,
» la qualité et la naissance des parties ; et la nature se ca-
» che dans ces sortes de causes sous tant de voiles différens,
» la vérité y est obscurcie par tant de nuages, que souvent
» les parties, même les plus intéressées, ne peuvent dé-
» couvrir la véritable lumière qu'elles doivent suivre : in-
» certaines de leur état, elles viennent en apprendre la des-
» tinée par vos jugemens, et recevoir, pour ainsi dire, des
» mains de la justice, un nouvel être et une seconde nais-
» sance. » D'Aguesseau, 2ᵉ plaidoyer, tom. 1ᵉʳ, édit. de
1819, in-8°, pag. 314, dans la cause de la prétendue fille
de Pierre d'Avril et d'Anne de Laval.

écrite ou du moins la présomption légale de sa filiation, et par suite de sa légitimité, parce qu'elle s'occupait uniquement de la paternité du mari. Dans le chapitre second, la loi indique quelles sont les preuves qu'un enfant est obligé de produire pour établir sa filiation de deux personnes unies par un mariage valable.

Sans ces preuves, comme disent tous les jurisconsultes, un enfant n'aurait aucun état dans le monde; il ne saurait à quelle famille il appartient. Alors la société n'aurait aucun lien, et tous les hommes vivraient dans l'état de nature, et, par conséquent, dans la confusion des intérêts et des droits.

Au premier rang de ces preuves, et même comme preuve *presque unique* (1), devait naturellement se trouver l'inscription de la naissance sur des registres publics à ce destinés.

François Ier, par son ordonnance de 1539, Henri III, par celle de Blois, et Louis XIV, par celle de 1667, titre 20, art. 8, avaient ordonné la tenue d'un double registre destiné à inscrire les baptêmes, mariages et sépultures, dont la minute devait rester entre les mains du curé de chaque paroisse, et la grosse en la possession du juge royal.

____

(1) D'Aguesseau, tome 4, page 261.

Le Code civil, au livre 1er, titre 2, contient trois chapitres qui indiquent de quelle manière doivent être inscrits sur des registres publics les mariages, les naissances et les décès.

L'individu qui prétend être né d'un légitime mariage doit donc produire son acte de naissance inscrit sur les registres de l'état civil.

La rédaction de l'art. 319, communiquée au tribunat, portait :

« La filiation des enfans légitimes se prouve » par *l'extrait* du registre de l'état civil. »

Un membre proposa de supprimer le mot *extrait*. Il se fonda sur ce que le véritable titre est le registre; que l'extrait ne tient lieu du registre, qu'autant qu'il est la copie authentique et fidèle, et que, s'il y a quelque différence entre l'un et l'autre, il faut recourir au registre, et rectifier l'extrait. En conséquence, on fut d'accord de laisser l'article tel qu'il est conçu.

N° 2. Il ne faut pas croire cependant que la représentation de l'acte de naissance soit toujours et sans exception une preuve irrécusable de la légitimité de l'enfant. Il peut arriver, et il n'est arrivé que trop souvent que deux individus qui ne font que vivre en état de concubinage, fassent cependant inscrire leurs enfans sur les registres de l'état civil comme étant provenus de leur légitime mariage, quoiqu'il n'ait jamais été célébré. Dans ce cas, l'acte de naissance prouve seulement la *filiation* et non la *légitimité*. L'enfant doit alors justifier du mariage de ses père et mère par la représentation d'un acte en bonne forme, *ou en prouvant qu'ils ont vécu publiquement comme époux* (1).

Cette dernière preuve doit être jointe à la possession d'état non contredite par l'acte de naissance. Mais elle n'est même admissible qu'autant que les père et mère sont tous deux *décédés*. Il n'est pas besoin de prouver qu'il n'a pas existé de registres de l'état civil, ou qu'ils sont perdus. C'est ce que déclare formellement l'art. 197 combiné avec les art. 194, 195 et 46(2).

Telle était l'ancienne jurisprudence, comme

(1) Arrêt de la cour d'Aix, du 28 mai 1810, et arrêt de la cour de Paris, du 9 mars 1811, Sirey tom. 11, 2ᵉ partie, pag. 95 et 227; — Toullier, tom. 2, pag. 177; — M. Merlin, Répertoire, tom. 16, *verbo Légitimité*.

(2) La cour de cassation décida, en effet, le 8 mai 1810, dans la cause des enfans Poutiant, qu'il n'était pas besoin de prouver la non existence, la perte ou l'altération des registres de l'état civil, parce que, dit-elle, la règle établie par l'art. 197 n'est modifiée par aucune exception, et que, dans aucun cas, le Code n'impose aux enfans l'obligation de représenter l'acte de célébration du mariage de leurs père et mère; que la possession d'état d'enfans légitimes conforme à leurs actes de naissance est suffisante lorsque leurs père et mère sont décédés. Sirey, tom. 10, 1ʳᵉ part., pag. 239.

on peut le voir dans le mémoire de Cochin pour les enfans de Barthélemy Bourgelat. M. Merlin dit aussi qu'anciennement il fallait que les père et mère fussent *tous deux* décédés. *Vid.* tome 16, *verbo Légitimité.* Il ajoute et il prouve que *l'absence* du survivant des père et mère ne peut équivaloir à son décès. Il en serait différemment, d'après M. Toullier, *loc. cit.*, page 176, si le survivant était en démence et *hors d'état de donner aucuns renseignemens sur le lieu de son mariage.* Ce doit être là, en effet, le principal motif qui a fait interdire toute réclamation, dans le cas de l'art. 197, du vivant des père et mère.

N° 3. Cependant, pour cette dernière hypothèse, relative à la *démence* du survivant des père et mère, M. Merlin, tom. 16, *verbo Légitimité,* pag. 570 et 571, n'est point de l'avis de M. Toullier. « L'époux frappé de démence » se trouve, dit-il, relativement à l'exception » par laquelle l'art. 197 restreint, en faveur » des enfans, la règle générale établie par les » art. 194 et 195, sur la même ligne que l'époux » absent ; il est, comme l'époux absent, dans » l'impuissance de faire connaître le lieu où son » prétendu mariage a été célébré ; mais cette » impuissance peut cesser par le recouvrement » de la raison, comme celle de l'époux absent » peut cesser par son retour. Quel prétexte y

» aurait-il, dès-lors, pour assimiler la démence
» à la mort, tandis que bien certainement la
» condition de mort ne peut pas être réputée
» remplie par l'absence? N'y a-t-il pas le même
» inconvénient à éviter dans un cas que dans
» l'autre? et ne serait-il pas à craindre, dans
» l'un comme dans l'autre, que, si l'on déclarait
» un enfant légitime par la seule considération
» que le survivant de ses père et mère est hors
» d'état de donner des renseignemens sur le
» lieu de la célébration de son mariage pré-
» tendu, l'on ne fût ensuite obligé de juger qu'il
» n'y a eu entre celui-ci et le prédécédé qu'un
» concubinage? »

Ces raisons sont très-fortes, il faut en convenir. On peut ajouter que, si le législateur avait
voulu que la démence ou l'absence pût remplacer la mort, il s'en serait expliqué, et qu'au
lieu de dire seulement : « Si néanmoins, dans le
» cas des art. 194 et 195, il existe des enfans
» issus de deux individus qui ont vécu publi-
» quement comme mari et femme, *et qui soient*
» *tous deux décédés,* » il aurait ajouté ces mots,
ou qui soient hors d'état de donner des rensei-
gnemens sur le lieu de leur mariage. Il n'a
pourtant pas fait cette addition; il faut donc
penser que c'est parce qu'il ne l'a pas voulu.
L'opinion de M. Merlin nous paraît donc la plus

saine et d'ailleurs la plus conforme à la disposition littérale de la loi (1).

N° 4. Nous avons dit plus haut que, à défaut de représentation de l'acte de célébration du mariage des père et mère, l'enfant devait non-seulement prouver qu'ils avaient vécu comme époux, mais encore que lui-même avait la possession constante de son état de légitimité non contredite

(1) Mais s'il s'agit de partager la succession du premier mourant des père et mère, *du vivant* de l'un d'eux, l'enfant perdra-t-il irrévocablement sa part dans cette hérédité, parce qu'il ne pourra pas invoquer et faire déclarer alors sa filiation légitime? Ne pourra-t-il pas la réclamer, cette portion, après la mort du survivant, en remplissant les trois conditions imposées par l'art. 197, malgré un partage fait en son absence? Consulté sur cette question, j'ai répondu que l'enfant n'était pas déchu. Je me suis fondé sur ce que art. 197 n'a pas été précisément motivé sur ce que le survivant des père et mère peut donner des renseignemens sur le lieu de la célébration de leur mariage, mais sur l'injustice qu'il y aurait d'exiger, de la part des enfans, qu'ils représentent des titres qui leur sont inconnus, puisque ces titres, s'ils existent, sont antérieurs à leur naissance; et enfin, sur l'oubli ou la négligence des officiers de l'état civil. Discussion au conseil d'État, et discours de l'orateur du gouvernement au corps législatif, du 16 ventôse an 11. S'il en était autrement, la disposition bienfaisante de l'article 197 ne serait souvent qu'un leurre, une fausse lueur d'espérance pour l'enfant dont la filiation légitime serait pourtant certaine, et facile à établir après la mort de ses père et mère.

par son acte de naisssance. Ainsi, c'est une double possession que l'enfant doit établir dans ce cas, savoir : sa possession personnelle et celle de ses auteurs. L'art. 197 paraît le dire d'une manière assez formelle, en parlant de deux *individus qui ont vécu publiquement comme mari et femme*, et en ajoutant, relativement à la légitimité des enfans, *toutes les fois que cette légitimité est prouvée par une possession d'état non contredite par l'acte de naissance.*

Le tribunal de la Seine avait pourtant jugé que la seule possession d'état d'enfant légitime était suffisante, sans avoir besoin de prouver que les père et mère avaient vécu publiquement comme époux. Mais la cour royale de Paris a proscrit ce système par deux arrêts, l'un, du 11 mai 1816, rendu dans la cause de la dame de Latour contre Meurin, et l'autre, du 23 février 1822, rendu dans la cause des demoiselles Anfrye contre les époux Tillard (1).

La cour a décidé qu'il en était de même sous l'ancienne jurisprudence. Tel est l'avis de M. Merlin, *loc. cit.*, pag. 583 et suiv., qui donne ouvertement la préférence à ces deux arrêts sur un arrêt contraire que la cour de Grenoble avait

(1) Sirey, tom. 17, 2ᵉ part., pag. 44, et tom. 22, 2ᵉ part., pag. 183.

rendu le 3 février 1807 (1). Il ne doute pas que, si ce dernier eût été attaqué, il n'aurait pas échappé à la cassation.

N° 5. Il serait presque inutile d'observer, d'après cela, que la preuve que les père et mère ont vécu publiquement comme mari et femme ne peut résulter uniquement de l'acte de naissance de l'enfant, si le contraire ne paraissait pas avoir été dit par M. Portalis au corps législatif.

Mais M. Merlin, *loc. cit.*, pag. 578 et suiv., dit que, « dès que l'acte de naissance n'est des-
» tiné qu'à constater la filiation, dès qu'il ne
» peut pas former à lui seul un titre de légiti-
» mité, comment pourrait-il à lui seul consti-
» tuer les père et mère en possession de l'état
» d'époux ? Comment pourrait-il à lui seul
» prouver, en faveur de l'enfant, que ses père
» et mère vivaient publiquement comme mari
» et femme ?..... Cette doctrine est si étrange,
» qu'à peine pouvons-nous croire que M. Por-
» talis l'ait réellement professée à la tribune du
» corps législatif, et qu'il n'y ait pas quelque
» lacune ou altération dans cette partie de son
» discours, chose d'autant plus possible que la
» faiblesse, pour ne pas dire l'extinction pres-

____

(1) Sirey, tom. 7, 2e part., pag. 84.

15

» que totale de sa vue, à l'époque où il l'a pro-
» noncé, le mettait hors d'état, soit de l'écrire
» lui - même, soit de le relire après l'avoir
» dicté. »

Pour prouver la fausseté de cette doctrine, M. Merlin cite trois arrêts, l'un de la cour d'Aix, du 28 mai 1810; le second, de la cour de Paris, du 9 mars 1811; le troisième, de la même cour, du 11 mai 1816. Nous avons vérifié ces arrêts dans le Recueil de Sirey (1); nous avons cité *sup.* les deux premiers : l'un qui fut rendu dans la cause des héritiers Arnaud contre J. F. Arnaud, et l'autre dans la cause de la femme Regnard-Sabotin contre les dames Buchot et Savin. Quant au troisième, c'est celui de Latour et Meurin, dont nous avons aussi parlé.

La raison de ces décisions est prise de ce que l'art. 319 ne parle que de la filiation, et que l'art. 197 parle de la légitimité des enfans.

Disons donc que, à défaut de représentation de l'acte de célébration du mariage de ses père et mère, l'enfant est obligé de justifier non-seulement de son acte de naissance, mais encore de sa possession conforme, et, de plus, que ses père et mère ont publiquement vécu comme

(1) *Vid. sup.*

époux; que cette dernière preuve ne peut résulter de ce que, dans l'acte de naissance, le père ou la mère, ou tous les deux ensemble, ont déclaré que l'enfant était né de leur *légitime* mariage; qu'il faut de plus établir par *des faits* qu'ils ont vécu *publiquement* de manière à faire croire qu'ils étaient véritablement mariés. Nous ne pouvons mieux terminer sur ce point qu'en rapportant ce passage de M. Merlin:

« L'inscription d'un enfant sur les registres
» de l'état civil avec la qualité de légitime, est
» sans doute, de la part de ses père et mère,
» un fait qui *contribue* à former leur possession
» de l'état d'époux; mais il ne peut pas la for-
» mer seul : il n'est qu'un des élémens dont
» elle se compose.

» Pour qu'il en fût autrement, il faudrait
» que l'acte de naissance équipollât à un juge-
» ment qui déclarerait que les père et mère de
» l'enfant inscrit comme légitime sont vérita-
» blement mariés. Or, comment pourrait-il
» avoir cet effet, alors surtout qu'il est difficile
» à l'officier de l'état civil qui reçoit un acte de
» naissance de s'ériger en juge de la déclara-
» tion d'après laquelle il rédige?

» Aussi existe-t-il cinq arrêts de la cour de
» cassation, des 12 et 26 nivôse an 11, 2 oc-
» tobre 1806, 15 octobre 1807 et 20 juillet

» 1809, qui décident que la déclaration par la-
» quelle un père, dans l'acte de naissance de
» son enfant, en qualifie la mère de son épouse,
» peut être *fausse*, sans que la substance en
» soit altérée, ni la prévoyance *et l'objet de la*
» *loi trompés ; que cette déclaration ne constitue*
» *aucun droit ni d'épouse en faveur de la mère,*
» *ni de fils né de légitime mariage en faveur de*
» *l'enfant, puisque ce n'est pas dans les actes*
» *de naissance que ces droits peuvent avoir leur*
» *origine et leur base.* »

N° 6. La triple condition remplie, 1° que les père et mère sont tous deux décédés ; 2° qu'ils ont vécu publiquement comme mari et femme ; 3° que l'enfant est personnellement en possession de l'état d'enfant légitime, conformément à son acte de naissance, ne lui produit d'autre avantage que de le dispenser de représenter l'acte de célébration du mariage de ses père et mère ; parce que cette triple preuve établit la présomption légale d'un mariage célébré.

Mais cette présomption légale peut-elle être combattue ? Oui sans doute, parce que l'art. 197 dit seulement que la légitimité des enfans ne peut être contestée *sous le seul prétexte* du défaut de représentation de l'acte de célébration. Tel est l'avis de M. Merlin et de M. Toullier. Elle peut l'être lorsqu'il y a *impossibilité* qu'il y ait eu mariage légitime ; par exemple, lorsque l'un des père et mère était déjà légitimement marié avec un autre lors de la naissance des enfans.

Mais que deviendront-ils ces enfans, si celui de leurs père et mère qui était libre a été dans la bonne foi lors de leur cohabitation publique comme époux ? Il est incontestable qu'ils pourront se retrancher dans cette bonne foi. Est-elle présumée de droit, ou doivent-ils l'établir ?

M. Toullier pense que c'est aux enfans à prouver la bonne foi de leur père ou de leur mère qui n'était pas engagé dans les liens d'une première union. M. Merlin pense, au contraire, que les enfans n'ont point de preuve de bonne foi à faire, et que les antagonistes de leur légitimité doivent prouver contre eux la mauvaise foi , comme ils devraient la prouver contre l'un des époux, si l'acte de célébration de leur mariage était représenté.

Examinons les raisons de ces deux grands jurisconsultes.

M. Toullier, dans le cas posé, prétend que les enfans ne pourront alors aspirer à la légitimité qu'en prouvant la bonne foi du conjoint qui n'était pas engagé dans les liens d'une première union , *et que, comme cette bonne foi ne peut se rencontrer que dans un mariage célébré*

suivant les formes légales, il faudrait représen-
ter l'acte de célébration.

M. Merlin répond qu'il est vrai que cette présomption n'a lieu que dans le cas d'un mariage célébré suivant les formes légales ; mais, dit-il, les père et mère qui ont vécu publiquement comme mari et femme, et sont décédés tous deux, ne sont-ils pas légalement présumés, en faveur de leurs enfans dont la possession d'état n'est pas contredite par leur acte de naissance, avoir été unis par un mariage célébré avec toutes les solennités requises? et cette présomption n'a-t-elle pas, pour les enfans, par cela seul qu'elle est établie par la loi, toute la force d'un acte de célébration en bonne forme? N'est-ce pas la conséquence nécessaire du principe consigné dans l'art. 1362 du Code civil, que la présomption légale dispense de toute preuve celui au profit duquel elle existe?

Nous nous rangeons d'autant plus facilement de l'avis de M. Merlin, que, suivant l'art. 197, le défaut d'acte de célébration du mariage des père et mère étant rempli par les trois conditions qu'il exige et qui en supposent l'existence, ceux qui contestent cette existence se rendent demandeurs, et sont, par conséquent, obligés de prouver leur allégation ; que, par suite, c'est à eux de prouver non-seulement l'impossi-

bilité du second mariage, mais encore la préconnaissance de la cause de cette impossibilité,
qui n'est autre chose que la mauvaise foi du
conjoint libre, qui a publiquement cohabité
avec celui qui ne l'était pas. Cela rentre dans le
grand principe qui veut que ce que nous avons
fait par erreur ne puisse nuire ni à nous ni aux
autres.

A plus forte raison devrait-il en être ainsi, à
défaut de preuve positive de l'impossibilité qu'il
ait existé un mariage légitime entre les père
et mère, si on voulait combattre la présomption de légitimité des enfans par des présomptions contraires. M. Merlin en a déjà donné la
raison puisée dans l'art. 1362. En effet, la présomption légale non-seulement résiste à la présomption humaine, mais encore à toute preuve
le faits opposés, dont la cause ne résiderait pas
lans la substance même de la chose contestée.
Ce principe est d'ailleurs virtuellement consacré
ar l'arrêt Poutiant précité, rendu par la cour
le cassation le 8 mai 1810. Voyez aussi le plai-
loyer de M. d'Aguesseau, du 15 juin 1693.

L'arrêt Poutiant a également décidé en faveur
es enfans une autre question qui aurait pu s'é-
ever, et consistant à savoir si l'accomplissement
es trois conditions exigées par l'art. 197 dis-
ense ou non d'exécuter l'art. 46, relatif à la

,non existence ou à la perte des registres de l'état civil, lorsqu'il est constant que les père et mère n'ont jamais eu d'autre domicile que le lieu où ils ont vécu publiquement comme époux, et que, par suite, il y a impossibilité prouvée qu'ils se soient mariés ailleurs. On aurait pu dire que, si, dans ce cas, les enfans ne peuvent pas prouver le mariage de leurs père et mère, c'est parce qu'il n'a jamais existé. Mais cette conséquence serait évidemment forcée, parce que, comme l'observe M. Merlin, l'officier public peut en avoir consigné l'acte de célébration sur une feuille volante, qui se sera perdue, et cette négligence ne peut pas porter à l'état des enfans une atteinte aussi mortelle. Il peut exister beaucoup d'autres causes à peu près semblables du défaut d'insertion des mariages sur les registres de l'état civil. Mais la même réponse doit constamment se trouver dans les dispositions prévoyantes et conservatrices de l'art. 197.

N° 7. De ce que nous avons dit plus haut résulte cette dernière conséquence, que, tant que les père et mère vivent, ou l'un d'eux, l'enfant, à l'aide de son acte de naissance et de sa possession personnelle, ne peut pas réclamer sa filiation légitime, à moins de rapporter la preuve écrite et authentique de la célébration du mariage de ses père et mère, ou de l'inexistence ou

perte des registres de l'état civil, conformément
à l'art. 46 combiné avec les articles 194, 195 et
197; que la preuve testimoniale du mariage n'est
pas admissible. *Vid.* M. Merlin, tom. 16, *verbo
Légitimité*, pag. 571 et suiv.

ARTICLE 320.

A défaut de ce titre, la possession constante de l'état d'enfant légitime suffit.

ARTICLE 321.

La possession d'état s'établit par une réunion suffisante de
faits qui indiquent le rapport de filiation et de parenté
entre un individu et la famille à laquelle il prétend appartenir.

Les principaux de ces faits sont, que l'individu a toujours
porté le nom du père auquel il prétend appartenir;

Que le père l'a traité comme son enfant;

Qu'il a été reconnu constamment pour tel dans la société;

Qu'il a été reconnu pour tel par la famille.

N° 1. Nous avons raisonné avec l'art. 319 pour
e cas où l'enfant avait en sa faveur un acte de
1aissance en forme inscrit sur les registres de
'état civil, constatant sa descendance de deux
1ersonnes présumées unies par les liens du ma-

riage. L'art. 320 suppose maintenant que l'enfant ne peut point produire son acte de naissance, et il dit que, à défaut de ce titre, la possession constante de l'état d'enfant légitime suffit. Il serait bien malheureux, en effet, que, par suite des causes que nous venons de signaler, l'enfant ne pût point prétendre au rang que la loi lui assigne dans sa famille, parce qu'il ne représentera pas son acte de naissance dont l'inexistence ne peut lui être attribuée, lors surtout qu'il réunit toutes les autres preuves de sa filiation légitime (1).

L'art. 321 vient ensuite désigner les élémens qui peuvent constituer la possession d'état de l'enfant. Il ne faut pas croire cependant que les quatre faits qu'il indique soient exclusifs de beaucoup d'autres qui auraient la même force, et pourraient produire le même résultat. L'article est démonstratif et non pas limitatif. Cette vérité s'évince de ces expressions : *Les* PRINCIPAUX *de ces faits sont :* 1°, *etc.* (2).

(1) Le droit romain admettait la preuve testimoniale, même pour la naissance, en cas de perte des actes qui auraient pu l'établir, loi 6, au Cod. *de fid. inst.*, et loi 15, § 1, au Code *de test.*, et d'Aguesseau assimile à la perte des registres publics, le cas où l'on articule qu'il n'y a pas eu de baptême. *Vid.* le 2ᵉ plaidoyer, pag. 331.

(2) M. Toullier, n° 869, a fort bien défini la possession

Le tribunat, pour donner à cet article toute la clarté dont il est susceptible, et ne laisser aucun doute sur le véritable sens de sa disposition, qui est de ne pas regarder comme indispensable, pour faire preuve, la réunion complète des faits relatés dans l'article, fut d'avis de la rédaction suivante :

« Cette possession d'état s'établit par une
» réunion de faits suffisante pour indiquer le
» rapport de filiation ou de parenté entre un
» individu et la famille à laquelle il prétend ap-
» partenir;
» TELLE, *par exemple*, que l'individu a tou-
» jours porté le nom du père, etc. (1). »

Mais la rédaction actuelle de l'article parut assez claire, lors surtout qu'on entendit M. Duveyrier s'exprimer ainsi au corps législatif :

« Il n'était pas proposable de rechercher et
» de classer dans une loi tous les rapports de
» cette nature; mais il était bien, pour montrer
» la trace de la vérité, et répandre sur toutes
» les questions de ce genre une lumière unifor-

d'état par ces mots : *Nomen, tractatus, fama.* Un citoyen devient père, son fils porte son nom, *nomen*; le père, la mère, le traitent comme fils, les deux familles comme parent, *tractatus;* le public le regarde comme tel, *fama.*

(1) Conférence du Code civil.

» me, de désigner les faits principaux qui dé-
» montrent la possession (1). »

Il est encore à observer que, quoique l'art. 321 dise que la possession d'état s'établit par une *réunion* suffisante de faits, et qu'en continuant, il ajoute que les principaux de ces faits sont les quatre qu'il indique, il n'est pas indispensable que la preuve de tous ces faits soit rapportée. Voici encore comment s'exprimait le même orateur :

« En indiquant ces faits principaux, la loi ne
» veut pas dire que, pour démontrer la posses-
» sion d'état, leur réunion soit indispensable,
» de manière que, à défaut d'un seul, tous les
» autres ensemble dussent être rejetés. Non,
» elle a voulu seulement, par ces exemples,
» montrer le caractère et la nature des rapports
» dont on doit tirer la conséquence exacte et
» la preuve de la possession d'état. Il est trop
» évident que, *parmi* les faits proposés pour
» exemple, il en est qui, s'ils sont continuels et
» manifestes, peuvent seuls compléter la dé-
» monstration, *sans le secours d'aucun autre.* »

On ne peut pas opposer à cette démonstration complète l'arrêt qui fut rendu par la cour de cassation le 25 août 1812 (2), contre le prétendu

(1) Séance du 2 germinal an 11.
(2) Sirey, tom. 12, 1re part., pag. 406.

enfant du général Schwartz, nommé Antoine-
Abel, défendu par un tuteur et la dame Martigny, sa mère. Antoine-Abel était né avant le Code.
La cour de cassation considéra que, à cette époque, aucune loi française n'avait déterminé d'une
manière précise les cas dans lesquels la preuve
par témoins devait ou ne devait pas être admise;
que, d'après le droit romain, l'admissibilité de
cette preuve était fort controversée.

Il est vrai que la cour de cassation ajouta « que,
» si la question avait dû être jugée d'après le
» Code, l'art. 321 n'imposait à la cour de Metz l'o-
» bligation d'admettre la preuve testimoniale,
» que dans le cas où l'on aurait offert de prouver
» *tous* les quatre principaux faits dont il est
» parlé au susdit article; *que, quoique cette loi*
» *n'indique ces faits que d'une manière simple-*
» *ment démonstrative*, d'où IL SUIT QUE LA RÉU-
» NION DE TOUS N'EST PAS DE RIGUEUR, cepen-
» dant elle exige en termes formels une réunion
» suffisante de faits qui indiquent le rapport de
» filiation et de parenté entre un individu et la
» famille à laquelle il prétend appartenir; d'où
» il suit encore que l'arrêt dénoncé a pu, sans
» violer l'article précité, *et surtout dans les cir-*
» *constances toutes particulières que l'affaire*
» *présentait*, regarder comme insuffisante la
» réunion des faits, au nombre desquels ne se

» trouvaient pas ceux que la loi indique en se=
» cond et quatrième lieux. »

Cet arrêt était tout hypothétique. Les circonstances étaient en effet singulières. Antoine-Abel,
quoiqu'il eût toujours porté, auprès de sa mère
et dans le public, le nom de son père, n'avait
jamais été traité par lui comme son enfant. Ce
n'était pas lui qui avait pourvu en qualité de
père à son éducation ni à son entretien. Il n'a-
vait jamais été reconnu pour son fils dans sa
propre famille. Il paraît même que sa naissance,
non inscrite d'ailleurs sur le registre de l'état
civil, avait été la cause de l'abandon de la femme
par son mari, et ensuite du divorce des époux :
ainsi n'existait point cette réunion *suffisante* de
faits qui pussent indiquer le rapport de filiation
entre Antoine-Abel et le mari de sa mère. Ce
sont là les circonstances *toutes particulières* qui
déterminèrent l'arrêt. Mais on voit que la cour
suprême a consacré formellement, dans un de
ses motifs, le principe que nous avons ci-dessus
établi, et qu'elle en aurait fait la rigoureuse ap=
plication si elle avait eu à prononcer dans une
espèce différente.

N.° 2. De ce qu'un enfant aura toujours porté,
auprès de sa mère et dans la société, le nom de
son père, on ne peut pas, en effet, raisonnablement en induire une preuve de sa filiation. Ce

fait continu aura pu se passer hors de la présence et, par conséquent, sans la tolérance du mari assez éloigné pour l'ignorer. Alors, la filiation légitime dépendrait entièrement de la mère assez adroite pour déguiser ainsi son immoralité; ce qui ne peut se soutenir. Cette prétention a été justement proscrite par un arrêt de la cour royale de Paris, du 11 juin 1814 (1), dans la cause de Louise-Antoinette, se prétendant fille de Mme d'Argence. Il est vrai qu'elle avait été baptisée comme née de la fille Coumiobeux et de *père inconnu*; mais elle n'avait point la possession d'état conforme à son acte de naissance, et ne pouvait, par conséquent, la faire rentrer dans la première disposition de l'art. 322, dont nous parlerons bientôt. Mais n'ayant pas pu prouver sa possession d'état de fille de M. d'Argence, conformément à l'art. 321, elle fut déchue de sa réclamation, quoiqu'elle eût porté, à côté de sa mère et dans la société, le nom de son prétendu père.

N° 3. Les faits servant à établir la possession d'état doivent être permanens, continus et non isolés. C'est pour cela que, par le premier, l'enfant doit prouver qu'il a *toujours* porté le nom du père auquel il prétend appartenir;

(1) Sirey, tom. 15, 2e part., pag. 17.

Que, par le second, il doit prouver que le père l'a *toujours* traité comme son enfant ; et cette preuve sera faite en établissant qu'il n'a cessé de lui donner ce nom dans ses relations avec lui, et qu'il a pourvu, en cette qualité, à son éducation, à son entretien et à son établissement, ce qui embrasse un tout sans lacune et sans interruption ;

Que, par le troisième, il doit prouver qu'il a été reconnu *constamment* pour tel dans la société ;

Que, par le quatrième, il doit prouver qu'il a été reconnu pour tel par la famille, c'est-à-dire par les parens du mari, autant que par ceux de la femme ;

Qu'en un mot, les rapports qui ont existé entre eux étaient tels, que personne n'a pu raisonnablement concevoir l'idée que cet enfant n'appartenait pas légitimement au père dont il portait le nom.

Nous avons vu précédemment que, quoique l'enfant prouve seulement qu'il a porté le nom de son père à côté de sa mère et dans la société, ce fait ne serait pas suffisant pour établir sa filiation. Nous pensons également que, s'il prouvait *uniquement* qu'il l'a traité comme tel, ce fait ne serait pas toujours décisif ; car il arrive quelquefois qu'un individu qui n'a pas eu d'enfans de son mariage, prenne un jeune homme en affection ; que, dans les lettres qu'il lui écrit, il l'appelle son enfant ; qu'il lui donne même tous les soins que pourrait recevoir de son père un enfant légitime; ce cas , quoique bien prouvé, *mais isolé* de la preuve des autres rapports, ne devra pas être suffisant pour démontrer la filiation.

Cochin, dans le mémoire dont il est parlé plus bas, rapporte qu'en 1657 M. de Laporte rendit plainte contre Georges de Lacroix, qui s'était dit son fils légitime dans une enquête où il avait été entendu comme témoin. Georges de Lacroix, appelant de la procédure extraordinaire, soutenait que, pendant 30 ans, M. de Laporte l'avait fait nourrir et élever comme son fils ; qu'il avait donné ordre à son valet de chambre, lorsqu'il était à Rouen, de payer les pensions pour ses études ; qu'il avait écrit aux jésuites de Rouen de prendre soin de son éducation. Il offrait de faire entendre les domestiques des personnes de condition, des conseillers de Rouen et autres, à qui M. de Laporte avait écrit et parlé de lui comme de son fils. Cependant, sur les conclusions de M. l'avocat général Talon, Georges de Lacroix fut condamné à déclarer que, témérairement et sans preuve, il s'était dit fils de M. de Laporte, et il lui fut fait défense de se dire tel à l'avenir.

ARTICLE 322.

Nul ne peut réclamer un état contraire à celui que lui
donnent son titre de naissance et la possession conforme à ce titre ;
Et réciproquement, nul ne peut contester l'état de celui
qui a une possession conforme à son titre de naissance.

———

Ce double principe semble avoir été copié
dans le beau mémoire que fit Cochin pour le
marquis de la Ferté-Senneterre et la marquise
de Boudeville contre les sieur et dame de Bruix.
Il était question, dans cette cause, de savoir si
l'on peut être admis à la preuve testimoniale de
son état contre la possession et les registres ,
sur des preuves littérales d'une forte amitié (1).

« Il ne peut jamais se former une question
» sérieuse sur l'état d'un citoyen, disait ce grand
» jurisconsulte, quand les titres et la possession
» sont d'accord à son égard; soit que ces preu-
» ves se réunissent pour confirmer l'état qu'on
» lui conteste , soit qu'elles se réunissent pour
» l'exclure de l'état auquel il aspire.

(1) Tome 2 , page 98 de l'édition de 1821 in 8°. Cette
question rentre un peu dans le cas que nous avons ci-dessus posé.

» Cette vérité se manifeste également dans
» deux hypothèses que l'on peut former.

» Première hypothèse. Un homme, par son
» acte de baptême, est déclaré fils légitime d'un
» tel et d'une telle, sa femme; il a toujours été
» élevé et connu comme leur fils légitime : si
» quelqu'un entreprenait de contester son état,
» serait-il écouté ? Il aurait à combattre, en
» même temps, et la preuve résultant des re-
» gistres publics, et celle qu'administre la pos-
» session. En vain articulerait-il alors des faits
» et demanderait-il permission d'en faire preu-
» ve, il serait nécessairement accablé par le
» poids de ces deux preuves réunies.

» Seconde hypothèse. Un citoyen veut se
» donner entrée dans une famille; il n'a, pour y
» parvenir, ni le secours des monumens publics,
» ni l'avantage de la possession : arrêté par ces
» obstacles invincibles, qu'il articule des faits,
» qu'il demande permission d'en faire preuve,
» cette voie inconnue à la loi, funeste à la so-
» ciété, sera nécessairement rejetée dans tous
» les tribunaux.

» La raison en est sensible : c'est que les deux
» genres de preuves destinés à fixer l'état des
» hommes se réunissent, ou pour confirmer l'état
» de celui qui est troublé, ou pour exclure l'état
» de celui qui réclame : tout autre genre de preu-

» ves est nécessairement impuissant. La loi natu-
» relle a établi la preuve qui naît de la posses-
» sion publique ; la loi civile et politique a
» établi la preuve qui naît des registres ; l'auto-
» rité que forme le concours de ces preuves est
» inébranlable ; la preuve testimoniale n'est pas
» d'un poids et d'un caractère qui puissent leur
» être opposés. »

Qui est-ce qui ressemble le plus, en effet, à un usurpateur que celui qui, alors que son état est positivement et publiquement fixé par son acte de naissance et par une possession conforme, voudrait cependant s'introduire dans une famille étrangère, à l'aide de suppositions que rien de positif ni de public ne peut étayer ? Comme aussi, quoi de plus sacré, de plus respectable qu'un état consacré par des monumens écrits et par une notoriété, pour ainsi dire, tradition-nelle !

Nous répétons que l'acte de naissance suivi de la possession conforme est le monument le plus sacré ; « c'est la grande, allons plus loin, c'est
» presque l'unique preuve que l'on puisse avoir
» de l'état des hommes, disait le célèbre d'Agues-
» seau dans la cause d'Élizabeth Fiorelli. Qu'on
» renverse cette preuve, tous les fondemens de
» la société civile sont ébranlés ; il n'y a plus rien
» de certain si l'on en retranche cet argument.

» Qu'on dise, tant qu'on voudra, que ce prin-
« cipe est douteux ; que rien n'est plus facile à
» altérer, à dissimuler, à changer même, que
» le contenu d'un extrait baptistaire : toutes
» ces réflexions sont justes; mais quelque dou-
» teuse que puisse être cette preuve, tout sera
» encore plus douteux si on ne l'admet pas (1). »

Mais il faut bien prendre garde que l'illustre chancelier ne parlait ainsi de l'acte de baptême qu'en tant qu'il établit la filiation, et non la légitimité. C'est aussi de la filiation seulement que parle le chapitre sous lequel est rangé l'art. 322 du Code civil. La loi avait parlé de la légitimité et des conditions nécessaires pour l'établir dans l'art. 197 et dans les art. 312 et suiv., selon les divers cas qui peuvent se présen-ter. Encore une fois, il ne faut pas confon-dre les matières (2).

Le chapitre 2 a bien pour titre, *des Preuves de la filiation des enfans légitimes ;* mais c'est parce qu'il suppose que le mariage est déjà constant. Aussi il ne s'en occupe pas ; et pour-quoi ? Parce qu'il avait été l'objet spécial des chapitres classés sous le titre 5, et particulière-ment du chap. 4.

(1) 47ᵉ plaidoyer, tome 4, pag. 420.
(2) Voyez aussi les Questions de droit de M. Merlin, tome 4, pag. 548, 1ʳᵉ édit.

ARTICLE 323.

'A défaut de titre et de possession constante, ou si l'enfant
a été inscrit, soit sous de faux noms, soit comme né
de père et mère inconnus, la preuve de filiation peut se
faire par témoins.

Néanmoins cette preuve ne peut être admise que lorsqu'il y
a commencement de preuve par écrit, ou lorsque les
présomptions ou indices résultant de faits dès-lors constans sont assez graves pour déterminer l'admission.

Un individu qui n'aurait ni titre ni possession constante se présenterait avec trop de dé-
faveur dans une réclamation d'état, en offrant
seulement de prouver des faits propres à justifier qu'il est l'enfant de celui à qui il prétend
appartenir. On lui demanderait et on aurait bien
raison de lui demander comment il se fait que
sa naissance n'ait pas été inscrite sur les registres
publics à ce destinés, comment il peut se faire
qu'au moins il n'ait pas été reconnu et traité
comme enfant par la famille dans laquelle il
veut se placer. C'est pour cela que, avant d'être
admis à prouver et même avant de pouvoir offrir de prouver les faits qu'il articule pour établir sa filiation, il doit commencer par prouver

l'inexistence ou la perte des registres de l'état civil ; telle est la disposition formelle de l'art. 46, qui porte que :

« Lorsqu'il n'aura pas existé de registres, ou
» qu'ils seront perdus, la preuve en sera reçue
» tant par titres que par témoins; *et dans ces*
» *cas*, les mariages, *naissance*s et décès pour-
» ront être prouvés tant par les registres et pa-
» piers émanés des père et mère décédés, que
» par témoins. »

Ce n'est donc que *dans le cas* où il n'a pas existé de registres, ou qu'ils sont perdus, que l'enfant peut offrir de prouver et qu'il peut être admis à prouver sa filiation de la manière prescrite par la loi. Hors ce cas, point de filiation à établir ; la raison, autant que la justice, ne peut concevoir la vraisemblance de l'allégation du réclamant. Telle est aussi l'opinion de M. Toullier, n° 884.

L'art. 323 a ajouté à l'art. 46 à l'égard de la naissance; il veut que la preuve testimoniale ne puisse être admise que lorsqu'il y a commencement de preuve par écrit (1), *ou* lorsque les

(1) L'art. 14, tit. 20, de l'ordonnance de 1667 portait :
« Si les registres sont perdus, ou s'il n'y en a jamais eu,
» la preuve en sera reçue tant par titres que par témoins;
» et, en l'un et l'autre cas, les baptêmes, mariages et sé
» pultures pourront être justifiés, tant par les registres et

présomptions ou indices résultant de faits *dès-lors* constans sont assez graves pour déterminer l'admission.

Nous verrons à l'article suivant ce que la loi entend, dans l'hypothèse, par commencement de preuve par écrit : nous devons seulement observer ici que ce commencement de preuve ne peut être remplacé que par les présomptions ou indices résultant de faits dès-lors constans, et qui sont assez graves pour déterminer l'admission de la preuve testimoniale.

Comment doit-on entendre cette équipollence? Les présomptions ou indices dont parle l'article doivent nécessairement être acquis avant le jugement qui permet la preuve testi-

---

» papiers domestiques des père et mère décédés, que par » témoins ; sauf à la partie de vérifier le contraire. » Cochin, tome 2, page 123, édit. de 1821, se fondant sur cet article, dit que ce n'est que dans le cas où les registres n'existent point que l'ordonnance permet de recourir tant aux papiers domestiques des père et mère, qu'à la preuve par témoins. « Elle rejette donc, dans le cas de l'existence » des registres, toute autre preuve, même ébauchée par » des commencemens de preuves par écrit; et en effet, il » est aisé de concevoir combien il serait dangereux de ren- » verser tous les états et toutes les conditions, à la faveur » de simples commencemens de preuves par écrit, qui » ne peuvent jamais être mis en parallèle avec la preuve » qui naît des titres et de la possession. »

moniale ; car cette preuve n'est admissible
que lorsque non-seulement ces présomptions
ou indices sont assez *graves*, mais encore lorsqu'ils résultent de faits *dès-lors constans*. Ainsi,
il faut que ces faits soient avoués ou reconnus
existans avant le jugement de l'enquête ; sans
quoi, et s'ils pouvaient devenir l'un des objets
de cette enquête, ils se trouveraient confondus
avec ceux qui doivent établir la filiation ; ce que
la loi n'a évidemment pas entendu. Telle a été
si peu son intention, que, indépendamment
qu'elle s'en est littéralement expliquée par ces
mots *dès-lors reconnus constans*, et par la construction qu'elle a employée, c'est que, en matière de question d'état surtout, on doit être et
on a toujours été avare de la preuve par témoins, qu'on n'a jamais admise que dans les
cas spécialement déterminés (1).

(1) Telle était aussi l'ancienne jurisprudence, comme
on peut le voir dans l'arrêt *Sasilly*, dont parle M. Toullier,
n° 890, et qui est rapporté sous la date du 10 mars 1735,
comme ayant été rendu par le parlement de Paris. Cochin
parle de cet arrêt, tome 2, pag. 123, de l'édition de 1821,
in-8° : « La preuve, dit-il, avait été ordonnée par les pre-
» miers juges ; elle était même faite ; et l'on ne craint pas
» de dire qu'elle était si forte et si concluante, que per-
» sonne ne pouvait se refuser à l'évidence qu'elle présen-
» tait, si ce genre de preuves pouvait déterminer ; mais
» la cour, inflexible sur des règles qui seules peuvent

L'art. 323 ne dit pas comment et dans quel cas les juges peuvent tenir pour *constans* les faits qui doivent précéder ceux à prouver par témoins. Il ne dit pas et ne pouvait pas dire que ces faits doivent nécessairement être établis *par écrit;* car alors ils constitueraient un véritable commencement de preuve par écrit, que la loi a distingué des faits *dès-lors constans* par la disjonctive *ou,* qui est employée dans l'article. Ainsi, la faculté de tenir pour *constans* les premiers faits est laissée à l'arbitrage des juges, qui doivent être très-circonspects pour les reconnaître tels, attendu que de là dépend la preuve testimoniale, si dangereuse dans une matière aussi délicate. Que n'a-t-on pas à craindre, en effet, comme on le disait dans l'arrêt Duvau-de-Chavagne, dont nous parlerons bientôt, que n'a-t-on pas à craindre des efforts de l'intrigue et de l'influence des passions dans ces sortes de procès, suscités le plus souvent par la cupidité, l'ambition et l'orgueil! De quelles précautions le législateur n'a-t-il pas dû environner ces causes si intimement liées à l'ordre public, et où l'on voit le repos, la fortune, l'honneur

» maintenir l'ordre et la tranquillité publique, ne crut
» pas même devoir entrer dans le mérite de la preuve, et
» en infirmant la sentence qui l'avait admise, débouta le
» prétendu Sasilly de sa demande. »

même des familles exposés aux tentatives auda-
cieuses d'un aventurier, et à devenir le jouet de
l'imposture!

N° 2. La première disposition de l'art. 323
parle du défaut de titre *et* de possession constante, et la seconde ne permet la preuve de la
filiation que lorsqu'il y a eu commencement de
preuve par écrit, ou des présomptions ou indices. La loi suppose que le titre manque comme
la possession; mais si l'un ou l'autre existe, il
est évident que l'enfant n'a pas besoin d'un
commencement de preuve par écrit pour prouver par témoins sa filiation; car s'il a le titre,
il se trouve régi par l'art. 319, qui décide que
la filiation des enfans légitimes se prouve par
les actes de naissance inscrits sur le registre de
l'état civil. Si, n'ayant pas cet acte de naissance, il a néanmoins la possession, sa position
est réglée par l'art. 320, qui dit que, à défaut de
titre, la possession constante de l'état d'enfant
légitime suffit.

N° 3. Mais si, avec le manque absolu de possession d'état, concourt l'existence d'un acte de
naissance dont on conteste l'application à l'individu qui prétend se l'approprier, et si, par
conséquent, il est question de savoir s'il y a
identité entre cet individu et la personne dont
la filiation est constante par cet acte, la preuve

de cette identité sera-t-elle admissible sans commencement de preuve par écrit?

M. Toullier, n° 883, dit que le Code n'a point de disposition sur ce cas. Il ne faut pas croire, ajoute-t-il, que cette omission soit un oubli. Quand il est prouvé par un acte de naissance régulier qu'un enfant est né pendant le mariage, et qu'il n'y a aucune preuve de son décès, en sorte qu'il ne s'agit que de savoir si celui qui se présente est ce même enfant, on ne peut refuser la preuve testimoniale de cette identité, 1° parce que c'est une preuve souvent nécessaire, et presque toujours la seule à laquelle on puisse recourir; 2° parce que cette identité s'établit par des faits naturellement susceptibles d'être prouvés par témoins, qui peuvent même rarement être prouvés autrement, puisqu'il n'est pas toujours possible au demandeur de se procurer une preuve littérale. Art. 1348 du Code civil.

M. Merlin, Répert., tom. 16, *verbo Légitimité,* p. 595, semble n'admettre cette opinion qu'autant que, à défaut de commencement de preuve par écrit, il existe des présomptions ou indices assez graves, résultant de faits *dès-lors constans;* et il dit qu'alors l'affirmative paraît être au-dessus de toute espèce de doute. Il cite cependant une espèce dans laquelle on l'a vivement combattue,

Mais nous pensons, avec M. Toullier, que les présomptions ou indices dont parle l'art. 323 ne sont exigés, ainsi que nous l'avons déjà observé, que lorsqu'il y a à la fois *défaut de titre* ET *de possession;* car, comme le dit ce grand jurisconsulte, on ne peut étendre cette disposition au cas où il existe un titre. La condition de celui qui a un titre et celle de celui qui n'en a point ne sauraient être égales. Nous dirons donc avec lui que « l'acte de naissance d'un en- » fant né pendant le mariage, lorsque son dé- » cès n'est pas prouvé, doit être regardé com- » me un titre suffisant pour faire admettre la » preuve testimoniale de l'identité du récla- » mant et de l'enfant dont la naissance est con- » signée sur les registres publics. » — Pag. 184.

Dans l'espèce dont parle M. Merlin, qui s'agita en 1818 devant la cour de cassation, entre le sieur Charles Duvau-de-Chavagne et la demoiselle Clémentine, on soutenait 1° que la preuve testimoniale n'est admissible, d'après l'art. 323, que lorsqu'il y a commencement de preuve par écrit, ou les présomptions ou indices dont il parle, ce qui, disait-on, n'existait pas; 2° que cet article ne parle que du cas où l'on veut établir la *filiation,* et non de celui où l'on veut constater *l'identité*. M. le procureur général Mourre, élevant son beau talent à la hauteur du grand sujet qu'il

avait à traiter, rappela l'opinion du chancelier
d'Aguesseau sur la première question soulevée,
et donna la sienne ensuite. Il est très-intéressant
de les connaître l'une et l'autre. Voici d'abord
les éloquentes paroles du célèbre chancelier :

« Il semble d'abord que le seul nom d'ex-
» trait baptistaire suffit pour décider cette con-
» testation, et que, sans examiner le détail des
» autres argumens de l'intimée, on doive s'ar-
» rêter à la preuve de toutes la plus authenti-
» que, la plus légitime et la plus décisive.

» Qui sera désormais en sûreté, vous a-t-on
» dit pour l'intimée ? quelle sera la personne
» dont l'état ne puisse être attaqué, si, contre
» la foi d'un extrait baptistaire, il est permis
» encore de révoquer en doute la vérité de la
» naissance, et d'attaquer par-là, non-seule-
» ment l'autorité d'un acte conservé dans les
» registres publics, mais encore la sage dispo-
» sition des ordonnances, qui se contente de
» cette preuve ?

» Quelque fortes que paraissent ces réflexions,
» si l'intimée était réduite à cette unique preu-
» ve, nous aurions peine à croire qu'elle fût
» suffisante pour décider seule cette contestation.

» Il peut être certain qu'il y a eu une Marie-
» Claude Chamois baptisée sous ce nom dans
» l'église Saint-Gervais, fille d'Honoré Chamois

» et de Jacqueline Girard, sans qu'il soit assuré
» que celle qui paraît aujourd'hui sous ce ce nom,
» soit la même que celle qui l'a reçu autrefois,
» et la malice d'un imposteur pourrait être assez
» grande pour prendre l'extrait baptistaire aussi-
» bien que le nom d'une personne absente.

» Ainsi, un extrait baptistaire est, à la vérité,
» la plus sûre et la plus infaillible de toutes les
» preuves ; mais elle peut être éludée si elle n'est
» soutenue par la longueur de la possession,
» par la connaissance que le public a de l'état,
» du nom, de la qualité d'une personne.

» Nous sommes néanmoins obligés de recon-
» naître que, quoique cette preuve ne soit pas
» précisément par elle-même absolument déci-
» sive, elle forme toujours une présomption
» violente en faveur de celui qui la produit, et,
» tant qu'on ne pourra point représenter celui
» qui aurait droit de se servir de cet extrait bap-
» tistaire, tant qu'on ne peut montrer son extrait
» mortuaire, et, en un mot, tant qu'on ne peut
» justifier ni sa vie ni sa mort, bien loin de
» pouvoir accuser d'imposture celui qui se sert
» d'un pareil acte, il semble, au contraire, qu'il
» doit être écouté favorablement, jusqu'à ce qu'on
» l'ait convaincu de fausseté ou de supposition,
» en représentant celui dont il porte le nom.

» Cette réflexion peut être appliquée natu-

» rellement à l'espèce de cette cause. Supposons,
» pour un moment, que l'intimée ne rapporte
» aucune preuve de la possession dans laquelle
» elle prétend être de son état, ne pourrons-
» nous pas dire que *la seule représentation de
» son extrait baptistaire* serait une présomption
» assez forte *pour lui faire obtenir la preuve par
» témoins,* et que la véritable Marie-Claude Cha-
» mois ne paraissant point, que sa mort n'étant
» point prouvée, elle aurait au moins un titre
» coloré, un droit apparent, qui rendraient sa
» prétention favorable?

» En effet, pourrait-on se persuader qu'un
» imposteur pût avoir assez de connaissance de
» l'état d'une famille pour savoir qu'une per-
» sonne absente ne sera point en état de se
» présenter pendant le cours de la procédure?
» quelle assurance peut-il avoir d'un fait aussi
» incertain, et s'il n'en peut avoir aucune,
» croira-t-on qu'il eût assez de témérité pour
» vouloir s'exposer au péril d'être convaincu,
» par une preuve si évidente, de fausseté, de
» supposition et de calomnie?

» Ainsi, pour renfermer en peu de mots
» toutes les réflexions que nous croyons pou-
» voir faire *sur ce premier acte,* nous ne dou-
» tons pas que, quoiqu'il ne soit pas une preuve
» absolument concluante, si l'on y opposait

» des preuves d'imposture et de supposition de
» personne, il doit au moins être considéré com-
» me une présomption très-forte , *capable de
» faire admettre la preuve testimoniale*, et qui
» devient même tout-à-fait décisive, si elle se
» trouve jointe à la possession. » *OEuvres de
d'Aguesseau*, tome 2 , page 314, de l'édition
in-8°, 1819.

« Ainsi s'exprimait d'Aguesseau , dit M. le
» procureur général Mourre. Il ne croyait point
» affaiblir la sévérité des principes. On était
» rigoureux alors : nous le sommes encore plus
» aujourd'hui ; nous ne pouvons regarder l'ex-
» trait baptistaire comme un titre , parce que ,
» à part la possession et les circonstances dé-
» terminantes , le droit d'en réclamer l'applica-
» tion n'appartient pas plus à un individu qu'à
» un autre. Nous ne pouvons non plus le regar-
» der comme un commencement de preuve par
» écrit, parce que la loi dit ce que c'est qu'un
» commencement de preuve par écrit, et que
» l'acte de naissance n'a pas les caractères
» qu'elle a marqués ; enfin , nous ne pouvons
» plus le regarder comme un fait *déjà constant,*
» dont l'analogie doit nécessairement autoriser
» la preuve testimoniale. Que sera donc l'ex-
» trait baptistaire dans notre espèce ? Ce sera
» une *simple* présomption planant au-dessus de

» toute la cause, éclairant de sa lumière tous
» les faits *déjà constans*, leur donnant de la force
» et de l'efficacité; ce sera le principe de toutes
» les preuves et le germe de tous les moyens;
» ce sera le premier anneau de la chaîne, **un**
» élément *qui ne peut rien par lui-même*, mais
» dont tous les autres ne peuvent se passer. »

On voit que, tandis que d'Aguesseau considère l'extrait baptistaire comme une présomption *violente*, M. le procureur général de la cour de cassation ne lui donne, sous l'empire du Code, que le caractère de *simple* présomption. L'un pense que cet acte *seul* peut faire admettre la preuve testimoniale de la possession; l'autre, qu'il faut pour cela des faits *déjà constans*, sans lesquels cette preuve est inadmissible.........

Dans cette position, qu'a décidé la cour suprême? Que, n'ayant pas le pouvoir d'apprécier les faits, mais seulement d'examiner si la loi avait été violée, l'arrêt de la cour d'Angers était à l'abri de la censure, parce qu'il avait justement appliqué l'art. 323 à des faits *reconnus constans*. *Vid.* cet arrêt dans Sirey, tom. 18, 1re partie, page 149. Il fut rendu le 27 janvier 1818, dans la cause du sieur Duvau-de-Chavagne contre la demoiselle Clémentine. Ainsi, cette décision ne peut rien changer à l'opinion que nous avons déjà émise.

Mais cet arrêt est intéressant, 1° en ce que, en appliquant l'art. 323, il a jugé qu'une question d'identité était une véritable question d'état; 2° en ce qu'il a décidé que le Code s'appliquait, sans effet rétroactif, à une naissance antérieure à sa publication, mais agitée sous son empire, ce qui était fortement contesté par les parties.

Parmi tous les signes auxquels on peut reconnaître l'identité, la ressemblance est un des plus forts et des plus concluans. C'est ce que remarqua la cour d'Angers; et il était constant qu'il existait une parfaite ressemblance entre Clémentine et Charlotte Loubette-Duvau. Cujas et d'Aguesseau accordent aussi une grande confiance à ce signe, quoique souvent il ne soit qu'un jeu de la nature. Seul il ne pourrait rien; mais réuni aux autres preuves et aux présomptions violentes, on conçoit qu'il doit être déterminant.

N° 4. Ce qui peut donner lieu à des difficultés beaucoup plus sérieuses, c'est la partie de cet art. 323 dans laquelle il est dit que, *si l'enfant a été inscrit, soit sous de faux noms, soit comme né de père et mère inconnus*, la preuve de sa filiation peut se faire par témoins, pourvu qu'il y ait un commencement de preuve par écrit, ou que les présomptions ou indices résultant de faits dès-lors constans, soient assez graves pour déterminer l'admission.

L'enfant qui a été ou qui prétend avoir été inscrit sous de faux noms, n'a pas de titre de naissance capable de lui faire acquérir le rang auquel il aspire. Les noms qui lui ont été donnés sur les registres de l'état civil forment un titre contraire à celui qu'il réclame. Loin de pouvoir se flatter de trouver dans cette inscription un commencement de preuve par écrit, il y trouve une preuve complète de la fausseté de son assertion.

Pour prouver que ses noms ne sont pas ceux qui lui ont été donnés sur les registres, il faut donc qu'il produise un commencement de preuve par écrit, ou qu'il fasse valoir des présomptions ou indices résultant de faits dès-lors constans, assez graves pour déterminer l'admission de la preuve testimoniale.

La demande qui est formée à ce sujet, est bien, si l'on veut, une demande en rectification des actes de l'état civil; mais cette demande devient une question d'état, puisqu'elle doit être formée contre les parties intéressées, sans quoi le jugement qui intervient ne peut leur être opposé. Art. 99 et 100 du Code civil.

Mais si le réclamant avait une possession con-

forme à l'acte de naissance qu'il veut faire rectifier ; son action serait écartée sans difficulté par
les dispositions de l'art. 322.

A-t-il besoin d'avoir la possession d'état de
l'enfant dont il prétend que le nom lui appartient au lieu de celui qui lui a été donné? La loi
nous paraît supposer l'affirmative, en disant que,
à défaut de titre ET *de possession constante,* ou
si l'enfant a été inscrit, soit sous de faux noms,
etc. L'article raisonne donc, en second lieu,
dans le cas où l'enfant a un titre et la possession
constante, mais dans l'hypothèse où ce titre a
conféré de faux noms à l'enfant. Cette conséquence résulte de la conjonction *et* combinée
avec la disjonctive *ou;* et d'ailleurs, dans quelle
catégorie placerait-on l'enfant qui n'aurait ni
la possession conforme à son acte de naissance,
ni la possession de l'individu qu'il prétend représenter? Il doit donc prouver cette dernière
possession pour établir par témoins la preuve
de sa filiation. Mais, indépendamment de cela,
il doit avoir, comme nous l'avons déjà dit, un
commencement de preuve par écrit, ou des présomptions ou indices résultant de faits *dès-lors*
constans, assez graves pour déterminer l'admission. Il est bien assez heureux de n'être pas obligé d'attaquer son acte de naissance par la voie
de l'inscription de faux, comme l'a décidé la

cour de cassation, par arrêt du 12 juin 1823, dans la cause d'Adeline Caron contre les dames Rieul-Godart et Dault-Dumesnil. (*Vid.* Sirey, tom. 23, 1re part., pag. 394.)

Il en serait différemment, comme on le sent bien, s'il n'y avait erreur que dans les prénoms, et qu'il n'y en eût point dans le nom de famille. Ce serait alors l'objet d'une simple rectification.

Hors ce cas, l'enfant qui prétend avoir été inscrit sous de faux noms, doit être assimilé en tout à celui qui n'a pas de titre, lorsqu'il veut se faire attribuer un nom différent. Il est même moins favorable que lui; car il a à combattre un titre, l'acte de naissance dont il se plaint : or, si celui qui n'a ni acte de naissance ni possession constante, ne peut prouver sa filiation par témoins sans un commencement de preuve par écrit, ou sans les présomptions ou indices dont parle la loi, à plus forte raison doit-il en être de même de celui qui allègue avoir été inscrit sous de faux noms. Il doit, de plus que lui, avoir déjà la possession constante. On doit adresser à l'un comme à l'autre ces paroles que la loi 2, au Code *de Testib.*, adressait à un affranchi qui prétendait être né libre dans l'état d'ingénuité : « Défendez votre cause par tous les actes et indi-
» ces que vous pouvez recueillir; car la preuve
» vocale ne suffit pas seule pour établir votre

» ingénuité » : *Defende causam tuam instrumentis et argumentis quibus potes ; soli enim testes ad ingenuitatis probationem non sufficiunt.*

Il faut bien faire attention que nous venons de raisonner dans le cas où la naissance est constatée ; car il est sensible que, dans le cas contraire, l'enfant qui prétendrait avoir été inscrit sous de faux noms, ne pourrait pas facilement prétendre à celui de l'enfant dont la naissance serait contestée. Il serait obligé, en effet, de prouver, pour y parvenir, une suppression d'état, et de rapporter ensuite toutes les autres justifications dont nous avons parlé, ce qui serait une complication presque inextricable. Nous ne disons pas cependant que la chose soit *absolument* impossible ; car souvent la cupidité emploie bien des moyens pour faire disparaître un individu d'une famille, afin d'en recueillir tous les biens. Mais il serait bien difficile à l'enfant de réussir dans cette hypothèse. Qui pourra d'ailleurs penser que deux époux aient été assez dénaturés pour faire inscrire leurs enfans sous des noms étrangers ?

L'art. 323 met sur la même ligne l'enfant qui a été inscrit sur le registre de l'état civil comme né *de père et mère inconnus.* Nous avons vu ce cas lorsqu'il s'est agi de l'action en désaveu de paternité ; et nous avons dit que, quoique le père n'eût aucun intérêt à désavouer l'enfant ainsi inscrit, cependant ce mode d'inscription pouvait constituer le recélement de l'enfant, selon les circonstances, lorsque le désaveu était formé.

Cette observation pourrait bien établir aussi quelque différence entre l'enfant ainsi inscrit et celui à qui on aurait donné de faux noms, pour les preuves à faire de la filiation. Ces deux cas peuvent ne pas tenir à la même cause, comme on peut facilement le concevoir. Tout cela dépend des hypothèses. Cependant la loi ayant établi une entière similitude entre l'enfant inscrit sous de faux noms et celui inscrit comme né de père et mère inconnus, et la jurisprudence n'ayant pas eu encore occasion, du moins à notre connaissance, de les différencier dans l'examen des questions d'état, nous ne pouvons que répéter que les obligations imposées par l'article sont communes à l'un et à l'autre.

ARTICLE 324.

Le commencement de preuve par écrit résulte des titres de famille, des registres et papiers domestiques du père ou de la mère, des actes publics et même privés émanés d'une partie engagée dans la contestation, ou qui y aurait intérêt si elle était vivante.

« Puisqu'on parlait de commencement de
» preuve par écrit, disait M. Duveyrier à la
» tribune du corps législatif, il était encore
» raisonnable de terminer toutes les controver-
» ses sur le véritable sens de cette expression,
» qu'est-ce qu'un commencement de preuve ?
» qu'est-ce qu'une preuve qui commence par
» des écrits, ou plutôt quels sont ces écrits qui
» commencent une preuve ? »

Pour établir la filiation des enfans à qui la négligence ou le crime a enlevé les élémens ordinaires qui constatent l'état des hommes, la loi a dû se montrer plus indulgente dans l'indication des moyens. En matière d'obligation, elle a dû être plus sévère pour arrêter les entreprises de la mauvaise foi.

Ainsi, au lieu de dire, comme dans l'art. 1347, que le commencement de preuve par écrit est tout acte par écrit qui est émané de celui contre lequel la demande est formée, ou de celui qu'il représente, et qui rend vraisemblable le fait allégué, l'art. 324 dit que le commencement de preuve par écrit résulte des titres de famille, des *registres et papiers domestiques*, etc.

L'ordonnance de 1667 ne parlait que des registres et des papiers domestiques *des père et mère ;* mais elle les supposait comme élémens d'une preuve complète, et il n'est ici question que de commencement de preuve ;

Au lieu que l'art. 324 trouve ce commencement de preuve, non-seulement dans les registres et papiers domestiques du *père* ou de la *mère,* mais encore dans les actes publics et même privés émanés d'une partie engagée dans la contestation, *ou qui y aurait intérêt si elle était vivante.*

Et pourquoi cette extension ? La réponse se trouve encore dans les paroles éloquentes, pleines d'humanité et de sagesse, de M. Duveyrier :

« Après la mort des père et mère, dit-il, les
» écrits antérieurement échappés aux parens hé-
» ritiers, c'est-à-dire aux personnes directement
» intéressées à contester la réclamation d'état,
» pèsent dans la balance autant que les pa-
» piers paternels. Et puisqu'il est juste d'admet-
» tre les présomptions et les indices résultant

» de faits déjà constans, il est également juste
» de ne point rejeter les conséquences néces-
» saires émanées d'écrits directement relatifs à
» l'objet, lorsqu'ils sont visiblement l'ouvrage
» de la bonne foi et d'une autre nécessité que
» celle de la circonstance. »

Avant tout, il faut toujours que l'enfant représente l'acte de célébration du mariage de ses
père et mère, ainsi que son acte de naissance,
ou la preuve qu'il n'a pas existé de registres de
l'état civil, ou qu'ils sont perdus, conformément
à l'art. 40 (1). Cette première condition est le
fondement de sa réclamation pour établir la filiation *légitime*. Nous l'avons dit plusieurs fois;
nous ne saurions trop le répéter.

Malgré la latitude accordée par l'art. 324, il
faut dire qu'un écrit, quoique émané de l'une
des parties, n'est pas réputé émané *d'une partie engagée dans la contestation*, et n'est pas un
commencement de preuve par écrit, si ce n'est
pas la partie même à qui l'on parle qui est l'auteur de cet écrit. Peu importe que l'écrit ait été
produit au procès par la partie contre qui on le
rétorque; peu importe aussi que l'enfant soit
demandeur aux fins d'être déclaré fils d'un tel

_____

(1) Cochin, tome 2, page 123, dans la cause de la
dame de Bruix,

père, ou qu'il soit défendeur à une demandé tendant à ce qu'il cesse de porter le nom de ce prétendu père. C'est ce que la cour de cassation a décidé par l'arrêt que nous avons cité plus haut, du 25 août 1812, dans la cause d'Antoine-Abel contre le général Schwartz (1).

Le général que l'on voulait faire réputer père d'Antoine-Abel, produisait une lettre de la dame Martigny, son épouse divorcée, dans laquelle celle-ci lui parlait de son enfant, en le qualifiant *d'enfant du malheur*. Cette qualification était, selon lui, la preuve qu'Antoine-Abel était le fruit du crime de sa mère. Au contraire, la dame Martigny s'emparait des termes de cette lettre, dans lesquels elle trouvait un commencement de preuve par écrit. Vous n'avez pas ignoré, disait-elle à son ci-devant mari, l'existence de cet enfant. S'il eût été le fruit de mon crime, certes je ne vous aurais pas pris pour mon confident; je n'aurais pas cherché à exciter votre pitié pour lui. Le tribunal de première instance, en adoptant ce système de la dame Martigny, avait admis la preuve testimoniale sur le fait de naissance de l'enfant pendant le mariage; mais ce jugement fut réformé sur l'appel. Le pourvoi contre l'arrêt fut rejeté.

(1) Sirey, tom. 12, 1ʳᵉ part., pag. 406.

Le commencement de preuve par écrit doit se trouver dans les actes qui ont un rapport direct à la filiation ; car, disait Cochin dans la cause de la dame de Bruix, présenter des actes absolument étrangers à l'objet de la naissance, et que l'on ne veut y appliquer que par des commentaires purement arbitraires, des écrits qui peuvent convenir à toutes personnes indifféremment, soit enfans, soit étrangers, c'est éluder la loi par des subtilités qui l'offensent et qui la feraient dégénérer en une véritable chimère. Si de pareils écrits pouvaient conduire à la preuve testimoniale de la filiation, il n'y a personne qui n'eût un champ libre pour entrer dans cette carrière.

Il s'est présenté, en 1821, une espèce assez singulière qui a fourni l'occasion d'appliquer un grand principe en cette matière : c'est dans la cause du sieur Pagèze-de-St-Lieux contre le sieur Pagèze. La cour de cassation a décidé, par arrêt du 9 mai 1821, que les enfans nés d'un mariage légitime ont des droits de famille *propres* et *personnels*, qu'il ne faut pas confondre avec ceux qui peuvent leur appartenir dans les successions de leurs auteurs ; qu'ainsi la question de légitimité jugée au profit d'un enfant naturel contre son père, peut être remise en question par le fils légitime ; que celui-ci peut se pourvoir par tierce opposition. Le sieur Pagèze s'était fait déclarer fils légitime de M. le marquis de Pagèze-de-St-Lieux et de la dame Dufresne, par un jugement passé en force de chose jugée; cependant le petit-fils du marquis de St-Lieux s'étant pourvu, par opposition tierce, contre ce jugement, l'a fait rétracter. On a décidé que la chose jugée contre son aïeul ne pouvait lui être opposée, pas plus qu'elle n'aurait pu l'être à son père qu'il représentait. La cour suprême a cassé l'arrêt de la cour royale de Toulouse, qui avait jugé le contraire ; et, la cause renvoyée devant la cour royale de Montpellier, cette dernière cour, par arrêt du 24 janvier 1822, a décidé dans le sens de la cour de cassation. M. Ricard, avocat général, a dit, ce nous semble avec bien de la raison, que « le père qui ne » peut avoir des enfans légitimes que par le » mariage, ne peut donner que par le maria- » ge des frères légitimes aux enfans qu'il a déjà » eus ». M. le marquis de St-Lieux avait eu un enfant légitime de la dame de Levis, son épouse : devenu veuf, il introduisit la dame Dufresne dans son château ; ils vécurent publiquement comme mari et femme. Le sieur Pagèze provint de ce commerce. Il fut baptisé comme né du marquis de St-Lieux et de la dame Dufresne, *mariés*. Le marquis de St-Lieux signa l'acte de naissance. Mais, *pendant sa vie*, la dame Dufresne célébra ses fiançailles avec un sieur Linon, qui devint depuis son époux. Cette circonstance a déterminé la cour de Montpellier à déclarer le sieur Pagèze enfant naturel, parce qu'elle n'a pas pu voir de la bonne foi dans la conduite de sa mère. Son acte de naissance ne pouvait même, dans cette conjoncture, lui servir de commencement de preuve par écrit, parce qu'il n'aurait pas pu prouver sa légitimité. Sa filiation n'était pas contestée. (Sirey, tom. 21, 1re part., pag. 249, et tom. 23, 2e part., pag. 53.) Le droit de succéder ne peut pas plus appartenir, dans ce cas même, à l'enfant naturel, parce que, ainsi qu'on l'a vu précédemment, ce droit n'est qu'une conséquence de la légitimité. *Vid.* aussi, sur les conséquences de la chose jugée, l'arrêt rendu par la même cour de cassation, le 13 août 1816, dans la fameuse affaire de la dame Champeaux-Gramont contre les héritiers Cardon.(Sirey, tom. 16, 1re part.,p. 343.)

La même cour a décidé, le 5 avril 1820, que, lorsqu'un individu, s'appliquant un acte de naissance contraire à sa possession d'état, prétend faire constater son identité, s'il lui est opposé un acte de décès de l'enfant dénommé en l'acte de naissance, dès-lors l'acte de naissance est détruit par l'acte de décès, en sorte que le demandeur ne peut plus se prévaloir d'un *com-mencement de preuve par écrit*, pour obtenir de compléter ses preuves par une enquête : peu importe que, pour y arriver, il prenne la voie de l'inscription de faux contre l'acte de décès; toujours est-il que son objet est de se créer un état civil, et qu'à cette fin, toute voie criminelle, ou preuve testimoniale, doit lui être interdite, jusqu'à ce que l'état civil soit établi en forme civile. (Sirey, tom. 20 , 1re part. , pag. 320.)

ARTICLE 325.

La preuve contraire pourra se faire par tous les moyens propres à établir que le réclamant n'est pas l'enfant de la mère qu'il prétend avoir, ou même, la maternité prouvée, qu'il n'est pas l'enfant du mari de la mère.

On avait communiqué et proposé au tribunat la rédaction suivante :

« La famille à laquelle le réclamant prétend
» appartenir, sera admise à combattre sa récla-
» mation par tous les moyens propres à prou-
» ver, non-seulement qu'il n'est pas l'enfant du
» père, mais encore qu'il n'est pas l'enfant de
» la mère qu'il réclame (1). »

(1) Conférence du Code civil.

D'après les diverses observations résultant de l'examen de cet article, la section pensa que l'unique objet de sa proposition était de changer la jurisprudence sur un cas particulier facile à prévoir. On cita un exemple :

« Un individu qui n'a ni possession ni titre,
» réclame contre une famille à laquelle il pré-
» tend appartenir. Que fait-il d'abord ? Il de-
» mande que sa réclamation soit jugée relative-
» ment à la personne qu'il dit sa mère, et dont
» il soutient être né durant le mariage. Si le
» jugement sur la maternité ne lui est point fa-
» vorable, il ne va pas plus loin. Il sait que par-là
» tout est décidé. Car dès qu'il n'est point l'en-
» fant de la femme, il ne peut l'être du mari; il ne
» serait tout au plus que bâtard adultérin. S'il
» parvient, au contraire, à faire juger que
» cette femme est sa mère, il lui suffit, d'après
» la jurisprudence encore existante, d'opposer,
» par rapport au père, la maxime *pater is est
» quem nuptiæ demonstrant.* Cependant il peut
» arriver que les parens de la femme, soit par
» négligence, soit par collusion avec le récla-
» mant, aient laissé annuler une réclamation
» très-peu fondée, et que les parens du mari
» se trouvent lésés au dernier point par un ju-
» gement dont on prétend conclure que le ré-
» clamant était l'enfant du mari, quoiqu'il

» n'eût été question au procès que de savoir s'il
» était enfant de la femme. L'article du projet
» a pour but de parer à cet inconvénient grave;
» la section ne peut qu'approuver un si juste
» motif; mais elle pense, en même temps,
» que, pour ne rien laisser à désirer sur la
» clarté du sens et sur la facilité de l'applica-
» tion, la disposition doit être conçue... » (telle
qu'elle est aujourd'hui).

Cet article avait besoin de l'interprétation que nous venons de rapporter, pour être parfaitement intelligible; car, au premier abord, on se demande comment, la maternité étant prouvée, la paternité ne le serait pas également lorsque la naissance est venue pendant le mariage, excepté le cas du désaveu. Ce n'est donc qu'au cas dont a parlé le tribunat, que peut et doit s'appliquer la disposition de cet article; comme aussi cette application ne peut être faite qu'à l'enfant qui n'a ni titre ni possession; « parce que, dans ce cas, disait M. Du-
» veyrier, il ne s'agit plus de combattre la pré-
» somption (*is pater est*, etc.) qui n'existe pas,
» puisqu'il n'y a ni titre, ni possession d'état,
» ni contrat de mariage, ni acte de naissance,
» ni relation connue de parenté et de famille. »

Il faut bien faire attention d'ailleurs à la différence qui existe entre l'hypothèse dont il s'agit ici et celle du désaveu. Dans cette dernière, l'enfant a pour lui le mariage de ses père et mère et son acte de naissance. Il est en pleine possession de son état. La preuve de sa filiation est acquise, et la présomption *juris et de jure* est pour sa légitimité. Le père qui le désavoue est obligé d'attaquer cette violente présomption. S'il ne la détruit pas, nécessairement la maternité doit prouver la paternité.

Au lieu que, dans l'espèce des articles 324 et 325, l'enfant n'a rien pour lui; il est isolé dans la société; il ne tient encore à aucune famille par aucun lien reconnu; *c'est lui qui réclame.* Et quand bien même il prouverait qu'il est l'enfant de la mère qu'il indique, il est juste qu'on soit admis à prouver contre lui que le mari de cette mère n'était pas son père, à cause de la trop grande facilité qu'il pourrait avoir de prouver la maternité. Les parens de la mère peuvent avoir les intérêts opposés à ceux des héritiers du mari. La reconnaissance des premiers ne peut donc pas raisonnablement ni équitablement porter préjudice aux seconds.

Mais, à part cette contestation et cette *preuve* de la part des héritiers du mari (preuve évidemment à leur charge d'après le texte de l'art. 325), on reste dans les termes du grand principe, de ce principe fondamental qui décide que toutes les fois que l'enfant prouve sa mère, et que sa naissance est venue pendant le mariage, il a nécessairement pour père le mari (1).

(1) D'après le droit romain, il n'était pas permis d'attaquer l'état des citoyens 5 ans après leur mort. *Vid.* les lois répandues sous le titre du Code *ne de statu defunctor. post quinque ann. quœratur.* Mais deux conditions essentielles étaient requises pour profiter de cette favorable prescription. La première, que celui dont on voulait défendre l'état contre une recherche odieuse, après le laps de 5 années, fût mort dans une possession certaine et publique de sa condition; tel qu'il avait paru au moment de sa mort, tel la loi le réputait toujours lorsque le temps fatal de 5 années avait mis le dernier sceau à sa destinée. La seconde condition était que l'état n'eût jamais été contesté ni troublé. *Leg.* 1, 4, 6 et 8. Il est fort douteux que cette prescription fût autrefois reçue et adoptée dans nos mœurs. « Peut-être, di- » sait M. d'Aguesseau au parlement de Paris, aurait-on » de la peine à trouver des arrêts dans vos registres, qui » l'eussent autorisée. » (57ᵉ *plaidoyer, dans la cause des héritiers de madame la vicomtesse de Bossu et des héritiers de M. le duc de Guise,* tom. 5, pag. 403.) Cependant, la cour de Paris décida, le 23 août 1806, que sous l'empire de la loi du 20 septembre 1792, les actes de l'état civil ne pouvaient être attaqués 5 ans après la mort de l'un des ci-devant époux; en d'autres termes, qu'on suivait en France les dispositions du droit romain. Mais la cour de cassation avait décidé en sens contraire par arrêt du 14 vendémiaire an 10; qu'ainsi, on pouvait, pendant 30 ans, demander la nullité d'un divorce, bien qu'il s'en fût écoulé plus de 5 depuis le décès de l'époux. *Vid.* Sirey, tom. 2, 1ʳᵉ part.,

De quelle manière les héritiers du mari pour-ront-ils prouver sa non paternité? Sera-ce seulement par les moyens indiqués dans les art. 312 et suivans?

Nous pensons, avec M. Toullier, n° 894, que, à cause du silence de la loi, et surtout de la position de l'enfant qui n'a pour lui ni titre ni possession d'état, la preuve de la non paternité n'est point bornée au seul cas d'exception indiqué dans les articles 312 et suivans, c'est-à-dire au cas d'impossibilité physique de cohabitation, fondée sur l'absence ou sur l'impuissance accidentelle du mari; que l'art. 325 n'exige point que l'adultère de la femme soit constaté par un jugement; qu'il n'exige pas que le mari ait ignoré la naissance de l'enfant. Il permet, en effet, indéfiniment aux parties intéressées à contester la légitimité, de proposer les faits propres à établir que l'enfant n'est pas le fils du mari de la mère qu'il a retrouvée. La loi laisse donc à la prudence du magistrat le soin d'apprécier les conséquences ou les preuves qui naissent de ces faits, et leur donne, à cet égard, une latitude de pou-

pag. 65, et tom. 7, 2ᵉ part., pag. 942. Aujourd'hui les articles 316, 317 et 318 du Code ont établi des délais pour contester la légitimité des enfans, passés lesquels on n'est plus recevable, lorsque ces enfans ont pour eux la possession des biens, on qu'ils ont déjà troublé celle des héritiers.

voir indéfinie ; mais lorsque les parties intéressées ont reconnu, après la mort du père ou de la mère, la légitimité de l'enfant, elles ne sont plus recevables ensuite à lui contester cette qualité. Vainement on dirait que l'état des citoyens est une matière d'ordre public qui est réglée par la loi seule, et qui ne peut dépendre de conventions ou acquiescemens : c'est ce que la cour de cassation a décidé, par arrêt du 13 avril 1820, dans la cause de la demoiselle Lecamus contre les héritiers Remy. (Sirey, tom. 21, 1re part., p. 8.) L'espèce de cet arrêt était cependant bien extraordinaire. Julie-Charlotte Lecamus était née *plus de dix mois* après le *divorce* de ses père et mère, et avait été inscrite sur le registre de l'état civil comme fille de Charles-Marie-Fidèle Lecamus et d'Anne-Julie Remy, *non mariés*. Le père avait signé cet acte de naissance. Après que cette fille eut été reconnue comme leur fille *légitime*, par ses oncles et tantes, dans plusieurs actes, ceux-ci lui contestèrent ensuite cette qualité pour l'écarter de la succession de sa mère. Mais leur reconnaissance les rendit non recevables, et ils furent déclarés tels par arrêt de la cour de Paris, du 23 juillet 1818. La cour de cassation a dit que la cour d'appel avait pu se déterminer ainsi *sans violer aucune loi*. Nous citons cet arrêt *pour le principe seulement*.

ARTICLE 326.

Les tribunaux civils seront seuls compétens pour statuer
sur les réclamations d'état.

ARTICLE 327.

L'action criminelle contre un délit de suppression d'état,
ne pourra commencer qu'après le jugement définitif sur
la question d'état.

Ces deux articles se tiennent trop étroitement
par leur objet pour pouvoir être examinés séparément. Afin de saisir le véritable motif qui
en a dicté les dispositions, il faut consulter le
discours de M. Duveyrier :

« J'ai dit qu'un crime, la suppression d'état,
» était souvent l'origine de ces réclamations.
» Des exemples nombreux, surtout dans ces
» derniers temps, ont dénoncé un abus que le
» caractère du fait originaire semblait justifier.
» Privé, devant les tribunaux civils, de la fa-
» culté dangereuse de se composer une preuve
» avec des témoins, parce qu'il n'avait ni titres,
» ni possession, ni commencement de preuve,
» le réclamant portait le fait originaire, sous la
» qualification d'un délit, devant les tribunaux

» criminels, et remplaçait ainsi une enquête im-
» possible par une information indispensable.

» C'était une subversion de tout ordre judi-
» ciaire, et un instrument fatal mis à la portée
» de tout le monde pour ébranler dans leurs fon-
» demens les familles les plus pures et les plus
» respectées.

» D'ailleurs, le fait qui donne lieu à la récla-
» mation peut sans doute être un fait coupable;
» mais l'objet de la réclamation est purement ci-
» vil; mais la partie civile ne peut avoir l'action
» répressive des délits. L'intérêt de la société est
» sans contredit que les crimes soient réprimés,
» et que les preuves qui conduisent à leur ré-
» pression ne dépérissent pas; mais un plus grand
» intérêt commande que le repos de la société
» ne soit pas troublé sous prétexte de l'affermir.

» La réforme de cet abus était désirable; elle
» était généralement désirée. Ainsi, après avoir
» établi que les tribunaux civils sont seuls com-
» pétens pour statuer sur les réclamations d'é-
» tat, le projet de loi, par une disposition con-
» traire au droit commun, mais uniquement
» applicable à ce cas, et évidemment utile, dis-
» pose que l'action criminelle contre un délit
» de suppression d'état, ne pourra commencer
» qu'après le jugement définitif de la contesta-
» tion civile. »

Dans les discussions au conseil d'Etat, M. Tronchet demanda qu'on se bornât à *suspendre* l'action criminelle, parce que la plainte pouvait être rendue et les preuves recueillies, sans que, jusqu'au jugement de la question d'état, la sûreté du prévenu fût compromise.

M. Treillard observa que la procédure serait inutile si elle était secrète ; que si elle était publique, elle influerait sur le jugement civil, en fournissant des preuves pour appuyer la réclamation d'état.

M. Cambacérès dit que l'objet de l'article était d'empêcher que le jugement criminel ne déterminât le jugement au civil. La proposition de M. Tronchet, dit-il, n'expose point à cet inconvénient, tandis que de l'article, tel qu'il est rédigé, sortirait une prescription contre l'accusation.

M. Treillard dit que la prescription ne pourra point être opposée, si la loi n'admet l'action au criminel qu'après le jugement de l'action civile.

M. Tronchet, revenant sur sa proposition, fut d'avis d'admettre l'article. Cet article empêche, dit-il, que deux tribunaux ne puissent juger différemment sur le même fait. Au civil, il faudra décider d'abord si la preuve par témoins est admissible. Dans le cas où elle serait admise, il faudrait décider si elle est concluante : et lorsque le tribunal prononcera que la réclamation d'état n'est pas justifiée, il ne pourra plus y avoir lieu à l'action au criminel.

M. Jolivet crut l'article incomplet. On en pourrait conclure, dit-il, que l'action de la justice criminelle est paralysée, lorsqu'il y a eu exposition d'enfant, et que cependant il n'y a point de litige sur la question d'état.

M. Treillard répondit que cette espèce n'est point celle de l'article. Il suppose une question d'état qui n'est point nécessairement liée avec l'exposition d'enfant : cette exposition est toujours un crime que la justice doit punir.

L'article fut adopté (1).

Ces discussions l'ont parfaitement éclairé : le motif du législateur est sensible. Il n'a point voulu que la preuve testimoniale de l'état d'un individu fût admise lorsqu'elle ne devait pas l'être ; il n'a point voulu que la décision criminelle pût exercer la moindre influence sur la décision civile.

Ce double inconvénient, auquel le Code a voulu remédier, existait avant sa publication. On décidait, en effet, à cette époque, que l'on pouvait se pourvoir par la voie criminelle pour raison de la suppression de son état, avant d'avoir fait juger la question d'état par les tribunaux

(1) Conférence du Code civil.

civils. C'est ce qui fut formellement jugé par la cour de cassation le 23 brumaire an 13 (1), dans la célèbre cause de la dame veuve Sirey contre les héritiers Roquelaure. Cette dame réclamait et obtint par cette voie d'être déclarée fille des seigneur et dame Houchin.

Il peut arriver cependant que, dans une procédure criminelle, on découvre la preuve du mariage des père et mère de l'enfant. Dans ce cas, cette découverte doit lui profiter pour sa filiation. Telle est la disposition de l'art. 198, qui porte que, « lorsque la preuve d'une célé-
» bration légale du mariage se trouve acquise
» par le résultat d'une procédure criminelle;
» l'inscription du jugement sur les registres de
» l'état civil assure au mariage, à compter du
» jour de sa célébration, *tous les effets civils,*
» tant à l'égard des époux, *qu'à l'égard des en-*
» *fans nés de ce mariage.* » Alors l'enfant n'a pas besoin de recourir aux tribunaux civils pour faire constater l'existence du mariage de ses père et mère, ni sa validité.

Cet article ne forme pas antinomie avec l'art. 127. Celui-ci pose une règle générale; celui-là met une exception, ainsi que le dit M. Merlin, *erbo Légitimité,* au Répertoire, pag. 298.

(2) Sirey, tom. 5, 1ʳᵉ part., pag. 108.

La suppression d'état peut se commettre, soit par une déclaration mensongère sur les noms des père et mère, ou de l'un des deux, soit par la destruction matérielle de l'inscription faite sur les registres de l'état civil, soit par enlèvement ou exposition de l'enfant. Cependant, il peut se faire que la déclaration mensongère soit faite innocemment : son appréciation dépend des circonstances dans les jugemens criminels. Une erreur peut, en effet, être la seule cause de la suppression du véritable état de l'enfant.

L'art. 3 du Code d'instruction criminelle, après avoir dit que l'action civile peut être poursuivie en même temps et devant les mêmes juges que l'action publique, ajoute qu'elle peut aussi l'être séparément, mais que, dans ce cas, l'exercice en est suspendu, *tant qu'il n'a pas été prononcé définitivement sur l'action publique intentée avant ou pendant la poursuite de l'action civile.*

Mais cet article n'est pas applicable au cas de suppression d'état ; et c'était principalement pour prouver cela que nous avons eu le soin de rapporter la partie afférente du discours de M. Duveyrier au corps législatif. La réclamation d'état doit être portée devant les tribunaux civils. Si l'action criminelle contre un délit de suppression d'état ne peut commencer qu'après

le jugement définitif sur la question d'état, suivant l'art. 327, *c'est là*, comme disait l'orateur,
*une disposition contraire au droit commun,
mais uniquement applicable à ce cas.* Voilà qui
prouve que le meilleur commentaire d'une loi
se trouve dans les paroles de ceux qui l'ont pré-
parée.

Il en est de même de la contradiction qu'on
pourrait trouver entre le même art. 327 et l'art.
345 du Code pénal, qui prononce la peine de
la réclusion contre les personnes coupables d'a-
voir, par un moyen quelconque, fait perdre à
un enfant l'état que la loi lui garantissait. Il est
évident que la poursuite criminelle ne peut avoir
lieu qu'autant que l'enfant jouit de son état. Car
s'il n'en jouit pas, on ne lui a fait aucun tort,
et l'action publique est sans intérêt, tout comme le serait l'action civile dépourvue d'ailleurs
des autres élémens d'admission; en effet, on ne
peut supprimer que ce qui existe réellement (1).

Le principe déclaré par l'art. 327 est si rigou-
reusement suivi, que la cour de cassation a jugé,
le 9 février 1810, dans la cause de Desrozier
contre le ministère public, que, lorsque le père
d'un enfant le présente à l'officier de l'état civil
en indiquant une fausse mère, il commet bien
un faux caractérisé; mais que, dans ce cas,

(1) Toullier, n° 907.

comme le jugement sur le faux préjugerait la question d'état de l'enfant, les poursuites criminelles ne peuvent avoir lieu qu'après l'exercice de l'action civile. (Sirey, tom. 14, 1re part., pag. 571.) Il ne faut pas confondre ce cas avec celui d'un homme qui, présentant son enfant et désignant la véritable mère, prendrait faussement le nom du mari, et le signerait; car alors ce faux peut être poursuivi criminellement, encore que la question d'état de l'enfant ne soit pas jugée par les tribunaux civils. Ainsi jugé par la même cour, le 28 décembre 1809, contre Louis-Antoine Franchoi. (Sirey, tom. 11, 1re part., pag. 14). Mais aussi nous ne pensons pas que le jugement criminel pût être d'aucune influence sur la question d'état.

L'art. 327 s'applique encore à la *supposition de part*. Ainsi, les auteurs et les complices de ce crime ne peuvent être poursuivis criminellement par le ministère public, tant que les parties intéressées à faire déclarer que l'enfant prétendu supposé leur était étranger, ne l'ont pas fait juger par les tribunaux civils. C'est ce qui fut jugé par la cour de cassation, le 21 août 1812 (1).

(1) Sirey, tom. 17, 1re part., pag. 60.

ARTICLE 328.

L'action en réclamation d'état est imprescriptible à l'égard de l'enfant.

« Un enfant dépouillé de son état, disait M.
» Duveyrier, du titre qui devait l'établir, de la
» possession qui devait l'assurer, et des preuves
» qui peuvent le mettre en évidence, vivra long-
» temps et mourra peut-être dans cette priva-
» tion absolue, parce que les chances fortuites
» de l'avenir peuvent seules le conduire à la dé-
» couverte. Il serait absurde de fixer à sa récla-
» mation un délai rigoureux, qu'il n'est point
» dans ses facultés personnelles de rendre utile.
» La règle établie, à cet égard, par le projet
» de loi n'a jamais été contredite. L'action en
» réclamation d'état est imprescriptible; mais ce
» privilége n'est établi qu'en faveur de l'enfant. »
Nous pouvons ajouter, avec M. Toullier,
1° 908, que l'état de fils légitime n'est autre
chose que la qualité de fils de telle mère et de
tel père : or, il est évident qu'une telle qualité
ne peut être dans le commerce ; elle ne peut
être ni acquise, ni aliénée, ni, par conséquent,

s'acquérir ou se perdre par la prescription; elle est essentiellement inhérente à la personne, et ne peut finir qu'avec elle. Il est encore évident que les droits attachés à cette qualité, tels que celui de succéder, ne peuvent, avant d'être ouverts, s'acquérir ni se perdre par la prescription.

On conçoit fort bien que, tant que l'enfant conserve son action en réclamation d'état, aucune prescription ne puisse utilement courir contre lui pour la demande en désistat de la succession de son père ou de sa mère, qui est une conséquence et une dépendance de son droit non encore ouvert; car, jusqu'à l'ouverture et à la déclaration de ce droit, il est absolument sans qualité pour agir; et alors *contra non valentem agere non currit præscriptio*. Ainsi, la possession trentenaire, même une possession plus longue, ne rendent pas propriétaires des biens héréditaires les parens du père ou de la mère qui en seraient les détenteurs.

Mais c'est à leur égard seulement que la prescription ne peut pas utilement courir. Car, supposons que, après s'être nantis des biens lors de l'ouverture des successions, ces parens en aient consenti la vente en faveur des tiers, avant aucune réclamation de la part de l'enfant. Si dix ou vingt années se sont écoulées, selon les circonstances, depuis la date de ces aliénations jusqu'à l'épo-

que de la réclamation judiciaire de l'enfant ,
nous pensons que les tiers acquéreurs avec titre
et bonne foi en auront prescrit la propriété par
la possession décennale ou vicennale , aux termes des art. 2265 et 2266 du Code civil. Nous
ne voyons, en effet, aucun motif légal pour faire
fléchir la rigueur de ces articles au cas particulier de la question d'état. Les personnes étran-
gères , qui ignorent la cause des prétentions
futures de l'individu dont nous parlons, ne peuvent pas être les victimes de son inertie , ou de
la tardivité de ses démarches. L'intérêt de la société exige que la propriété ne reste pas perpé-
tuellement flottante et incertaine.

ARTICLE 329.

L'action ne peut être intentée par les héritiers de l'enfant
qui n'a pas réclamé , qu'autant qu'il est décédé mineur ,
ou dans les cinq années après sa majorité.

ARTICLE 330.

Les héritiers peuvent suivre cette action lorsqu'elle a été
commencée par l'enfant, à moins qu'il ne s'en fût désisté
formellement, ou qu'il n'eût laissé passer trois années
sans poursuites, à compter du dernier acte de la procédure.

N° 1. Nous remontons constamment à la
23

source, pour tâcher de mieux saisir le vrai sens et l'application des articles que nous examinons.

La rédaction communiquée au tribunat portait :

« Les héritiers peuvent suivre cette action,
» lorsqu'elle a été commencée et non abandon-
» née par l'enfant.

» L'abandon résulte ou du désistement for-
» mel, ou de la cessation des poursuites pendant
» trois ans, à compter du dernier acte de la
» procédure. »

Mais le tribunat observa qu'en laissant subsister ces deux articles tels qu'ils étaient rédigés, il ne fût à craindre qu'on en tirât la conséquence que la cessation des poursuites pendant trois ans, de la part de l'enfant, pût être opposée à l'enfant lui-même comme un abandon. On pensa qu'il fallait distinguer entre l'enfant et les héritiers : ceux-ci, dit-on, ne sont pas aussi favorables que celui-là. Quand ce sont les héritiers qui veulent suivre l'action commencée par l'enfant, si, lors du décès de l'enfant, il y avait trois ans qu'il avait discontinué ses poursuites, cette cessation triennale doit être considérée, à l'égard des héritiers, comme un véritable désistement de la part de l'enfant. On ignore, en effet, si, dans le cas où l'enfant eût vécu, il aurait, après ce laps de temps, repris l'exercice de son action.

L'absence de données certaines sur son intention
positive, fait interpréter contre les héritiers le
doute existant ; et la société trouve en cela le
précieux avantage d'extirper un germe de procès. Mais lorsque c'est l'enfant qui agit lui-même, le silence qu'il a gardé depuis ses dernières
poursuites, ne peut opérer contre lui l'effet d'un
désistement, quelque long que ce silence ait été :
le droit qu'il exerce est tellement sacré, que la
loi le déclare imprescriptible. Toutefois, cette
imprescriptibilité n'est établie qu'en sa faveur,
et le privilége est purement personnel (1). On
ne fit donc qu'une disposition des deux qui
étaient proposées ; c'est celle qui existe aujour-
d'hui dans l'art. 330.

M. Duveyrier, à la tribune du corps législatif,
s'exprima ainsi :

« Il est un terme où toute incertitude doit
» cesser pour le repos social, toujours intime-
» ment lié au repos des familles : une inquié-
» tude prolongée serait plus funeste que le mal
» même qu'on voudrait réparer.

« La transmission héréditaire fait passer aux
» héritiers de l'enfant son action en réclamation
» d'état, mais avec les restrictions exigées par
» l'ordre public, et justement opposées à une

(1) Conférence du Code civil.

» action particulière, qui n'a plus d'autre motif
» qu'un intérêt pécuniaire.

» Si l'enfant n'a pas réclamé, pour admettre
» ses héritiers à intenter l'action non commen-
» cée, il faut que l'enfant soit mort mineur, ou
» dans les cinq années de sa majorité ; si l'en-
» fant est mort *dans sa vingt-septième année,*
» sans avoir réclamé, toute action est abolie.

» Si l'enfant a commencé le procès, ses héri-
» tiers peuvent le reprendre, le suivre et le faire
» juger ; mais ils perdent encore cette faculté,
» lorsqu'il y a désistement donné par l'enfant,
» soit par un acte formel, soit par un laps vo-
» lontaire de trois années sans poursuites. »

L'art. 329, en présentant pour condition d'admissibilité de l'action des héritiers, l'alternative des deux époques du décès de l'enfant en
minorité, ou dans les cinq ans de sa majorité,
sans avoir réclamé, ne fixe pas précisément le
délai dans lequel cette action doit être intentée,
sous peine de déchéance. Car, dire qu'elle peut
être formée lorsque l'enfant est mort en minorité, ce n'est pas déterminer l'époque passée
laquelle elle ne peut plus être introduite. Dire
qu'elle peut être formée si l'enfant est décédé
dans les cinq années après sa majorité, ce n'est
pas non plus indiquer le temps pendant lequel
seulement elle sera recevable: Trouverons-nous,

pour ce dernier cas, la pensée du législateur expliquée par ces paroles de M. Duveyrier : « Si » l'enfant est mort *dans sa vingt-septième année,* » sans avoir réclamé, toute action est abolie? »

En parlant du premier cas, c'est-à-dire de celui où l'enfant non réclamant est décedé mineur, a-t-on voulu dire également que les héritiers ne seraient recevables à former leur action qu'autant qu'ils agiraient à une époque à laquelle, si l'enfant avait vécu, il n'aurait pas commencé sa vingt-septième année?

Tels sont les doutes que présente la disposition de cet article.

Cependant, en y réfléchissant, on s'aperçoit qu'en parlant de la première hypothèse, le legislateur a voulu dire que, si l'enfant est mort en minorité, il n'a pas eu qualité nécessaire pour agir, et qu'alors il est juste d'accorder à ses héritiers la faculté d'exercer, en leur nom, l'action qui lui aurait appartenu s'il eût été majeur.

Et, en raisonnant dans la seconde hypothèse, le législateur a dû également penser que, si l'enfant a laissé passer cinq années, depuis sa majorité, sans former aucune réclamation, il est censé avoir abandonné ses prétentions, parce qu'il a eu un temps suffisant pour réfléchir et se déterminer.

Mais comme la loi ne fixe aucun délai dans

lequel l'action doive être formée, quand l'enfant est décédé *dans* l'un des deux temps fixés, nous pensons que cette action ne peut être éteinte que par la prescription ordinaire, qui est celle de trente ans. Art. 2262 du Code.

Notre raison de douter était prise de ce que, d'après le discours de M. Duveyrier, il semblait que l'intention des rédacteurs de l'article avait été de n'accorder, dans tous les cas, qu'un délai très-court aux héritiers de l'enfant pour former leur action, lorsque lui-même ne l'avait pas formée de son vivant.

Au surplus, on sent de reste que la prescription des cinq ans écoulés après la majorité de l'enfant, ne peut être opposée qu'à ses héritiers et non à lui-même, puisque la loi a déjà dit, art. 328, que l'action en réclamation d'état est imprescriptible à son égard.

Que décidera-t-on dans le cas où l'enfant décédé après les cinq ans de majorité, sans avoir réclamé, avait été constamment en possession de son état, et que l'on opposât à ses descendans les erreurs de son acte de naissance? Pourrait-on leur opposer aussi la prescription de cinq ans? M. Toullier, n° 912, est d'avis de la négative. Mais il nous semble que cette question ne peut se soulever ; car la prescription dont parle la loi n'a été introduite que contre les héritiers de l'enfant qui *réclament*. Or, celui qui a été constamment en possession de son état n'a pas eu besoin de réclamer : ses héritiers, qui lui succèdent dans sa position comme dans ses droits, n'en ont pas besoin non plus : ils voient venir les parens, qui ont intérêt à contester ; et, tant que ceux-ci ne demandent rien, aucune prescription ne peut courir, puisque aucune prétention n'est émise. Les erreurs de l'acte de naissance peuvent donc toujours se rectifier, quelque laps de temps qui se soit écoulé depuis la mort de l'enfant, comme le pense M. Toullier. Aussi nous concevons parfaitement l'arrêt de la cour d'Aix, du 17 août 1808, dont parle ce grand jurisconsulte, qui le jugea ainsi ; de même que nous ne concevons pas comment on avait pu élever une contestation à ce sujet. Voici quelle en était l'espèce :

Joseph-Honoré Royer décéda en 1793, ne laissant que des héritiers collatéraux : sa succession fut partagée entre les héritiers paternels et maternels.

La branche paternelle fut représentée par Catherine Aurand, épouse du sieur Madier.

La dame Madier décéda depuis ce partage.

En l'an 12, le sieur Couturon et la demoiselle Tarascon, son épouse, prétendirent que les biens afférens à la ligne paternelle de Royer devaient leur être dévolus de préférence à Catherine Aurand, femme Madier; et, comme celle-ci était plus proche parente de Royer, Couturon et sa femme contestèrent son état.

Ils dirent, ce qui était vrai, que l'acte de naissance de la dame Madier la disait fille de Claude Aurand et de Catherine Royer, et, que pour succéder à Joseph Royer, il fallait être fille de Jeanne Royer; que Catherine Aurand étant fille de Catherine Royer, et non pas de Jeanne, elle n'avait aucun droit à prétendre dans la succession de Joseph Royer.

Les héritiers de la dame Madier produisirent en réponse *une foule d'actes qui établissaient l'état de leur mère et aïeule.* Ils demandèrent incidemment la rectification de l'acte de naissance de la dame Madier, et que le prénom de Jeanne fût substitué à celui de Catherine, donné à la dame Royer, mère de la dame Madier : ils offrirent la preuve que Jeanne Royer, femme Aurand, était la mère de Catherine Aurand, femme Madier. Une enquête fut ordonnée ; trente-quatre témoins déposaient en faveur des héritiers Madier.

Le tribunal de Tarascon débouta les sieur et dame Couturon de leur demande. Sur l'appel, ils furent également déboutés par la cour d'Aix, par le motif suivant :

« Considérant.... que la prescription de cinq
» ans, portée par l'art. 329 du Code, ne peut
» être opposée aux héritiers que lorsque l'en-
» fant qui n'a pas réclamé son état n'a eu de
» son vivant ni titre ni possession constante, aux
» termes de l'art. 320;.... qu'à la vérité, le pré-
» nom de la dame Royer, épouse de Claude
» Aurand, était Jeanne et non Catherine; mais
» que cette substitution de prénom n'est qu'une
» *erreur évidente*, pareille à celles qui se ren-
» contrent fréquemment dans les différens actes,
» *et dont la famille Madier présente particuliè-*
» *rement une foule d'exemples* (1). »

M. Toullier, après avoir reconnu que l'action
des héritiers de l'enfant mort en minorité ou
dans les cinq ans de sa majorité, ne peut se
prescrire que par trente ans, s'exprime en ces
termes, n° 913 :

« La même prescription de trente ans s'ap-
» plique au cas inverse. Si un étranger ou un
» fils naturel, qui passait pour fils légitime des
» deux époux, avait recueilli leurs successions
» à l'ombre de cette possession dont ils l'au-
» raient laissé jouir, leurs héritiers pourraient
» l'en évincer en lui contestant son état, et
» en prouvant qu'il n'avait pas la qualité qu'il

____

(1) Sirey, tom. 9, 2ᵉ part., pag. 272.

» usurpait; *mais ils devraient former leur ac-*
» *tion , soit contre lui , soit contre ses enfans ,*
» DANS LES TRENTE ANS *du jour de son entrée*
» *en jouissance des biens*, PARCE QUE LA PÉTI-
» TION D'HÉRÉDITÉ EST UNE ACTION PERSON-
» NELLE QUI NE SE PRESCRIT QUE PAR TRENTE
» ANS. »

Malgré tout le respect que nous professons pour les grandes lumières de ce profond jurisconsulte , nous oserons n'être pas de son avis sur ce point. Comment, en effet, pouvoir accorder *trente ans* aux héritiers des époux pour contester à l'enfant son état , à compter du jour de son entrée en jouissance des biens, lorsque l'art. 317 ne leur accorde que deux mois pour contester sa légitimité , à compter de l'époque de sa prise de possession , ou de l'époque où ces héritiers sont par lui troublés dans cette possession ? Sans doute que la pétition d'hérédité est une action personnelle qui ne se prescrit que par trente ans. Mais on ne peut séparer la pétition d'hérédité de la contestation de la légitimité. Or , si les héritiers ne sont plus recevables à contester l'état de l'enfant, à cause de l'expiration des délais, il serait improposable de les recevoir dans leur action en éviction des biens , puisque cette action serait privée de sa base fondamentale. Nous pouvons dire de plus ce que nous avons dit sur l'art. 327, à l'occasion de la suppression d'état, que la durée trentenaire accordée, *en général,* à la pétition d'hérédité, se réduit, pour *le cas particulier seulement* dont nous parlons, à celle qui est fixée pour l'art. 317. C'est une exception au droit commun.

N° 2. Lorsque l'enfant lui-même a formé son action en réclamation d'état, l'art. 330 permet à ses héritiers de la suivre. Mais il faut qu'il ne s'en soit pas désisté formellement, ou qu'il n'ait pas laissé passer trois années sans poursuites, à compter du dernier acte de la procédure.

Le désistement de l'enfant devrait être formel. Il faudrait de plus qu'il eût été fait en majorité ; car le mineur ne peut jamais valablement renoncer à un droit, et encore moins son tuteur, si c'était lui qui eût intenté l'action. Mais si le mineur, ou son tuteur, pour lui, avait fait une déclaration de désistement, nous pensons que les héritiers n'auraient, pour se pourvoir contre, que dix ans à compter du jour où il aurait atteint sa majorité s'il eût vécu, à cause de la disposition générale de l'art. 1304 du Code civil : encore même faudrait-il que la procédure ne fût pas périmée ; car la péremption court contre les mineurs. Art. 398 du Code de procédure civile.

Pour que le délai de trois années sans poursuites pût être opposé aux héritiers comme une renonciation et une déchéance, on sent fort bien qu'il faudrait qu'il eût couru sur la tête même de l'enfant; car s'il était décédé avant les trois années, ce délai serait augmenté de six mois, parce qu'il y aurait lieu à reprise d'instance, suivant l'art. 397 dudit Code de procédure. Nous répétons toujours que ces trois années sans poursuites ne pourraient être opposées à l'enfant; parce que, eût-il laissé périmer son instance, il a toujours la faculté de former une autre action, puisque, encore une fois, la réclamation d'état est imprescriptible à son égard. Cela nous détermine à penser que la péremption ne serait pas accueillie contre lui, puisqu'elle n'aurait pour objet que la répétition de quelques frais et l'introduction d'une nouvelle procédure frustratoire.

M. Toullier, n° 914, dit que, dès que la loi accorde la faculté de suivre l'action aux héritiers de l'enfant, elle appartient à tous les héritiers sans distinction, tant aux héritiers collatéraux qu'aux héritiers directs, tant aux testamentaires qu'aux légataires universels. Mais il fait entre eux cette différence, que les héritiers collatéraux et testamentaires ne peuvent exercer l'action que pour recueillir les droits utiles ouverts *avant la mort de l'enfant;* car, dit-il, l'intérêt est la mesure des actions, et il faut que cet in-

térêt soit présent et actuel ; tandis que les héritiers directs, au contraire, peuvent exercer
l'action en réclamation d'état, quoiqu'il n'y ait
aucuns droits ouverts avant la mort de l'enfant;
car ils ont un très-grand intérêt, un intérêt présent et actuel à faire reconnaître l'état de leur
auteur pour le représenter dans les successions
qui pourront s'ouvrir par la suite, et pour jouir
de tous les autres droits de famille. Il cite le
nouveau Répertoire, *verbo Légitimité*, sect.
4, § 1, n° 2, qui s'exprime ainsi :

« Au reste, soit pour contester, soit pour
» défendre l'état d'un enfant, il faut avoir un
» intérêt présent et actuel; celui qui n'a qu'un
» intérêt éventuel et incertain n'est point rece-
» vable. C'est ce qu'a jugé un arrêt rapporté en
» ces termes dans la *Collection de jurisprudence.*
» Le sieur Dejeau, vivant en mauvais com-
» merce avec une demoiselle dont il avait eu un
» enfant mâle en 1714, épousa publiquement
» cette même demoiselle en 1718, le 29 mai,
» après avoir observé les formalités prescrites.
» Neuf jours après ce mariage, la dame Dejeau
» accoucha; l'enfant fut baptisé publiquement
» comme légitime, et la mère, qui mourut 17
» jours après, fut enterrée comme femme du
» sieur Dejeau. Le sieur Dejeau, en passant à de
» secondes noces, ne parla point des premières :

» cependant, elles n'étaient pas inconnues à sa
» nouvelle épouse, puisque les deux enfans du
» premier lit étaient élevés comme légitimes.
» S'étant agi de les faire émanciper, la dame
» Dejeau se fit autoriser par justice, et imagina
» de demander que le premier mariage de son
» mari fût déclaré contracté *in extremis*, et
» qu'en conséquence les enfans qui en étaient
» nés fussent déclarés incapables d'aucun effet
» civil. Les enfans soutinrent la dame Dejeau
» non recevable; et sentence intervint au Châ-
» telet, qui leur ordonna de défendre au fond.
» Mais, sur l'appel, arrêt est intervenu à la
» grand'chambre, le 7 mars 1735, sur les con-
» clusions de M. l'avocat général Gilbert; plai-
» dant MM. Aubry et Le Normant, par lequel
» la dame Dejeau fut, *quant à présent*, dé-
» clarée non-recevable. On fut scandalisé de
» voir une femme allumer une guerre domes-
» tique, en ouvrant une contestation qui pou-
» vait n'avoir point d'objet réel. Il est arrivé, en
» effet, qu'il n'est point resté d'enfant à la dame
» Dejeau. »

A plus forte raison, doit-il en être de même
lorsque les droits ne s'ouvrent qu'après la mort
de l'enfant. Il ne les a pas recueillis; il n'a donc
pas pu les transmettre par testament. Et ses
héritiers collatéraux n'ont pas pu le représenter

par rapport à ces droits, suivant l'art. 742 du Code civil.

Relativement aux droits ouverts lors du décès de l'enfant, nous pensons que les actions peuvent être exercées non-seulement par ses héritiers, mais encore par ses créanciers; parce que, comme le dit encore M. Toullier, la disposition de la loi n'est qu'énonciative, et non pas restrictive : *les actions* PEUVENT *être intentées par les héritiers*, etc.

Autrefois ces actions n'étaient point interdites aux créanciers. Voici comment s'exprimait M. d'Aguesseau, dans son sixième plaidoyer, pour Pierre Sparvuart, créancier de Jacquette de Senlis (1) :

« Il semble d'abord qu'on ne doive avoir au-
» cun égard aux preuves qui sont rapportées
» par un créancier; on peut croire que, sans
» avoir recours à l'autorité de la justice, la
» comparaison des différentes qualités des par-
» ties doit décider une pareille contestation.
» Admettra-t-on les argumens d'un étranger
» peu instruit de l'état d'une famille, incapable
» de donner des marques certaines de la vérité
» des faits qu'il avance, contre le suffrage des
» parens, contre la voix de la famille, contre

(1) Tom. 1er, pag. 407, édit. in-8°.

» cette espèce de jugement domestique qu'elle
» a prononcé pendant la vie de l'appelant, et
» qu'elle confirme encore après sa mort?

» Cependant, quand on considère que le titre
» de la dette est juste, légitime, favorable; que
» l'appelant est un créancier de bonne foi;
» que, pendant que Jacquette de Senlis était
» abandonnée de ses parens, ou prétendus ou
» véritables, il l'a secourue dans ses longues in-
» firmités; qu'il demande aujourd'hui son paie-
» ment sur les biens qui pouvaient appartenir
» à sa débitrice; que ces biens se réduisant à
» une prétention peut-être mal fondée, mais
» toujours spécieuse, il a voulu exercer ses
» droits, et reprendre la demande à fin de par-
» tage qu'elle avait intentée; que ce n'est pas
» lui qui fait naître aujourd'hui la question
» d'état; qu'il se trouve, au contraire, engagé
» malgré lui à la soutenir, parce que les pa-
» rens, désavouant tout de nouveau Jacquette
» de Senlis, lui ont opposé qu'elle n'était point
» de leur famille. Quand on examine toutes ces
» circonstances, on ne saurait trouver aucune
» irrégularité dans la conduite de l'appelant.
» S'il est moins favorable dans une question
» d'état que sa débitrice, *il n'en est pas moins*
» *partie légitime.* »

Nous ne voyons, dans notre nouvelle législaion, rien qui empêche les créanciers d'exercer aujourd'hui le même droit. L'art. 1166 du Code civil dit que les créanciers peuvent exercer tous les droits et actions de leurs débiteurs, à l'exception de ceux qui sont *exclusivement* attachés à la personne. On dira que l'action en réclamation d'état dérive du droit attaché à la personne de l'enfant. Cela est vrai; mais la restriction de la loi, raisonnablement et justement entendue, ne porte que sur le droit attaché à la *capacité*, et non à la *qualité* de la personne; par exemple : les créanciers d'un individu ne peuvent se servir de l'exception de minorité pour faire annuler les engagemens qu'il aurait consentis à cet âge ; mais ils peuvent exercer les droits qui lui obviennent, en vertu d'une *qualité* non encore déclarée et reconnue, mais dont le principe ou la cause existe déjà. S'il pouvait en être autrement, l'enfant, par un concert frauduleux avec ses parens, pourrait renoncer à ses droits de famille, et, par suite, aux successions de ses véritables père et mère, ou s'abstenir de les réclamer, ce qui serait encore une renonciation pour frustrer ses créanciers; tandis que, suivant l'art. 1167, les créanciers peuvent, en leur nom personnel, attaquer les actes faits par leur débiteur en fraude de leurs droits, et que, d'après l'art. 788, les créanciers de celui qui re-

nonce, au préjudice de leurs droits, peuvent se
faire autoriser en justice à accepter la succession du chef de leur débiteur, en son lieu et
place. Il faut donc leur accorder, par suite, le
droit de faire reconnaître et déclarer en sa personne la qualité qui seule peut leur faire adjuger
sa part dans cette succession. Qui veut la fin
veut les moyens : M. Toullier, qui est du même
avis, mais seulement par le motif pris de la généralité de l'art. 330, ajoute : « Cependant les
» tribunaux interprètent aujourd'hui la loi d'une
» manière tellement restrictive, que la question
» pourrait souffrir des difficultés. » Nous ne
pensons pas qu'elles puissent être sérieuses, en
combinant les divers articles que nous venons
d'invoquer, et en les rapprochant de l'ancienne
jurisprudence. En s'en tenant judaïquement à
la lettre de la loi, les tribunaux ne voudraient
pas encourir le reproche *summum jus, summa
injuria.*

« Ce second chapitre, dit M. Duveyrier, com-
» plète le tableau des règles conservatrices de
» l'état des hommes. Leur base majestueuse est
» le mariage, source également féconde et sûre
» des générations légitimes, de leur état, de leurs
» droits civils. Du mariage sort, comme un trait
» lumineux et ineffaçable, cette présomption lé-
» gale qui remplace le signe de paternité légi-

time, que le mariage n'accorde pas. A la suite
de cette présomption sacrée , se placent les
exceptions qui peuvent la détruire , et qui,
dépouillant de ce caractère auguste ceux dont
l'existence outrage son origine, ajoutent encore à son inviolabilité, comme toute exception confirme une règle générale. Viennent
enfin, pour former le cercle , les formes et
les preuves qui établissent , garantissent et
restituent la légitimité. »

DES ENFANS NATURELS.

SECT. 1re. — *De la Légitimation des enfans naturels.*

Tournons notre attention compatissante, avec le même orateur, sur ces enfans malheureux, « condamnés en naissant à subir la faute » d'être nés, objets innocens de la honte qui » les cache et les méconnaît, repoussés par la » société qui les condamne, et jetés loin de » toute famille, sans autre consolation que les » caresses furtives de la nature, sans autres » droits que ceux de la pitié, et trop souvent » sans autre asyle que celui de la loi. »

Avant d'examiner les divers articles de ce chapitre, jetons ici quelques notions générales sur les enfans naturels.

Les Hébreux ne faisaient presque point de différence entre les bâtards et les légitimes. On en voit plusieurs exemples, tirés de l'Écriture sainte, dans le dix-septième plaidoyer d'Expilly, n° 20.

N° 1. Chez les Grecs, on doit distinguer trois temps. Dans le premier, on regardait les bâtards comme les légitimes; tels Hercule, Thésée, Achille, Pyrrhus et tant d'autres grands personnages. Dans le second temps, ils furent regardés comme infâmes, et incapables de toutes successions. Dans le troisième, on regardait comme bâtards tous ceux qui n'étaient pas nés d'un mariage légitime, c'est-à-dire approuvé par les lois (1). Ils n'étaient admis à aucune fonction de la république. Ils n'étaient point obligés de nourrir leur père, *nothi patres alere ne coguntur*. Ils étaient regardés comme étrangers, tant à l'égard de leur père et de leurs parens, qu'à l'égard de la république.

Les Romains considéraient les bâtards sous les trois rapports de leur naissance, de l'État et de leur famille.

Naissance. — Dans les premiers temps, il était permis à toutes sortes de personnes d'avoir une concubine, *quæ, uxoris loco, sine nuptiis, in domo esset* (2). Le concubinage entre deux personnes libres se nommait *licita consuetudo*. Les enfans qui provenaient de ces deux personnes, *ex soluto et solutâ*, étaient les fruits

(1) Expilly, plaid. 17, n° 16 et suiv.
(2) *Leg.* 1, § 4, *leg.* 3, § 1, *ff. de Concubinis.*

d'un commerce toléré par la loi. Les gens mariés ne purent point ensuite avoir de concubines, en vertu de la loi de Constantin, qui marqua le second temps (1). Enfin, l'empereur Léon-le-Philosophe défendit entièrement le concubinage entre toutes sortes de personnes (2).

État. — Les enfans naturels étaient regardés, par rapport à l'État, comme citoyens romains. Ils n'étaient point notés d'infamie. Leur naissance ne leur imprimait aucune tache honteuse, quoiqu'ils fussent nés d'un commerce défendu (3). Ils pouvaient aspirer aux dignités et aux magistratures (4); mais, en cas de concurrence, on leur préférait les enfans légitimes (5).

Famille. — Les bâtards ne pouvaient jamais rien prétendre aux successions de leurs pères, parce que la loi des Douze-Tables ne les déférait qu'aux héritiers *siens* (6). Ils n'avaient droit qu'à des alimens sur ces successions. Nous parlons des bâtards non légitimés, nés *ex soluto et solutâ*. Après plusieurs changemens opérés sur

(1) *Leg. unic.*, au Cod. *de Concubinis.*

(2) *Novel. Leonis* 91.

(3) *Leg.* 7, au Cod. *de natur. liber.*

(4) *Leg.* 50, § 2, *ff. de Decur.*

(5) *Leg* 3, § 2, *ff. eod. tit.*

(6) *Vulgò quæsitos nullos habere agnotos manifestum est.* § 4, *Justin., de Success. cognator.*

la législation de ces bâtards par les empereurs Constantin, Arcadius, Honorius, Valentinien III et Théodose-le-Jeune, Justinien fit plusieurs constitutions, qu'il est intéressant de connaître.

Par la première, il permit aux pères qui n'avaient ni enfans ou descendans légitimes, ni mères, de donner ou léguer la moitié de leurs biens à leurs bâtards, tant pour eux que pour leurs mères (1). Il leur défendit en même temps le droit de succession.

Par la seconde (2), il permit aux aïeux qui avaient des petits-fils bâtards nés de leurs fils légitimes, ou des petits-fils légitimes nés de leurs bâtards, de laisser tout leur bien à ces petits-fils.

Par la troisième (3), il permit à ceux qui auraient en même temps des bâtards et des enfans légitimes, de donner la douzième partie de leurs biens à ces bâtards, tant pour eux que pour leur mère, et de donner la moitié de leurs biens aux mêmes bâtards, tant pour eux que pour leur mère, tant qu'il n'y aurait point d'enfans légitimes.

Par la quatrième, il permit aux pères qui n'avaient que leur père ou leur mère, de laisser tous leurs biens à leurs enfans naturels, à la réserve

(1) *Leg. humanitatis* 8 , *Cod. de natur. liber.*
(2) *Leg. ultim.*, *eod. tit.*
(3) *Novel.* 18, *cap.* 5.

de la légitime due aux ascendans. Que s'ils n'a-
vaient point de père ou de mère, il leur permettait
de donner à leurs enfans naturels tout leur bien.
Il assura enfin des alimens aux bâtards, quoique
leurs pères eussent aussi laissé des enfans légitimes (1). Mais il défendit d'accorder des alimens aux bâtards nés *ex nefario coïtu*, appelés,
en droit, *spurios adulterinos vel incestuosos.*

Quant aux successions de leurs mères, après
que les lois 2 et 8 au Digeste *undè cognati*, eu-
rent réglé le principe de leurs droits, vinrent
les sénatus-consultes *Tertyllien* et *Orphitien*, qui
appelèrent les mères et les enfans à leurs successions respectives. En sorte que, depuis ces
sénatus-consultes, les bâtards succédèrent à leurs
mères concurremment avec les enfans légitimes (2).

Telle était la législation des Romains sur les
enfans naturels (3).

(1) *Novel.* 89, *cap.* 12, § 6.

(2) *Leg.* 15 au *Cod. ad sen. cons. Orphitium.* Dans cette
loi, l'empereur Justinien fait une exception à la règle générale, à l'égard des femmes illustres qui ont des enfans
légitimes; en ce cas, non-seulement il ne veut pas que les
bâtards puissent rien prétendre dans leur succession; mais
il défend même à ces femmes de qualité de rien donner, ni
entre vifs, ni par testament, à leurs bâtards.

(3) *Vid.* la savante dissertation du chancelier d'Aguesseau, tom. 7, pag. 533, de l'édit. in-8°.

N° 2. En France, sous l'ancienne législation,
:s bâtards étaient exclus des ordres sacrés. Cette
xclusion avait pris naissance au onzième siècle,
ans l'église latine. L'usage avait néanmoins
onné au pape le droit d'accorder aux bâtards
es dispenses. Leurs successions appartenaient
e droit commun au roi, à titre de reversion à
puissance publique. Vers la fin de la deuxiè-
ıe race, les seigneurs usurpèrent le droit de
ıccéder aux bâtards, qu'ils considéraient comme
urs serfs. Mais la servitude personnelle ayant
é abolie, les seigneurs conservèrent le droit de
ltardise quand le bâtard était né, domicilié et
écédé dans leur territoire (1).

Le bâtard né *ex soluto et solutâ* pouvait tester,
a coutume de Bretagne n'interdisait cette fa-
ılté qu'à l'*avoutre*. L'avoutre ne signifiait autre
ıose qu'un bâtard adultérin. Ce terme dérivait
ı mot *adulterium* (2).

Quelle que fût la noblesse des pères, elle ne
assait point à leurs bâtards. Henri IV, par son

(1) *Vid.* M. d'Aguesseau, tom. 2, pag. 402 et 404, tom. 7,
ıg. 493, 494, 495, 498, 499 et 500.
(2) *Vid.* Pasquier, dans ses Recherches, liv. 8, chap. 50,
fine. — Ph. de Beaumanoir, chap. 18, pag. 102, *leg.* 30,
définit de cette manière : « Les avoutres sont chil qui
sont engendrés en femmes mariées d'autrui que de leurs
seigneurs et hommes mariés. »

ordonnance de 1600, art. 26, défendit aux enfans bâtards de prendre la qualité de nobles. Il confirma cette ordonnance par une seconde, de l'année 1629. Cette règle, qui formait le droit commun de la France, recevait une exception en faveur des bâtards des personnes illustres. Ainsi, les bâtards des rois étaient princes, ceux des princes étaient seigneurs, ceux des seigneurs étaient gentilshommes, et ceux des simples gentilshommes étaient roturiers (1).

D'après le droit canonique, les bâtards, avant la légitimation, n'avaient droit qu'à des alimens. Ils étaient même accordés aux enfans nés d'un commerce criminel, en quoi on avait corrigé la rigueur du droit civil. Mais, après la légitimation, le droit canonique, comme le droit civil, regardait les bâtards comme s'ils étaient nés légitimes.

Dans le premier temps, non-seulement le nom de bâtard n'était point odieux en France, mais il ne paraît pas même que nos rois de la première et de la seconde race fissent aucune différence entre leurs enfans légitimes et ceux qui ne l'étaient pas. En effet, Thierry, bâtard de Clovis Ier, partagea le royaume avec Clodomir, Childebert et Clotaire, ses frères légitimes ; Clovis, second fils légitime de Dagobert Ier, par-

______

(1) D'Argentré, Traité de la légitimation, chap. 1, n° 3.

ıgea aussi le royaume avec Sigebert, son frère
âtard ; enfin, Louis et Carloman , bâtards de
.ouis-le-Bègue , furent tous deux couronnés rois ,
 l'exclusion de Charles-le-Simple , leur frère
·gitime.

 Sous Hugues-Capet, la condition des bâtards
ɔs rois, des princes et des grands du royaume,
ıt beaucoup moins avantageuse qu'elle n'était
ıparavant. Ce premier roi de la troisième race
: une loi par laquelle il exclut pour jamais les
ıtards de la succession du royaume. Il défen-
t qu'on les reconnût dans la famille royale , et
ɔulut même qu'ils ne pussent porter les ar-
ıes de France qu'avec une barre (1).

 Les bâtards n'étaient point compris sous le
om d'*enfans;* non-seulement ils ne succédaient
as à leurs pères, ni même à leurs mères, ni à
ırs parens maternels, excepté dans quelques
ɔutumes, comme celle du Dauphiné (2); mais

(1) Brodeau sur Touet, let. D. , som. 1, nᵒ 1 ; — Bac-
ıet , Traité du droit de bâtardise, chap. 2.

(2) Bâtards ne succèdent point en France à leur père par
stament on *ab intestat;* bien sont-ils capables de donations
ıtre vifs. Lapeyrère, *verbo Bâtards,* nᵒ 3. Cependant, si
 père n'a point d'enfans légitimes, il peut laisser à son
ıtard tous ses biens par donation entre vifs, et par testa-
ıent tous ses meubles conquêts et la cinquième partie de
ıéritage ancien. S'il a des enfans légitimes, il ne peut lui

cette exception confirmait la règle générale qui formait le droit commun. De même, les père et mère des bâtards ne leur succédaient pas, parce que le droit de succession doit être réciproque. Quand les enfans mouraient sans postérité, leurs biens appartenaient au roi par droit de bâtardise, ou aux seigneurs hauts-justiciers, lorsqu'ils étaient nés dans l'étendue de leur justice, que leurs biens y étaient situés et qu'ils y étaient décédés (1).

Ils est hors de notre sujet d'entrer dans de plus grands détails sur l'état des enfans naturels par rapport aux successions et à la capacité qu'ils pouvaient avoir de recevoir des libéralités de leurs parens. Nous avons voulu les considérer, à cette époque, particulièrement dans leurs rapports de famille.

Les enfans naturels avaient été mis, dans la révolution, sur la même ligne que les enfans légitimes. La morale publique cessa d'exister lors de la promulgation de la loi du 12 brumaire an 2 (2 novembre 1793), qui, par son art. 2, déclara que « *leurs droits de successibilité étaient les mêmes que ceux des autres enfans.* » Il est

donner qu'un douzième de ses biens ; — Coquille, question 29.

(1) Bacquet, part. 1, chap. 8.

vrai que, comme l'article 1ᵉʳ les appelait seulement aux successions de leurs père et mère, la cour de cassation décida, les 4 frimaire an 3 et 12 pluviôse an 8, qu'ils ne pouvaient être admis au partage des successions de leurs *grands-pères* et *grands-mères*. On vit plus de pudeur chez les magistrats que chez les législateurs, tant paraissait nécessaire pour la société la ligne tranchante de démarcation entre les enfans du vice et ceux d'un légitime mariage! Bientôt parut la loi du 15 thermidor an 4, qui rapporta l'effet rétroactif de la première. Enfin, le Code civil est arrivé, qui a concilié ce que l'humanité réclame pour le malheur avec ce que la morale réclamera toujours pour la sainteté du lien conjugal.

ARTICLE 331.

Les enfans nés hors mariage, autres que ceux nés d'un commerce incestueux ou adultérin, pourront être légitimés par le mariage subséquent de leurs père et mère, lorsque ceux-ci les auront légalement reconnus avant leur mariage, ou qu'ils les reconnaîtront dans l'acte même de célébration.

ARTICLE 332.

La légitimation peut avoir lieu, même en faveur des enfans décédés qui ont laissé des descendans ; et, dans ce cas, elle profite à ces descendans.

ARTICLE 333.

Les enfans légitimés par le mariage subséquent auront les mêmes droits que s'ils étaient nés de ce mariage.

—

N° 1. La loi a séparé de la foule misérable des enfans naturels, ceux dont le malheur peut être tellement réparé, comme le dit M. Duveyrier, qu'ils ne soient plus distingués des enfans légitimes ; ceux dont le mariage n'a point honoré la naissance, mais que le mariage peut ensuite recouvrer et rétablir dans son empire comme dans ses priviléges. Ce sont les enfans légitimés par mariage subséquent.

Les Romains connaissaient six espèces de légitimation :

La première, la plus parfaite, était celle qui se faisait par le mariage subséquent. Elle fut introduite par l'empereur Constantin, au rapport de l'empereur Zénon (1); elle fut confirmée par Justinien (2).

La seconde était celle qui se faisait par la consécration de l'enfant naturel au service d'une ville, *per curiæ oblationem*. Elle fut introduite par les empereurs Théodose et Valentinien (3).

La troisième, introduite par l'empereur Anastase, était celle qui permettait aux pères d'adopter leurs enfans naturels, et de les rendre par ce moyen capables de leur succéder. Mais elle fut abolie par l'empereur Justin, afin d'obliger ses sujets à se marier (4).

La quatrième, introduite par l'empereur Jus-

---

(1) Liv. 5, *Cod. de natur. liber.*

(2) *Leg.* 1 *et* 11, *Cod. de natur. liber.;* — *Novel.* 12, *cap.* 4; *Novel.* 18, *cap.* 11, *et Novel.* 78, *cap.* 3 *et* 4.

(3) *Leg.* 3, *Cod. de natur. liber.;* — *Novel.* 89, *cap.* 2. La fille pouvait aussi être légitimée en épousant un homme destiné au service de la ville, *curiali in uxorem data. Leg.* 3, § *ult., Cod. de natur. liber.*

(4) Liv. 6, *Cod. de natur. liber.,* et liv. 7.

tinien, était celle qui se faisait par la volonté du père, manifestée par un testament contenant institution d'héritier en faveur de ses enfans naturels. Ceux-ci, après la mort de leur père, présentaient son testament à l'empereur, et lui en demandaient la confirmation, qu'il leur accordait avec la qualité de légitimes. Elle ne pouvait avoir lieu que lorsque le père n'avait point d'enfans issus d'un légitime mariage (1).

La cinquième, introduite par le même empereur, était celle qui se faisait par lettres du prince, *per rescriptum principis*, sur la requête présentée par le père qui n'avait point d'enfans légitimes et dont la concubine était morte, ou qu'il avait de justes raisons de ne point épouser (2).

La sixième, introduite par le même empereur, s'évinçait d'une présomption de reconnaissance de la part du père en faveur des enfans qu'il aurait eus d'une femme avec qui il eût pu contracter mariage, comme si, dans un acte public, il eût qualifié l'un d'eux de *fils*, sans ajouter *naturel*. On présumait alors qu'il y avait eu mariage entre le père et la mère (3).

____

(1) *Novel.* 74, *cap.* 2, §. 1.
(2) *Novel.* 74, *cap.* 2, *in princip.*, et 89, *cap.* 9.
(3) *Cod. et leg.* 7; *Cod.*, *eod. tit.*

La légitimation *per ablationem curiæ* était la moins parfaite de toutes. Celle par adoption avait été pour toujours abrogée. Les quatre autres donnaient aux enfans tous les droits et toutes les prérogatives des enfans nés et conçus dans le mariage, tant par rapport à la famille, que par rapport aux successions de leurs père et mère et de tous leurs parens.

N° 2. On n'avait conservé en France que deux espèces de légitimation : celle par mariage subséquent et celle par lettres du prince (1). La première effaçait entièrement la tache de la naissance, et assimilait en tout l'enfant légitimé à l'enfant né et conçu dans le mariage. La seconde n'accordait point le droit dé succéder aux père et mère, à moins que ceux-ci n'eussent consenti à la légitimation (2); mais il fallait, pour la validité de l'une et de l'autre, que les enfans fussent nés de personnes libres, *ex soluto et solutâ* (3). Le droit canonique exigeait la même condition (4).

Aussi voyons-nous que, sur les conclusions

(1) Lebrun, des Successions, liv. 1, chap. 2, sect. 1, dist. 1.

(2) Lebrun, *ibid.*

(3) *Leg.* 10, *Cod. de natur. liber.*

(4) *Vid.* le fameux chap. *Tantâ vi,* 10, *qui filii sint legitimi.*

de M. d'Aguesseau, dans la cause de Jean Clermont et Anne-Élizabeth Fiorelli, sa femme, le parlement de Paris décida, le 4 juin 1697, que la légitimation par mariage subséquent ne pouvait avoir lieu pour des enfans nés *ex conjugato et solutâ, aut vice versâ*, quand même l'un des deux époux serait dans la bonne foi sur l'état de l'autre et l'aurait cru libre (1).

N° 3. Le Code civil a conservé la pureté de l'ancien droit français et de l'ancienne jurisprudence à l'égard de la légitimation par mariage subséquent; car celle dérivant de l'autorité du prince n'a pas été maintenue par notre nouveau droit (2). Les enfans naturels ne peuvent être légitimés par le mariage de leurs père et mère, que lorsqu'ils ne sont ni adultérins ni incestueux. Il n'y a que ceux qui sont nés *ex soluto et solutâ*. Telle est la disposition de l'article 331.

L'article parle seulement des enfans *nés* hors

(1) D'Aguesseau, 47ᵉ plaidoyer, tome 4, pag. 409.

(2) Cette dernière espèce de légitimation avait été introduite moins pour accorder à l'enfant les droits de famille, que pour le rendre capable de posséder des charges publiques et des dignités. Elle ne pouvait plus être maintenue aujourd'hui que tous les citoyens sont également admissibles aux emplois civils et militaires. Art. 3 de la charte constitutionnelle.

mariage ; parce que les enfans *conçus* à cette époque, mais qui prennent naissance depuis le mariage, sont censés en être le fruit, à cause de la maxime *is pater est.* Ils sont légitimes de droit, sauf le cas de désaveu, d'après l'art. 312. Ils n'ont donc pas besoin d'être légitimés. Le titre que l'on tient de la loi n'a pas besoin de la ratification des hommes.

La légitimation n'a pas lieu de plein droit ; il faut que l'enfant soit reconnu avant le mariage de ses père et mère, ou dans l'acte même de célébration : mais la reconnaissance seule , suivie du mariage, ne constituerait pas la légitimation. Il faut, à cet égard, une déclaration expresse, de la part des père et mère, dans l'acte de célébration. Cela s'évince des termes mêmes de l'article , portant que les enfans nés hors mariage *pourront* être légitimés *par* le mariage subséquent de leurs père et mère, lorsque, etc. Si le législateur l'eût entendu autrement, il aurait dit que les enfans nés hors mariage *seront* légitimés par le mariage subséquent de leurs père et mère, lorsque, etc. Mais c'eût été établir, comme autrefois, la légitimation *de droit.* M. Toullier, quoiqu'il ne le dise pas expressément, paraît bien être de notre avis, lorsqu'il dit, n° 924 : « La légitimation ne s'opère plus » de plein droit, comme dans l'ancienne juris-

» prudence. Il est indispensable aujourd'hui que
» l'enfant soit *d'abord* reconnu pour être en-
» suite légitimé. » Il suit de là que, s'il n'y
avait, de la part des père et mère, qu'une reconnaissance de leurs enfans faite avant le mariage, ou dans l'acte même de célébration, sans
déclaration à cette dernière époque qu'ils entendent les légitimer , ces enfans resteraient
dans la classe des enfans naturels, et leur seraient en tout assimilés.

Le mariage qu'on appelait autrefois *putatif*
ne peut donner lieu à la légitimation. Il faut
que le mariage soit valable, comme nous l'avons
dit plus haut. La bonne foi des époux ne pourrait en couvrir les vices. La loi 5 au Code *de
naturalibus liberis*, l'appelle *conjugium legiti-
mum*. Il faut que le mariage ait de la force,
tanta est vis matrimonii, ainsi que s'en exprimait le droit canonique. Cette décision avait
passé dans notre jurisprudence, et particulièrement dans, celle de Bordeaux. Lapeyrère (1)
rapporte un arrêt de ce parlement, du 14 février 1617, dans l'espèce suivante (2) :

(1) *Verbo Bâtard.*

(2) Il n'y a point de bonne foi pour le concubinage. La
femme doit être punie *secundùm quod est in veritate, non
secundùm id quod putabat.* D'Aguesseau, tome 4 , pag. 437
à 454.

« Marie Audouin ayant reçu la nouvelle de
» la mort de son mari, par le certificat du curé
» du lieu dans lequel il.était mort, en porte le
» deuil deux ans, et souffre un galant. Devenue
» enceinte, elle se remarie, et avoue sa gros-
» sesse dans le second contrat. Le premier mari
» revient. Elle meurt de douleur; elle fait son
» testament, et institue également sa fille du
» second lit et ses enfans du premier. La fille
» du second lit, *comme bâtarde*, est condam-
» née à se désister des biens par arrêt du 14
» février 1617. » On voit que cette femme était
de bonne foi lors de son second mariage; et cependant son enfant ne put en profiter.

Nº 4. Il faut que les deux époux fassent la reconnaissance, conjointement ou séparément,
avant le mariage ou dans l'acte de célébration.
Nous disons *conjointement* ou séparément, parce que la loi n'exige pas de simultanéité : elle
veut seulement que la reconnaissance des époux
ne soit pas postérieure à l'acte de célébration ;
car si elle l'était, les enfans ne seraient pas légitimés ; ils n'auraient que la qualité et les droits
d'enfans naturels reconnus.

M. Toullier, après avoir dit, nº 927, que la
reconnaissance doit être expresse, et qu'on n'ad-
mettrait pas les reconnaissances tacites, ajoute:

« Cependant le principe pourrait peut-être

» souffrir exception. Si l'un des époux, le père
» par exemple, dans la reconnaissance de l'en-
» fant, faite avant le mariage, avait déclaré
» pour mère la femme qu'il a épousée dans la
» suite, surtout si cette femme avait eu con-
» naissance de la déclaration, sans la désa-
» vouer, il semble que l'enfant qui, en vertu
» d'un pareil titre, aurait été traité dans la
» maison comme fils légitime, serait, en effet,
» légitimé par le mariage subséquent. »

Il ne nous paraît pas que cette opinion pût
être suivie en justice, parce que l'art. 331 est
formel. Il veut, en parlant des père et mère, que
la reconnaissance de l'un et de l'autre soit *antérieure* à leur mariage, ou faite dans l'acte de
célébration. La déclaration que le mari ferait
que sa femme est la mère de l'enfant que lui
seul aurait reconnu, ne pourrait la lier ; le silence de cette femme, *postérieur* au mariage,
ne saurait tenir lieu de sa reconnaissance *antérieure*. Le mari, avant d'avoir acquis ce titre, n'est
point le mandataire légal de son épouse. Et puis
la loi parle d'une reconnaissance *légale* ; et l'on
ne peut admettre de reconnaissance légale que
celle que la loi a elle-même indiquée. Or,
suivant l'art. 334, la reconnaissance doit être
faite par acte *authentique*. On ne peut appeler
authentique la reconnaissance *tacite* dérivant

du silence ou de la tolérance de la femme.

D'un autre côté, on ne pourrait rien conclure en faveur de la légitimation de l'enfant de ce que, après le mariage, il aurait été traité dans la maison comme fils légitime, parce que la possession d'état ne peut être invoquée, dans les cas déterminés, que par l'enfant qui se dit le fruit d'un mariage légitime, et que la recherche de la paternité est interdite aux enfans naturels par l'art. 340.

En 1806, Jacques Potel épousa Séraphine Poirier, déjà mère de deux enfans nés en l'an 6 et en l'an 8, et inscrits sous le nom de leur mère sur les registres de l'état civil.

Avant comme depuis leur mariage, les époux Potel ayant une habitation commune et paraissant vivre ensemble, avaient élevé ces deux enfans comme les leurs propres, et leur avaient fait porter dans le public le nom de Potel.

Jacques Potel mourut en l'an 9 ; mais, avant son décès, il reconnut, devant l'officier de l'état civil, les deux enfans élevés dans sa maison comme étant nés de lui et de Séraphine Poirier, sa femme.

Bientôt un conseil de famille fut assemblé par la veuve Potel, pour nommer un subrogé tuteur à ses enfans. Deux des frères de Jacques Potel, Pierre-François et Jean-Baptiste Potel assistèrent à cette assemblée, et l'un d'eux fut nommé subrogé tuteur. On procéda à l'inventaire de la communauté; plusieurs parties d'immeubles et le mobilier furent vendus ensuite.

Jusques-là aucune réclamation ne s'était élevée contre la qualité d'héritiers des enfans Potel : ce ne fut qu'en 1813 que les frères et sœurs de Jacques Potel se présentèrent eux-mêmes comme héritiers.

Ils invoquèrent l'art. 331 du Code civil, ainsi conçu : « Les enfans nés hors mariage, autres » que ceux nés d'un commerce incestueux ou » adultérin, pourront être légitimés par le ma- » riage subséquent de leurs père et mère, lors- » que ceux-ci les auront légalement reconnus » avant leur mariage, ou qu'ils les reconnaîtront » dans l'acte même de célébration. »

Aux termes de cet article, ils soutinrent que les mineurs Potel n'ayant été reconnus par leur père, ni avant son mariage avec Séraphine Poirier, ni dans l'acte même de la célébration, mais seulement depuis la consommation de ce mariage, ne pouvaient réclamer d'autres droits que ceux d'enfans naturels reconnus, et, à ce titre, la moitié seulement de la succession de leur père; ils assignèrent, en conséquence, la veuve Potel en reddition de compte devant le tribunal civil de Montreuil-sur-Mer.

Un tuteur spécial ayant été nommé aux mineurs Potel, il invoqua en leur faveur *leur possession publique d'enfans légitimes*, les soins que leur père leur avait toujours donnés en cette qualité depuis son mariage ; il prétendit enfin tirer une fin de non-recevoir contre les deux frères de Jacques Potel, de ce qu'ils avaient assisté à la délibération du conseil de famille, où un d'eux avait été nommé subrogé tuteur des enfans.

Sur cette contestation, intervint, en faveur des frères et sœur Potel, le jugement suivant :

« Considérant que l'art. 331 du Code civil n'admet que deux manières de légitimer les enfans naturels : celle qui a lieu de plein droit par le mariage subséquent de leurs père et mère, quand ceux-ci les ont légalement reconnus avant le mariage, et celle qui se fait par leur reconnaissance dans l'acte même de célébration.

» Considérant que Augustin-Hyppolite et François-Joseph-Maxime Potel n'ont pas été reconnus par Jacques Potel avant son mariage avec Séraphine-Antoinette-Joseph Poirier, conformément à l'art. 334 du même Code, auquel l'art. 331 précité se réfère en exigeant une reconnaissance légale, et qu'ils ne l'ont pas été par l'acte de célébration du mariage

» du même Potel; que la reconnaissance faite
» par Potel postérieurement à son mariage,
» par un acte de l'état civil, en date du 9 no-
» vembre 1809, où sa femme n'est pas compa-
» .rue, ne peut rien opérer en faveur des mi-
» neurs Potel, ni leur conférer le titre d'enfans
» légitimes, ni les droits qui leur seraient at-
» tribués en cette qualité; qu'en vain leur tu-
» teur invoque l'art. 321 du Code, en articu-
» lant la possession d'état des pupilles comme
» enfans légitimes de Jacques Potel et de Sé-
» raphine Poirier, et en prétendant que la re-
» connaissance légale dont parle l'art. 331, sans
» dire qu'elle sera rédigée par écrit, ne peut
» être autre que celle résultant dudit art. 321,
» qui est bien légale, en ce qu'elle est établie
» par la loi; parce que ce dernier article, qui
» indique de quelle manière doit s'établir la
» possession d'état nécessaire, à défaut de ti-
» tre, pour prouver la filiation, ne peut servir
» qu'aux enfans légitimes, puisque, à l'égard
» des enfans nés hors le mariage, la recherche
» de la paternité étant interdite, la possession
» d'état devient inutile, et qu'il est indispensa-
» ble qu'ils justifient d'une reconnaissance au-
» thentique, soit pour réclamer les droits que
» la loi leur accorde, soit pour être légitimés,
» à moins que, dans ce dernier cas, la recon-

naissance ne soit consignée dans l'acte de célébration du mariage de leurs père et mère. »
Ce jugement ayant été déféré par appel à la
our de Douai, cette cour, adoptant les motifs
es premiers juges, mit l'appellation au néant,
ar arrêt du 15 mai 1816 (1).

N° 5. Nous venons de voir, et la cour de
ouai a dit avec nous que les mots *légalement
connus*, employés par l'art. 331, se réfèrent
l'art. 334, qui veut que la reconnaissance soit
ite par acte authentique. Il résulte de ce rap-
rochement qu'elle ne peut avoir lieu par acte
us seing privé. A ce sujet, il est intéressant
e rapporter l'opinion de M. Merlin :

« Mais quel doit être le caractère de la reconnaissance antérieure au mariage, pour
que le mariage même puisse légitimer les enfans qui en sont l'objet? Est-il nécessaire
qu'elle soit faite par un acte puplic; ou suf-
fit-il qu'elle le soit par un acte sous seing
privé?

» Si l'on s'en rapportait au texte de l'art. 331,
tel qu'il est imprimé dans les éditions offi-
cielles, la question serait assez douteuse; car
le texte porte, *également reconnus*, expression qui semble n'exiger, de la part du père

(1) Sirey, tom. 16, 2e part., pag. 337.

» et de la mère, qu'une reconnaissance égale et
» réciproque. Mais la vérité est que le texte
» original de la loi porte, *légalement reconnus;*
» et, dès-là, nul doute que l'article 331 ne
» doive s'interpréter par l'art. 334, aux termes
» duquel un enfant né hors le mariage ne peut
» être reconnu que *par un acte authentique,*
» *lorsqu'il ne l'a pas été dans son acte de nais-*
» *sance.* On sent d'ailleurs qu'un acte sous seing
» privé ne faisant point foi de sa date, une re-
» connaissance faite dans cette forme ne rem-
» plirait pas les vues de la loi. »

Au surplus, comme le dit encore M. Merlin,
la reconnaissance même la plus authentique n'o-
pérerait rien en faveur des enfans, et le mariage
ne les légitimerait pas, s'il était prouvé qu'ils
n'ont pas pour père celui qui les reconnaît pour
siens au moment où il épouse leur mère. Autrefois on n'avait pas à craindre cet événement, du
moins dans certains pays de la France, où il était
d'usage de mettre sous le poële les enfans déjà
nés à l'époque de la célébration du mariage de
leurs père et mère. Cette formalité était utile, en
ce qu'elle formait une reconnaissance que ces enfans étaient nés des personnes mêmes qui se ma-
riaient, et que, par ce moyen, elle assurait leur
état (1).

(1) Coquille, sur la coutume du Nivernais, titre *des*

Comme aussi c'est à ceux qui contestent la légitimation à prouver que l'enfant naturel reconnu est adultérin ; celui-ci n'est pas tenu d'administrer la preuve du contraire.

Le 14 avril 1797, mariage en secondes noces du sieur Beys avec Victoire Rosseel. Les époux déclarent reconnaître et adopter pour leur fille Jeanne-Henriette Rosseel, née quelques mois auparavant. Après la mort du sieur Beys et de la dame Beys, sa mère, il s'est agi, en 1811, de savoir si Jeanne-Henriette Rosseel prendrait part aux successions de son père et de son aïeule paternelle, comme fille légitimée du sieur Beys. La demoiselle Beys excipa de sa reconnaissance par le contrat de mariage de ses père et mère ; et de l'art. 331 (Code civil). Les héritiers Beys soutinrent qu'elle ne pouvait se prévaloir de la reconnaissance et de l'adoption portées au contrat de mariage de ses père et mère. Suivant eux, la demoiselle Rosseel devait rapporter un acte de naissance duquel il résultât clairement qu'elle n'était point le fruit d'un commerce adultérin ou incestueux, et qu'elle pouvait être légitimée

Fiefs, art. 20, dit : « La légitimation par mariage subsé-
» quent désire... que la femme fût en concubinat et en la
» compagnie ordinaire de l'homme, et de telle façon qu'il
» ne restât que le sacrement et dignité du mariage qu'ils
» ne fussent mari et femme. »

suivant l'art. 331. — 25 août 1812, jugement du tribunal civil de Gand, et 29 janvier 1813, arrêt de la cour de Bruxelles, qui maintiennent la demoiselle Rosseel dans son état de fille légitimée :

« Attendu que la reconnaissance faite par les
» époux contractant devant l'officier de l'état
» civil dans l'acte même de leur mariage, opère
» légitimation de l'enfant reconnu, et lui vaut
» titre d'enfant légitime, comme s'il avait été
» reconnu par ces époux lors de sa naissance.

» Attendu que les appelans n'ont point nié
» l'identité de la fille de l'intimée avec l'individu
» qui a été reconnu à l'acte du 27 germinal an
» 5, et n'ont point posé en fait qu'elle serait
» conçue durant le premier mariage de feu Beys
» avec la dame Amoris (1). »

Les interprêtes étaient autrefois assez partagés sur la question de savoir si le mariage intermédiaire de l'une des parties avec une autre, n'empêchait pas la légitimation. Par exemple : *Mevius* et *Sempronia,* tous deux libres et habiles à se marier ensemble, ont l'un avec l'autre un commerce dont il naît un enfant : *Mevius* se marie avec *Titia,* qui lui donne plusieurs enfans. Devenu veuf, il épouse en secondes noces *Sempronia :* on demande si ce mariage subséquent

____

(1) Sirey, tom. 14, 2ᵉ part., pag. 32.

légitime le fruit de l'union illicite qui a eu lieu entre les parties dans le temps qu'elles étaient libres. L'affirmative n'était plus douteuse dans la dernière législation française. Elle ne peut pas offrir plus de difficulté dans la nouvelle. Tel est l'avis de M. Merlin, Répertoire, au mot *Légitimation*. Tel est aussi l'avis de M. Toullier, n° 923. D'ailleurs, l'art. 331 ne contient aucune exception. Il suffit que les père et mère de l'enfant se marient, à quelque époque que ce soit, pour qu'ils puissent le légitimer.

N° 6. Nous avons vu que, pour que la légitimation soit valable, il faut qu'elle soit faite par deux personnes libres.

Mais un enfant naturel est-il censé adultérin, et, en cette qualité, incapable de légitimation par mariage subséquent, quand son père et sa mère, dont l'un était marié à un autre au moment de sa conception, se trouvent tous deux libres au moment de sa naissance ? Oui, sans doute. Quelle est la raison pour laquelle un enfant conçu avant le mariage et né après jouit de tous les avantages de la légitimité ? C'est parce que la loi suppose que le mariage a été célébré, au moins de vœu et de désir, dès le temps de la conception, et que, par conséquent, elle lui donne un effet rétroactif. Or, pour pouvoir faire cette supposition, il faut que le mariage ait pu être contracté dans le temps de la conception ; car la fiction ne peut jamais défigurer la nature ni détruire la vérité ; elle peut bien supposer que ce qui est possible a existé, mais elle ne donnera jamais une existence idéale à une chose impossible. M. Merlin rapporte plusieurs arrêts qui l'ont décidé ainsi, notamment celui rendu par le parlement de Paris, le 10 mai 1773, contre le sieur Masson-de-Maison-Rouge. Cet arrêt est conforme à celui du parlement de Bordeaux, que nous avons déjà cité à l'occasion du mariage putatif, du 14 février 1617.

N° 7. Mais une question bien autrement importante que celle-là, est celle de savoir si les enfans nés d'une personne engagée dans les ordres sacrés, ou dans l'état religieux, peuvent être considérés comme adultérins et incestueux, incapables par suite d'être légitimés par le mariage subséquent de leurs père et mère ?

Cette question fut présentée en 1809 à la cour de Bourges, à l'occasion de Françoise-Magdelaine, reconnue dans l'acte de célébration du mariage du sieur François Gras, prêtre, avec la dame de Virgile, du 11 floréal an 2, laquelle Françoise-Magdelaine était née et avait été baptisée à Marseille, le 17 mai 1778, comme fille de père et mère inconnus. La cour de Bourges, par arrêt du 15 mars de ladite année, réformant

le jugement du tribunal civil de Moulins-en-
Gilbert, du 11 mars 1808, déclara Françoise-
Magdelaine légitimée par le mariage subséquent
de ses père et mère; parce qu'elle reconnut que
aucun empêchement légal n'avait existé dans la
personne de son père, qui, à l'époque de sa naissance, était capable de mariage; en vertu d'une
dispense du pape. Cet arrêt déféré à la cour de
cassation, M. Merlin donna de longues et sa-
vantes conclusions, dans lesquelles il fut d'avis
de rejeter le pourvoi. La cour suprême adopta
son opinion de la manière suivante :

« Attendu que, en déclarant que Françoise-
» Magdelaine Gras, défenderesse, née le 17
» mai 1778, avait pu être reconnue et légitimée
» par l'acte de mariage célébré, le 11 floréal de
» l'an 2, entre Marie-Magdelaine de Virgile et
» François Gras, ses père et mère, quoique,
» à l'époque de sa naissance, ledit Gras eût été
» engagé dans l'ordre de prêtrise, et, en lui ad-
» jugeant, en sa qualité de sœur utérine de Pierre-
» Joseph-Honoré de Virgile, fils, issu du pre-
» mier mariage de ladite Marie-Magdelaine de
» Virgile, la totalité de sa succession, la cour
» d'appel de Bourges n'a pu contrevenir à au-
» cune loi (1). » Arrêt du 22 janvier 1812.

____

(1) Sirey, tom. 12, 1re part., pag. 161.

M. Merlin a été ensuite bien plus loin dans le tome 16 du Répertoire, publié en 1824. Il soutient que, même sans dispense, un individu engagé dans les ordres sacrés a pu, dans tous les temps, et peut encore se marier, en s'abstenant, dans ce cas, des fonctions sacerdotales, et qu'il a pu, par suite, et peut encore légitimer, par un mariage subséquent, les enfans qu'il a eus lorsqu'il était encore prêtre. Il envisage la question à quatre époques différentes.

Il soutient que ni les canons des deux premiers conciles de Latran, tenus dans le douzième siècle, ni celui du concile de Trente, qui commencèrent à frapper de nullité les mariages des personnes engagées dans les ordres sacrés, ne furent revêtus, en France, du sceau de la puissance législative ; que seulement la jurisprudence des arrèts s'y était conformée (1).

Il soutient, en parlant de la deuxième époque, que le décret de l'assemblée constituante, du 13 février 1790, ayant déclaré que *la loi ne connaissait plus de vœux monastiques solennels des personnes de l'un et de l'autre sexe*, et la con-

(1) Cependant, le 18 mars 1666, le parlement de Paris déclara habiles à succéder, comme légitimés par mariage subséquent, et après dispense ecclésiastique, les enfans nés d'un sous-diacre et d'une abbesse. Cet arrêt se trouve dans le Journal des audiences, sous ladite année.

stitution du 3 septembre 1791 ayant dit aussi que *la loi ne connaissait plus ni vœux religieux, ni aucun autre engagement qui serait contraire aux droits naturels;* que ces deux lois, disons-nous, avaient suffisamment déclaré que les prêtres étaient capables de mariage; il ajoute à cela deux autres décrets, l'un du 19 juillet 1793, et l'autre du 12 août de la même année, tendant à faire disparaître tous les obstacles apportés au mariage des ecclésiastiques.

Il marque la troisième époque par le concordat du 29 messidor an 9, passé entre le gouvernement français et le pape Pie VII, et surtout par le discours que prononça M. Portalis au corps législatif, le 18 germinal an 10, lors de la présentation de ce concordat. On lit dans ce discours les paroles suivantes : « Pour les minis-
» tres que nous conservons (et à qui le célibat est
» ordonné par les réglemens ecclésiastiques),
» la défense qui leur est faite du mariage par
» ces réglemens, n'est point consacrée comme
» *empêchement* dirimant, dans l'ordre civil.
» Ainsi, leur mariage, s'ils en contractaient un,
» ne serait point nul aux yeux des lois politi-
» ques et civiles, et les enfans qui en naîtraient
» seraient légitimes. Mais, dans le for intérieur
» et dans l'ordre religieux, ils s'exposeraient
» aux peines spirituelles prononcées par les

» lois canoniques; ils continueraient à jouir de
» leurs droits de famille et de cité; mais ils se-
» raient tenus de s'abstenir du sacerdoce. »

Il marque la quatrième époque par la charte
constitutionnelle, du 4 juin 1814, qui, par son
art. 68, déclare que *le Code civil et les lois ac-
tuellement existantes qui ne sont pas contraires
à la présente charte, restent en vigueur, jusqu'à
ce qu'il y ait été légalement dérogé*. Il dit que
les lois de 91 et 93 ayant permis le mariage des
prêtres, et le Code civil n'ayant point mis les
ordres sacrés dans le rang des empêchemens
dirimans, ces lois existent encore, puisqu'elles
n'ont pas été abrogées (1) (2).

(1) Tome 16, au mot *Célibat*, pag. 140.

(2) Ceux qui soutiennent la nullité du mariage des prêtres prétendent que la constitution de 1791 a été abolie par
la charte; que l'art. 6 de cette loi politique déclarant que
la religion catholique, apostolique et romaine est la religion de l'Etat, et cette religion prohibant le mariage de ses
ministres, il est impossible aujourd'hui de le tolérer. — On
répond que l'art. 5 de la charte dit aussi que chacun professe sa religion avec une égale liberté; d'où l'on conclut
que la charte n'adopte aucune religion d'une manière ex-
clusive. — Cette réponse ne nous paraît pas très-satisfai-
sante; car on pourrait répliquer, ce nous semble, qu'au
moins la religion catholique, apostolique et romaine est la
religion du gouvernement, et qu'il n'est permis de rien
faire contre ce qu'il défend d'après cette religion. Cepen-

Cependant, le 14 janvier 1806, le gouvernement d'alors fit ou laissa publier dans toutes les
gazettes une lettre du secrétaire général du
ministre des cultes à M. l'archevêque de Bordeaux, conçue en ces termes :

« M. l'archevêque,

» J'ai la satisfaction de vous annoncer que
» S. M., en considération du bien de la reli-
» gion et des mœurs, vient d'ordonner qu'il
» serait défendu à tous les officiers de l'état ci-
» vil de recevoir l'acte de mariage du prêtre B.
» S. M. considère le projet formé par cet ec-
» clésiastique comme un délit contre la religion
» et la morale, dont il importe d'arrêter les
» funestes effets dans leur principe.
» Vous vous applaudirez sans doute, M. l'ar-
» chevêque, d'avoir prévu, autant qu'il était
» en vous, les intentions de S. M., en vous op-
» posant à la consommation d'un scandale dont
» le spectacle aurait affligé les bons et encou-
» ragé les méchans.
» J'écris à M. le préfet de la Gironde pour
» qu'il fasse exécuter les ordres de S. M. J'en
» fais également part à LL. EE. les ministres

dant on peut répondre encore que cette même religion défend également le divorce, et que pourtant il a fallu une
loi expresse (celle du 8 mai 1816) pour l'abolir.....

» de la justice et de l'intérieur. La sagesse d'une
» telle mesure servira à diriger l'esprit des ad-
» ministrations civiles *dans une matière que nos*
» *lois n'avaient point prévue.*

» Par ordre,

» *Le secrétaire général attaché au ministère,*

» Signé PORTALIS fils (1). »

M. Merlin qualifie cette lettre d'acte arbitraire et d'excès de pouvoir de la part de celui
qui était alors chef de l'État. Il en dit de même
d'une autre lettre, écrite, le 30 janvier 1807,
par le même ministre, au préfet de la Seine-
Inférieure.

Quoi qu'il en soit, cette question s'étant présentée à la cour royale de Paris, à l'occasion
du mariage du prêtre François Martin, célébré
le 22 février 1816, avec la demoiselle Joliot, il
y intervint arrêt, le 18 mai 1818, qui déclara
nul et de nul effet ce mariage, par les motifs
suivans :

« Considérant qu'il est constant que Martin
» était engagé dans les ordres sacrés ; que,
» jusqu'à la constitution de 1791, il était reçu
» en France, comme en tous pays catholiques,
» que l'engagement dans les ordres sacrés était

(1) Sirey, tom. 6, 2ᵉ part., pag. 71.

» un empêchement dirimant du mariage ; que
» ce principe n'a été détruit par aucune loi ex-
» presse, et que sa violation temporaire n'a été
» que l'effet d'une erreur par induction de la
» constitution de 1791, qui déclarait ne recon-
» naître aucun vœu religieux ou engagement
» contraire à la nature ; que cette erreur, qui,
» en la supposant erreur commune, protége
» l'effet des mariages antérieurs à la charte,
» a dû cesser nécessairement après la promul-
» gation de la charte, qui, en déclarant la reli-
» gion catholique, apostolique et romaine la
» religion de l'État, a restitué aux lois de l'É-
» glise la force des lois de l'État relativement
» aux ministres de la religion de l'État. »

La demoiselle Joliot se pourvut en cassation ;
mais cette cour, par arrêt du 7 janvier 1821,
s'abstint de prononcer sur la question soulevée.
Elle ne cassa l'arrêt de la cour de Paris que par
le motif que des collatéraux n'étaient recevables
à attaquer les mariages que dans les cas déterminés par la loi, par la combinaison de l'art.
184 avec les art. 25, 144, 147, 161, 162, 163,
191 et 348 du Code civil.

M. Merlin fait la critique des motifs de cet
arrêt, en regrettant qu'il se soit déterminé par
la fin de non-recevoir, et qu'il n'ait pas jugé
la question de validité de mariage. « Si la cour

» de cassation eût abordé ce moyen, dit-il; elle
» n'aurait sans doute trouvé *aucune ombre* de
» difficulté à le proscrire (1). »

Enfin, M. Toullier, dans la 3ᵉ édition de son
Cours de droit civil, publiée en 1821, livre 1ᵉʳ,
titre 5, nᵒ 560, s'exprimait en ces termes :
« Tant qu'il n'existera point de loi prohibitive,
» le mariage des prêtres sera valide aux yeux
» de la loi civile; et les enfans qui en naîtront
» seront légitimes. »

Après avoir recueilli tous ces documens, nous
nous contenterons d'observer que l'arrêt de la
cour de cassation du 22 janvier 1812 est un monument que l'on doit respecter jusqu'à ce qu'une
loi positive intervienne pour faire disparaître
tous les doutes, s'il en existe, sur cette question. L'intérêt de la morale et de la religion paraît exiger cette loi; mais jusqu'alors nous ne
pensons pas que les tribunaux puissent se permettre d'annuler le mariage des prêtres, ni les
officiers de l'état civil se refuser à le célébrer.
La légitimation des enfans opérée par ce mariage ne peut pas non plus être valablement attaquée.

(1) Cette réticence de la cour suprême peut n'être pas
sans intention : elle avait sous les yeux son premier arrêt,
du 22 janvier 1812, qui n'avait pas été rendu sans un
profond examen.

N° 8. La légitimation n'a point d'effet rétroactif. Ainsi , l'enfant légitimé par le mariage
postérieur à sa naissance ou à sa conception ,
ne devient capable de succéder qu'à compter du
jour de la célébration du mariage de ses père et
mère : il ne peut prétendre aucun droit aux
successions ouvertes avant cette époque. Tel est
l'avis de M. Toullier , n° 930. Tel était aussi celui
de M. Duveyrier, dans son rapport au corps législatif, du 2 germinal an 11. « L'effet de la légi-
» timation , disait-il , ne remonte pas à l'épo-
» que de la naissance de l'enfant. Elle ne peut
» opérer que du moment qu'elle existe ; elle
» n'existe que par le mariage qui la produit;
» tout ce qui s'est passé dans la famille du père
» ou de la mère avant leur mariage , est étran-
» ger aux enfans que ce mariage légitime. »
C'est ainsi que l'a décidé la cour de cassation ,
par arrêt du 11 mars 1811 , dans la cause des
héritiers Aubert-Hainault contre Guilbert (1).

N° 9. La légitimation peut avoir lieu même
par un mariage fait dans les derniers momens
du père et de la mère, et qu'on appelait autrefois mariage *in extremis*. Pour être bien convaincu de cette vérité, on n'a qu'à lire le discours du même orateur dans la même séance :

____

(1) Sirey , tom. 11 , 1re part. , pag. 129.

« La déclaration de 1639 avait déclaré inca-
» pables de toutes successions, c'est-à-dire illé-
» gitimes, les enfans nés de concubines que
» leur père épousait à leurs derniers momens.
» L'édit, plus sauvage encore, de 1697 étendit
» cette incapacité jusque sur les enfans qui pou-
» vaient naître de ces mariages. Ces lois, con-
» séquence jusqu'alors inconnue des plus ab-
» surdes préjugés, ne pouvaient exister qu'avec
» deux ou trois contradictions révoltantes. On
» supposait un mariage coupable, et on le dé-
» clarait légitime et indissoluble. On déclarait
» un mariage légitime, et on le privait de tous
» les effet de la légitimité. On voulait punir la
» faute du mariage, et on rassemblait tout le châ-
» timent sur ceux qui ne l'avaient pas commise.
» Il ne sera plus possible de renouveler ces ex-
» ceptions insensées, puisque le projet actuel, en
» ne les établissant pas, reconnaît que, si quel-
» ques mariages subséquens ont eux-mêmes
» un motif répréhensible, ils ne peuvent avoir,
» relativement aux enfans, qu'une cause hono-
» rable et légitime. »

N° 10. L'art. 39 de l'ordonnance de 1731 sur
les donations portait que la légitimation d'un
enfant naturel par mariage subséquent révoquait
de plein droit les donations entre vifs; mais il
ne disait pas s'il fallait que l'enfant fût né après

la donation ; d'où l'on décidait que la révocation avait lieu , soit que l'enfant fût né avant ou naquît après la donation. Tel était le sentiment de Boutaric. Ainsi, on jugeait sous l'ancienne ordonnance que la révocation avait lieu de plein droit, quoique la donation eût été faite après la naissance de l'enfant naturel légitimé. Arrèt de la cour de cassation, du 28 frimaire an 13 (1).

Mais aujourd'hui il en est différemment : l'art. 960 du Code civil dit positivement que , pour que la donation entre vifs soit révoquée de plein droit par la légitimation d'un enfant naturel , par mariage subséquent, il faut que cet enfant soit né depuis la donation. Par la raison des contraires, s'il est né avant , la donation ne sera pas révoquée par la légitimation. C'est le seul cas où la légitimation ait un effet rétroactif. La raison en est que l'on doit penser que si, au moment de la donation, le donateur avait cru qu'il lui surviendrait un enfant légitime ou susceptible d'être légitimé , il n'aurait pas voulu le déshériter d'avance pour transporter sa fortune hors de sa famille.

Nº 11. On sent de reste que personne ne peut être légitimé malgré soi ; de sorte que l'enfant légitimé peut quereller sa légitimation lors-

____

(1) Sirey, tom. 5, 1ʳᵉ part , pag. 184.

qu'elle lui donne un état contraire à son acte de naissance et à la possession d'état antérieure à la légitimation. C'est ce qui fut jugé par la cour royale de Paris, le 28 décembre 1811, en faveur d'Antoinette-Marie-Jeanne de l'Étang contre le sieur Tissidre (1). On vit dans cette cause une fille refuser de partager la succession de sa prétendue sœur, et, pour cela, désavouer la paternité de celui qui l'avait légitimée. On vit le prétendu frère de cette fille la poursuivre devant le tribunal de première instance et devant la cour royale, pour la contraindre à se reconnaître sa sœur. On ne sait pas quel est le motif d'intérêt qui la fit agir ainsi, ni même si elle en avait un. Elle se fonda sur son acte de naissance, du 25 juin 1784, dans lequel elle était rappelée comme fille de Marie-Magdelaine Mouroy et d'Antoine de l'Étang, tandis qu'elle avait été légitimée par Pierre Tissidre et Marie-Magdelaine Regnaud, dans l'acte de célébration de leur mariage, du 18 juillet 1791, comme étant provenue de leurs œuvres. Elle se fonda ensuite sur sa possession d'état conforme à son acte de naissance.

Nº 12. Ce que nous avons dit des enfans s'applique à leurs descendans. Ainsi, ces derniers

____

(1) Sirey, tom. 12, 1re part., pag. 67.

profiteront de la légitimation de leurs père et mère qui seraient légitimés même après leur décès.

~~~~~~

SECT. IIe. — *De la reconnaissance des enfans naturels.*

ARTICLE 334.

La reconnaissance d'un enfant naturel sera faite par un acte authentique, lorsqu'elle ne l'aura pas été dans son acte de naissance.

N° 1. La reconnaissance la moins équivoque et la plus solide est, sans contredit, celle qui résulte de l'acte de naissance dans lequel les père et mère de l'enfant déclarent qu'il est le fruit de leur commerce. Mais il arrive souvent que cette déclaration n'a point été faite dans l'acte de naissance. Elle peut alors être suppléée par une *reconnaissance postérieure.* Mais cette reconnaissance, pour être valable, doit être consignée dans un acte authentique, sans quoi elle ne pourrait profiter à l'enfant; l'acte qui la contient doit de plus être inscrit sur les registres de l'état civil, à sa date, et il doit en être fait men-
~~~~~~

tion en marge de l'acte de naissance, s'il en existe un, aux termes de l'art. 62. Cependant le défaut de cette dernière formalité ne vicierait pas la reconnaissance, parce qu'on peut la remplir en tous temps, attendu que la loi n'indique pour cela aucun délai fatal.

L'art. 334 suppose que la reconnaissance de l'enfant naturel est faite volontairement par ses père et mère. Il est pourtant des cas où l'enfant peut forcer ses père et mère à le reconnaître, comme nous le verrons dans les articles suivans.

On remarque la différence que le législateur a établie entre l'enfant naturel et l'enfant légitime. Celui-ci peut établir sa filiation par son acte de naissance; il peut même l'établir, à défaut de cet acte, par la possession constante de son état; en l'absence de l'un et de l'autre, il peut encore prouver sa filiation par témoins, suivant les articles 319, 320 et 323 : au lieu que l'enfant naturel doit rapporter une reconnaissance formelle faite par acte authentique et non sous seing privé.

Mais qu'entend-on par acte authentique? D'après l'art. 1317, « l'acte authentique est celui » qui a été reçu par officiers publics ayant le » droit d'instrumenter dans le lieu où l'acte a » été rédigé, et avec les solennités requises. » Mais, pour le cas particulier, on doit encore savoir quels sont les officiers publics qui ont le droit de rédiger une reconnaissance authentique.

N° 2. Les notaires ont incontestablement ce droit. On avait proposé au conseil d'état de ne l'accorder qu'aux officiers de l'état civil. Mais cette proposition fut rejetée; « elle aurait (dit
» M. Locré, dans son Esprit du Code civil, sur
» cet article, n° 2) empêché de tenir *l'acte secret*
» (1), facilité qu'il était cependant nécessaire de
» ménager aux parties. Elle était d'ailleurs sans
» intérêt. Pourvu que l'authenticité de l'acte fût
» bien assurée, et qu'il ne pût y avoir de fraude,
» *qu'importait par qui il fût reçu?* On a donc
» rejeté le système de la commission : l'art. 334
» se contente d'un acte authentique *quelcon-*
» *que.* »

Le droit accordé aux notaires résulte de l'article 1er de la loi du 25 ventôse an 11, qui

---

(1) L'acte notarié, quoique authentique, peut, en effet, être tenu secret, à cause de l'art. 23 de la loi du 25 ventôse an 11, qui porte que « les notaires ne pourront éga-
lement, sans l'ordonnance du président du tribunal de première instance, délivrer expédition *ni donner connais-sance des actes* à d'autres qu'aux personnes intéressées, en nom direct, héritiers ou ayant droit, à peine de dom-mages-intérêts, d'une amende de cent francs, et d'être, en cas de récidive, suspendus de leurs fonctions pendant trois mois; sauf néanmoins l'exécution des lois et régle-mens sur le droit d'enregistrement, et de celles relatives aux actes qui doivent être publiés dans les tribunaux. »

porte que « les notaires sont des fonctionnaires
» publics établis pour recevoir tous les actes et
» contrats auxquels les parties doivent ou veu-
» lent donner le caractère d'authenticité attaché
» aux actes de l'antorité publique. »

Le caractère d'authenticité d'un acte notarié
n'en subsiste pas moins, encore que l'enregistrement ait été bâtonné faute de paiement du
droit. Ainsi sera valide la reconnaissance d'un
enfant naturel contenue dans un acte semblable.
C'est ce que jugea la cour de cassation, le 16 décembre 1811, en faveur de l'enfant naturel que
Marie-Antoine avait eu du sieur Buisseret. « At-
» tendu, dit-elle, qu'il est reconnu en fait que
» l'enregistrement de l'acte du 29 floréal an 7
» a été complétement opéré, dans le délai utile,
» sur les registres du receveur de Soignies; qu'il
» en est résulté, en faveur de l'enfant naturel
» de la fille Antoine, un droit acquis que le re-
» ceveur n'a pas pu lui enlever en se permet-
» tant de bâtonner cet enregistrement, par le
» motif que le droit n'en a pas été payé, tandis
» que, pour le recouvrement de ce droit, il avait
» la voie de la contrainte, tant contre le notaire
» que contre la partie (1). »

Nous pensons qu'il doit en être de même

____

(1) Sirey, tom. 12, 1re part., pag. 81.

d'un acte signé par le notaire, les parties et les témoins, quoique le notaire ne l'ait pas soumis à l'enregistrement, sous prétexte qu'on ne lui aurait pas garni les mains pour l'accomplissement de cette formalité ou pour le paiement de ses honoraires, parce qu'il a la voie d'action contre les parties pour obtenir satisfaction ; d'ailleurs, la loi qui définit l'*authenticité* des actes ne parle pas de leur enregistrement, qui peut avoir lieu en tous temps, sauf les amendes encourues. Enfin, il n'y a de nullités, dans les actes notariés, que celles qui sont prononcées par l'art. 68 de la loi du 25 ventôse an 11, pour contravention aux dispositions qu'il rappelle.

M. Loiseau, *Traité des enfans naturels*, pag. 458, pense que les juges de paix ont aussi pouvoir de recevoir la reconnaissance des enfans naturels. « Le Code, dit-il, leur confère, art. » 355, la charge de recevoir des adoptions, qui » sont des actes de l'état civil. Or, comment » leur refuserait-il le pouvoir de recevoir une » reconnaissance d'enfant qui est de la même » nature ? » M. Malleville, sur l'art. 334, dit encore que, « pour que la reconnaissance soit » valable, il suffit qu'elle soit faite devant un » notaire, un *juge de paix,* ou un officier de » l'état civil. »

M. Merlin (1) n'admet la reconnaissance faite devant les juges de paix, que lorsqu'ils siégent en bureau de conciliation , ou lorsqu'ils exercent une juridiction contentieuse ; parce que , dans ces deux cas, ils peuvent constater par leurs procès-verbaux les aveux et les conventions des parties, ou leur donner acte, dans leurs jugemens , des déclarations qu'elles font ; mais , hors de ces deux hypothèses, M. Merlin ne pense pas qu'un juge de paix puisse valablement recevoir la reconnaissance d'un enfant naturel. Il dit que cet acte n'est point de juridiction volontaire , mais bien , par sa nature , *un acte de l'état civil.* Cependant , M. Merlin convient que, par rapport aux notaires, *il n'y a nulle difficulté :* ce sont ses expressions. Mais les notaires ne sont point des officiers de l'état civil; ils ne sont point chargés par la loi de recevoir des actes de l'état civil. Pourquoi donc établir, entre eux et les juges de paix, une différence que la loi n'a pas établie elle-même? et puis , en l'absence d'acte de naissance, la reconnaissance que ferait le père d'un enfant naturel est bien un acte de juridiction volontaire, puisqu'il ne pourrait autrement y être forcé, attendu, ainsi que nous le verrons sur l'art. 340,

(1) Tome 16 , au mot *Filiation,* page 349.

que la recherche de la paternité est interdite. La question se réduit à savoir si la reconnaissance ainsi faite dans un procès-verbal dressé *ad hoc* par le juge de paix, est ou n'est pas un acte authentique. La difficulté peut venir de ce que, suivant l'art. 54 du Code de procédure civile, les conventions des parties, insérées au procès-verbal du juge de paix, n'ont que force d'*obligation privée*. Mais cet article est sous le titre de la conciliation. Or, M. Merlin dit qu'il n'y a *point de doute* que les juges de paix puissent recevoir la reconnaissance d'un enfant naturel, quand ils siégent en *bureau de conciliation;* mais, dans l'espèce dont nous parlons, la reconnaissance n'est autre chose qu'un contrat *unilatéral,* aussi valable que tout autre contrat, suivant l'art. 1103 du Code civil. Le juge de paix est aussi capable de le retenir qu'il le serait de donner à un individu qui se présenterait volontairement à lui, acte de son aveu de devoir telle somme à un autre individu présent ou absent.

La cour d'Amiens a été bien plus loin, puisqu'elle a décidé qu'un simple greffier de juge de paix pouvait valablement recevoir la reconnaissance d'un enfant naturel (1). Voici ses motifs :

____

(1) Sirey, tome 22, 2ᵉ part., pag. 213, arrêt du 2 août 821, en la cause du sieur Bedin et de la demoiselle Lam...

« Considérant qu'il résulte du texte de l'art.
» 334 du Code civil et des discussions qui en
» ont précédé l'adoption, que le législateur,
» en exigeant que la reconnaissance d'un enfant
» naturel fût faite par un acte authentique,
» lorsqu'elle ne l'aurait pas été dans son acte de
» naissance, a voulu qu'un acte aussi précieux
» ne fût point abandonné à une si frêle garantie
» que celle qui résulterait d'un acte privé; que,
» pour offrir aux parties intéressées une ga-
» rantie contre la fraude, il a voulu que la date
» de cette reconnaissance fût constatée, et que
» l'acte fût conservé dans des dépôts publics;
» mais, que son intention a été d'ailleurs de
» faciliter les reconnaissances des enfans natu-
» rels, d'écarter les obstacles qui pourraient
» les empêcher, et même de ménager aux par-
» ties les moyens de tenir l'acte secret; qu'à
» cet effet, la loi a permis au père de faire con-
» stater sa reconnaissance par un acte authen-
» tique quelconque, et par tous fonctionnaires
» dont les actes sont déposés dans les dépôts
» publics;

» Considérant que le greffier d'une justice
» de paix est un officier public; que cet offi-
» cier a reçu de la loi le pouvoir de faire lui
» seul, et sans le concours du juge de paix, un
» grand nombre d'actes qui font foi en justice;

» Considérant que , dans l'espèce, la recon-
» naissance conjointement faite par Louis-Fran-
» çois Bedin et C..... A.... Lam.., le 15 juillet
» 1807, a eu lieu au greffe de la justice de paix
» du canton de G......; que le greffier a dressé
» le procès-verbal, qui a été signé par lui et par
» les parties présentes; que la minute en a été
» déposée et conservée avec celles des autres
» actes de la justice de paix, et enregistrée le
» 28 août suivant;

» Que, par l'accomplissement de ces forma-
» lités, l'acte dont il s'agit est devenu authen-
» tique, et a offert aux parties intéressées toute
» garantie contre la fraude;

» Considérant, d'ailleurs, que la loi n'exige
» point la présence de témoins dans les actes
» des greffiers, pas plus que dans les reconnais-
» sances d'enfans naturels, reçus par les offi-
» ciers de l'état civil, lorsqu'il ne s'agit point
» d'acte de naissance, de mariage ou de décès,
» et que, par conséquent, l'acte du 15 juillet
» 1817 est déclaré, sous ce rapport, à l'abri de
» toute critique légitime (1). »

(1) Voici, en deux mots, l'espèce de cet arrêt : le 15
juillet 1817, la demoiselle Lam.., assistée de sa mère,
comparaît au greffe de la justice de paix du canton de.....,
et déclare être enceinte de sept mois de Louis-François
Bedin, lequel, présent, reconnaît la vérité et la sincérité

Nous ne sachons pas que cet arrêt ait été attaqué en cassation (1).

N° 3. De ce que la loi veut que la reconnaissance de l'enfant naturel soit faite par un acte authentique, il devrait s'ensuivre que celle qui

de la déclaration de la demoiselle Lam.. ; en foi dequoi, les comparans signent, et, après eux, le greffier de la justice de paix. — Quelque temps après, le sieur Bedin épousa une autre femme. Alors la demoiselle Lam.. le cita devant le tribunal de Compiègne pour le faire condamner à fournir des alimens à son fils, jusqu'à ce qu'il fût en état de gagner sa vie. Le sieur Bedin contesta la reconnaissance pour défaut d'authenticité.

(1) Depuis la rédaction de notre ouvrage, nous avons appris le contraire. Mais le pourvoi contre cet arrêt a été rejeté par la cour suprême le 15 juin 1824. Sirey, tom. 24, 1re part., pag. 338. — Comme ce système est entièrement opposé à l'opinion de M. Merlin, nous croyons devoir rapporter les motifs sur lesquels il est fondé : « Attendu que,
» dans l'epèce de la cause, les parties ont volontairement,
» et d'un commun accord, choisi le greffier de la justice
» de paix du lieu de leur domicile pour recevoir leur dé-
» claration collective, contenant aveu de la grossesse de la
» demoiselle Lamotte et de la paternité du sieur Bedin ;
» que ce greffier, d'ailleurs, *est dans la catégorie des officiers*
» *publics qui ont le droit d'instrumenter dans ce lieu, et qui sont*
» *préposés à la garde d'un dépôt public ;* d'où il suit qu'en ju-
» geant, dans de telles circonstances, que le sieur Bedin
» n'était pas fondé à arguer de nullité ladite déclaration.,
» l'arrêt attaqué n'a violé aucune des lois invoquées à l'ap-
» pui de la demande en cassation. »

serait faite par acte sous signature privée ne peut être d'aucun effet (1).

Cependant M. Toullier, n° 951 , n'est point de cet avis ; voici comment il s'exprime : « En » disant, en général, que la reconnaissance sera » faite par un acte authentique , l'art. 344 ne » prononce point la peine de nullité ; il n'est » point conçu en forme de disposition prohi- » bitive. Or, on tient pour principe qu'il n'y » a que les lois prohibitives qui emportent de » plein droit la nullité des actes, lorsqu'ils ne » sont pas conformes à leurs dispositions.

» Suivant l'art. 1320, l'acte, soit authentique,

(1) Il faut pourtant en excepter celle de la mère , parce que l'acte sous seing privé qui la contient peut servir de commencement de preuve par écrit. Art. 341. Ainsi, la Cour de cassation a décidé, le 22 juin 1813, que, si la re- connaissance des enfans naturels doit , aux termes de l'art. 334, être faite par acte authentique, il n'en est pas le même de l'aveu que la mère peut joindre à la recon- naissance dans laquelle le père l'a désignée comme telle , soit parce que l'art. 336, relatif à cet aveu, ne l'exige pas ; soit parce que cet aveu , étant le complément de la recon- naissance authentique du père, doit participer à son au- thenticité ; « soit enfin parce que la recherche de la mater- nité étant admise, la loi ne peut pas être aussi sévère par rapport à la reconnaissance de la mère qu'à l'égard de celle du père , contre lequel cette recherche est interdite. » Sirey, tome 13, 1re part., page 281, dans la cause d'Eu- génie Carton contre la dame Parmentier.

» soit sous seing privé, fait également foi entre
» les parties. L'art. 1322 ajoute que l'acte sous
» seing privé, reconnu par celui auquel on l'op-
» pose, ou légalement tenu pour reconnu, a,
» entre ceux qui l'ont souscrit et leurs héritiers,
» *la même foi que l'acte authentique.*

» Tels sont, en matière de preuve, les prin-
» cipes généraux; et lorsque le Code a voulu y
» déroger, il a eu soin d'avertir que la disposi-
» tion dérogatoire serait observée sous peine
» de nullité. C'est ainsi que l'art. 931 ne s'est
» pas contenté de dire que les donations seront
» passées devant notaires; il ajoute *sous peine*
» *de nullité.*

» Cette peine n'étant point prononcée par
» l'art. 334, qui porte que la reconnaissance
» sera faite *par acte authentique,* il semblerait
» avoir laissé les reconnaissances sous seing
» privé dans les termes du droit commun.

» On objecte que la recherche de la paternité
» est interdite ; mais cette objection n'est point
» pressante. L'enfant reconnu par un acte
» sous seing privé n'a point à rechercher son
» père, le père s'est fait connaître volontaire-
» ment par un acte qu'il ne peut rejeter : s'il
» contestait la signature, la demande de véri-
» fication ne serait point une recherche de pa-
» ternité ; la question serait de savoir si le père

» a signé ou non l'acte qu'on lui présente. Un
» acte authentique peut aussi faire naître cette
» question.

» L'orateur du gouvernement donne pour
» motif à la disposition de l'art. 334 , qu'il faut
» une reconnaissance authentique pour que les
» familles soient à l'abri de toute surprise. Mais
» sont-elles moins à l'abri des surprises, quand
» la reconnaissance est consignée dans un écrit
» sous seing privé , fait avec réflexion, écrit par
» le père, déposé, par exemple, chez un notaire?

» Si la reconnaissance faite sous seing privé
» est nulle , elle ne donnera pas aux enfans re-
» connus même une action en alimens ; car la
» paternité est indivisible. Un homme ne sau-
» rait être père pour un cas et ne l'être pas
» pour l'autre ; c'est un principe consacré par
» la cour de cassation.

» Il y a donc de fortes raisons pour penser
» que les reconnaissances sous seing privée ne
» sont pas nulles. »

Ces raisonnemens nous paraissent victorieu-
sement repoussés par la réponse suivante de M.
Merlin , tom. 16, au mot *Filiation* , pag. 356 :

« Il nous semble que, en raisonnant ainsi,
» M. Toullier s'écarte de son exactitude ordi-
» naire.

» Sans doute la reconnaissance faite par un

» acte sous seing privé n'est pas viscéralement
» *nulle*, mais elle n'est pas légalement *pro-*
» *bante*, parce qu'elle n'offre pas à la loi la
» preuve que c'est avec réflexion, de sa propre
» volonté, et en pleine connaissance de cause,
» que le père l'a souscrite. Qu'importe, dès-
» lors, qu'elle ne soit pas frappée d'une nullité
» viscérale, comme l'est une donation entre
» vifs qui n'a pas été passée devant notaire?
» Elle est du moins insuffisante par elle-même
» pour constater la volonté libre et éclairée du
» prétendu père ; et, d'après cela, il est bien
» impossible que la vérification qui en est faite
» en justice en répare l'insuffisance.

» Que, dans les matières ordinaires, la véri-
» fication qui est faite en justice d'un acte sous
» seing privé, sur la dénégation qu'en fait celui
» à qui on l'oppose, lui imprime le même de-
» gré de force que s'il était authentique, cela
» est tout simple : la partie qui dénie sa pré-
» tendue signature apposée à cet acte, est obli-
» gée de l'avouer ou de la dénier, et sa déné-
» gation entraîne de plein droit la nécessité de
» procéder à une vérification d'écriture. Ici,
» au contraire, l'auteur de la reconnaissance
» sous signature privée n'est tenu de l'avouer
» ni de la dénier ; il peut même, en l'avouant,
» soutenir qu'il l'a souscrite sans réflexion et

» par surprise. La question n'est donc pas seu-
» lement de savoir *s'il a signé ou non l'acte*
» *qu'on lui présente ;* mais si c'est de sa libre
» volonté, si c'est avec réflexion, si c'est en
» pleine connaissance de cause qu'il la signé. Or,
» là-dessus, sa déclaration doit faire loi aux
» tribunaux. »

D'ailleurs, on peut ajouter que la loi ayant
prescrit certaines conditions pour constater
l'état des hommes, cet état ne peut être reconnu lorsque ces conditions manquent. Ainsi, la
loi ayant dit que la reconnaissance des enfans
naturels sera faite (et non *pourra* être faite)
par un acte authentique, lorsqu'elle ne l'aura
pas été dans les actes de naissance, si l'acte n'est
pas authentique, il n'y a point de reconnaissance
légale.

M. Merlin pense par suite que l'avération que
ferait en justice l'auteur d'une reconnaissance
sous seing privé, sans se plaindre qu'elle lui a
été surprise, mais aussi sans convenir qu'elle
est l'expression de sa volonté, serait inutile à
l'enfant. En effet, il n'y aurait jamais que le fait
de l'écriture, et non la paternité, qui serait reconnu. Aussi ne partageons-nous pas l'opinion
contraire de la cour de Paris, dans son arrêt du
25 prairial an 13. Sirey, tom. 7, 2ᵉ part., pag. 4.

Mais M. Merlin pense également qu'il en serait autrement si l'auteur de l'écrit déclarait positivement en justice qu'il l'a souscrit de sa pure et libre volonté, et qu'il y persisté.

Nous le pensons de même sans difficulté, parce que, dans ce cas, la reconnaissance ne dérive plus de l'écrit, mais du jugement dans lequel elle est renouvelée. Or, un jugement est bien, sans contredit, un titre authentique. C'est ce qu'ont décidé la cour de Grenoble, par arrêt du 15 thermidor an 13, et la cour de Colmar, par arrêt du 24 mars 1813 (1) (2).

M. Loiseau, pag. 459 et 460, ne disconvient pas de ce principe; mais il prétend que, d'après la règle générale qui interdit la recherche de la

______

(1) Sirey, tome 14, 2ᵉ part., pag. 2. Nous devons à la vérité de dire que, dans l'espèce du second arrêt, Gilmann (Casimir) n'avait pas déclaré précisément, dans l'acte de naissance de l'enfant, qu'il fût son père; mais il avait ainsi signé cet acte, *Casimir Gilmann* PÈRE. La cour de Colmar se fonda non-seulement sur cette circonstance, mais encore sur ce que le jugement de première instance portait que Gilmann avait fait à l'audience l'aveu de sa paternité. Elle ne l'admit pas à rétracter cet aveu.

(2) Mais, hors ce cas, l'acte sous seing privé ne devient pas authentique par sa remise dans un dépôt public. Arrêt de la cour de Pau, du 18 juillet 1810, Sirey, tome 11, 2ᵉ part., pag. 12. — Il en est de même d'une lettre missive vérifiée. Arrêt de la cour d'Amiens, du 9 nivôse an 12, Sirey, tom. 7, 2ᵉ part., pag. 937.

paternité, « toute reconnaissance qui serait l'ef-
» fet de poursuites judiciaires, qui aurait seule-
» ment été provoquée par des actes extrajudi-
» ciaires de la part, soit de l'enfant, soit de la
» mère, soit de ses parens, soit même d'étran-
» gers, serait radicalement nulle. »

Cela était vrai sous l'ancienne législation, qui permettait la recherche de la paternité (1); mais cela ne peut plus être sous le Code civil; parce que, d'après le principe qu'il a introduit, nul ne peut être contraint à reconnaître un enfant naturel qu'il ne juge pas à propos d'avouer. C'est ce qui a été formellement jugé par la cour de Grenoble le 15 thermidor an 13, par la cour de Pau le 5 prairial de la même année, et par la cour de cassation le 6 janvier 1808, dans la cause de Jean-Baptiste Picot (2). Ce principe avait été déjà introduit par la loi du 12 brumaire an 2, ainsi que ce dernier arrêt le déclare. La même cour suprême a rendu la même décision, le 27 août 1811, en faveur de la dame Cabanon contre le sieur Carayon (3). Pour annuler une

(1) Comme on peut le voir par l'arrêt de la cour de Grenoble du 5 mars 1810, à l'occasion d'une reconnaissance faite, en 1792, sur des poursuites judiciaires faites par Catherine Virot contre Pierre Millet. Sirey, tome 10, 2e part., pag. 134.

(2) Sirey, tom. 8, 1re part., pag. 86.

(3) *Idem*, tom. 12, 1re part., pag. 13.

pareille reconnaissance , il faudrait prouver qu'elle est le fruit du dol , de la surprise, de la violence ou de l'erreur , conformément aux articles 1109 et suiv. du Code civil. *Vid.* aussi M. Toullier, n° 963.

N° 4. Peut-on regarder comme authentique une reconnaissance sous seing privé , par cela seul qu'elle aura été volontairement déposée , entre les mains d'un notaire avec réquisition, signée de l'auteur de la reconnaisance et reçue par le notaire lui-même , de la ranger parmi ses minutes? M. Toullier prononce l'affirmative, n° 951. M. Merlin est du même avis, tom. 16, pag. 357. Mais M. Loiseau ne partage pas cette opinion. « Déposer un acte privé chez un notaire,
» dit-il, ce n'est pas le rendre authentique. Ce
» dépôt sert bien à le conserver, à lui donner
» une date certaine; mais il ne lui confère point
» une autre nature , et ne répare pas le vice
» dont il est atteint. C'est toujours une recon-
» naissance privée et défectueuse que l'on charge
» le notaire de garder; c'est un dépôt authen-
» tique d'une pièce nulle. Il faut que le dépôt
» lui-même contienne la reconnaissance. »

M. Merlin dit que ce ne sont là que *de pures subtilités.* Aux nombreuses et excellentes raisons qu'il donne pour le prouver , nous croyons devoir ajouter celle-ci : Que fait l'auteur de la re-

connaissance privée, en la présentant au notaire, en la déposant dans ses minutes, en signant
l'acte de dépôt? Il lui déclare que cette pièce
est son ouvrage ; qu'il la reconnaît pour son
ouvrage ; qu'il veut qu'elle soit conservée comme
étant son ouvrage. C'est comme s'il répétait
mot à mot au notaire l'entier contenu en cet
acte sous seing privé, et que le notaire, sous sa
dictée, en dressât le contrat. Ne sent-on pas
d'ailleurs qu'il faut favoriser le secret de ces
sortes de déclarations, sans quoi l'on verrait
beaucoup d'enfans continuer de demeurer dans
l'obscurité de leur état? *Vid.* le second motif de
l'arrêt de la cour de cassation du 3 septembre
1806 (1).

Mais il en serait différemment si la reconnaissance était faite devant l'officier de l'état civil, en vertu d'une procuration sous seing privé;
il faudrait que la procuration fût publique et,
par conséquent, authentique. Autrement, elle ne
saurait avoir plus de force qu'une reconnaissance privée. On ne serait même pas admis à
procurer au mandat l'authenticité judiciaire
par la vérification des écritures et signatures.
Ainsi l'a jugé la cour de Riom, le 26 février
1817, contre Émile, réclamant la qualité d'en-

____

(1) Sirey, tome 6, 1re part., pag. 409.

fant naturel du général d'Estaing. Ainsi l'a jugé la cour royale de Paris, le 2 janvier 1819, dans la cause du sieur Lefebvre-de-Compigny et des héritiers Compigny (1).

N° 5. Que doit-on décider d'une reconnaissance faite par un testament olographe? Cet acte peut-il être réputé authentique ?

Si le testament est déposé sous la forme mystique, par le testateur lui-même, dans l'étude d'un notaire, il pourrait bien, par ce seul fait, être réputé authentique, d'après ce que nous venons de dire pour les reconnaissances sous seing privé

(1) Sirey, tom. 18, 2ᵉ part., pag. 25, et tom. 19, 2ᵉ part.; pag. 146. — Si la reconnaissance du sieur de Compigny fut validée par ce dernier arrêt, c'est parce qu'elle avait été renouvelée dans le testament *public* de son père, ainsi que s'en est formellement expliquée la cour de Paris. — Cet arrêt a jugé aussi, comme l'on voit, qu'une reconnaissance peut fort bien être faite par un testament public, qui est un véritable acte authentique, puisqu'il est reçu par un officier public. Peu importerait que le testament eût été fait dans les derniers instans de la vie du père. On avait bien ajouté à l'art. 334 une disposition ainsi conçue : *Néanmoins la reconnaissance du père est nulle, si elle a été faite dans le cours de la maladie dont il est décédé, et s'il n'a pas survécu vingt jours à l'acte.* Mais cette disposition de la commission fut retranchée, sur l'observation de la cour de Bruxelles, *qu'il importe d'assurer autant qu'il est possible l'état et le sort des enfans.*

en général (1). Mais si le testament a été conservé par le testateur dans ses papiers, ou remis
à l'enfant, celui-ci sera-t-il admis à en faire vérifier l'écriture et la signature en cas de dénégation ; et, cette vérification faite, pourra-t-il dire
que la reconnaissance contenue dans cet acte est
authentique dans le sens de la loi?

Cette question présente aujourd'hui de graves
difficultés.

M. Loiseau, pag. 465 de son Traité, soutient
la négative, et voici comment il raisonne :

« Suivant l'art. 1317, l'acte authentique est
» celui qui a été reçu par des officiers publics,
» ayant caractère pour instrumenter, et avec les
» solennités requises. Or, d'une part, un tes-
» tament olographe est l'ouvrage d'un simple
» particulier; et de l'autre, d'après l'art. 970, il
» n'est assujetti à aucune forme. C'est par cette
» raison que le porteur d'un pareil acte est obligé
» de se faire envoyer en possession (art. 1008 du
» Code civil), tandis que l'héritier institué par
» un testament solennel est dispensé de cette
» formalité, et se trouve saisi de plein droit.
» C'est par cette raison encore qu'il faudrait
» passer à l'inscription de faux pour attaquer
» un testament public; tandis que, à l'égard du

(1) *Vid.* l'arrêt de la cour de cassation, du 3 septembre
1806, cité *infrà*.

» testament olographe, l'on peut se contenter
» de méconnaître les écriture et signature du
» testateur, et subir l'épreuve de la vérification
» prescrite par l'art. 193 du Code de procédure
» civile. »

M. Merlin répond qu'autrefois, et d'après la coutume de Paris, les testamens olographes étaient appelés *solennels*. L'art. 289 s'exprimait, en effet, ainsi : *Pour réputer un testament* SO-LENNEL *, est requis qu'il soit écrit et signé du testateur, ou qu'il soit passé par-devant deux notaires.* Or, suivant l'arrêt précité du 3 septembre 1806, cette coutume confiait au testateur, *et son autorité pour disposer, et un caractère pour rédiger sa volonté.* Sans contredit, un testament olographe est un acte sous seing privé ; mais c'est un acte sous seing privé qui, lorsque l'écriture et la signature en sont reconnues ou vérifiées, est censé exprimer la volonté avec la même *solennité* qu'un testament par acte public ; et dès-lors comment refuser un caractère d'authenticité aux déclarations qu'il contient ? Les testamens olographes ne sont pas des actes sous seing privé, qui n'offrent qu'une *frêle garantie ;* ils sont, comme les actes revêtus de la plus grande authenticité, conservés dans des dépôts publics. A l'appui de ce raisonnement, M. Merlin cite encore l'arrêt du 3 septembre 1806.

M. Toullier, n° 953, dit aussi que « le Code
» civil confère au testateur la même autorité et le
» même caractère. On ne peut donc douter que
» la reconnaissance d'un enfant naturel portée
» par un testament olographe fait sous l'empire
» du Code, ne soit valide et légale. »

Nous craignons d'être accusés d'une orgueil-
leuse témérité, en manifestant une opinion contraire à celle de ces deux grands jurisconsultes.
Cependant, nous devons dire ce que nous pensons, en protestant que l'amour de la vérité dicte
seul nos observations critiques.

Pourquoi la coutume de Paris appelait-elle le
testament olographe *solennel?* était-ce à cause
de l'importance de son objet et du temps auquel
le testateur portait sa pensée? était-ce parce qu'il
y a, en effet, de la solennité dans l'action par
laquelle l'homme dispose seul et sans intermédiaire pour une époque où il n'existera plus?
Mais cette expression de sa dernière volonté, *de
quelque manière qu'elle fût manifestée*, a toujours
été protégée par un respect religieux. *Dicat tes-
tator, et erit lex.* La dénomination de *solennel*
avait été donnée au testament *écrit* par opposition au testament *nuncupatif*, pour l'essence et
la validité duquel l'écriture n'était pas nécessaire;
il suffisait que le testateur déclarât sa volonté
en présence de sept témoins convoqués pour

cela. *L. hac consultissima* 21, § 2, *et lib.* 26, *Cod. de Testam.* C'est ce qui fait dire à Furgole (1) que, « par l'usage du droit romain nouveau, » il n'y a, à proprement parler, que deux sortes » de testamens ; savoir, le testament *écrit* ou » *solennel*, et le testament nuncupatif. » Mais alors, comme aujourd'hui, toutes sortes d'écritures n'étaient pas authentiques. « Actes authenti- » ques, dit Ferrière dans son Dictionnaire de » droit, sous ces mots, sont ceux auxquels on » ajoute foi en justice, à cause qu'ils sont revêtus » de toutes les formes qui leur sont prescrites, *et* » *qu'ils ont été passés par des personnes publi-* » *ques*. Ainsi, on ne peut se pourvoir contre un » tel acte que par l'inscription de faux. » L'article 1317 du Code civil contient à peu près la même définition. Mais, d'après M. Merlin lui-même, le mot *olographe* est composé de deux mots grecs qui signifient *écriture privée*. Comment donc accorder à une écriture privée le caractère d'authenticité qui n'appartient qu'à l'écriture publique ? Dans notre hypothèse, le testament olographe est solennel parce qu'il est écrit ; mais il n'est pas authentique parce qu'il est solennel. Ces deux qualifications n'ont pas à beaucoup près le même sens.

(1) Traité des testam., tom. 1, pag. 12.

Voyons ce qu'a décidé la cour de cassation par son arrêt du 3 septembre 1806. Nous transcrivons ses motifs :

« Considérant, sur le troisième moyen, que, » en regardant comme suffisante la reconnais- » sance de l'enfant naturel dont il s'agit, portée » par un testament olographe fait à Paris, ré- » puté solennel par l'art. 289 de la coutume, » qui confiait au testateur, et son autorité pour » disposer, et un caractère pour rédiger sa vo- » lonté, testament *qui d'ailleurs avait été re-* » *mis à un notaire par le* TESTATEUR LUI-MÊME, » et qui, placé au rang des minutes de ce notaire » après le décès du testateur, et *même avant la* » *publication du Code civil,* ainsi qu'il est justi- » fié par les procès-verbaux des 7 et 12 vendé- » miaire an 11, avait acquis tous les caractères » d'un acte authentique, l'arrêt attaqué a fait une » juste application de l'art. 334 du Code civil. »

Le testament olographe de l'adjudant-commandant Andrieu, dont il s'agissait dans cette espèce, avait été remis à un notaire *par le tes- tateur lui-même ;* ainsi le constate l'arrêt. Cette circonstance fait donc sortir la question des termes dans lesquels nous l'avons placée. Nous ne voyons pas comment cette décision pourrait étayer l'opinion de MM. Merlin et Toullier. Et puis encore il faut bien remarquer le soin qu'a eu

la cour de cassation de dire que le testament olographe avait été fait et déposé *avant la publication du Code civil*, et que c'était l'art. 289 de la
coutume de Paris qui le réputait solennel. Elle
n'aurait certainement pas fait cette double observation si elle avait pensé que l'on pût réputer
solennel, sous le Code civil, un testament olographe, dans le sens que pouvait attacher à ce mot
la coutume de Paris.

Pourquoi, d'un autre côté, attacherait-on
plus d'importance à un testament olographe qu'à
un autre écrit privé? n'est-il pas aussi facile de
surprendre l'un que l'autre, par le dol, la fraude
ou la violence ? la séduction d'une femme, la
crainte d'encourir sa haine, d'en ressentir les effets, ne peuvent-elles pas imposer silence à toute
réclamation que serait tenté de faire, pendant sa
vie, l'auteur d'un pareil testament? Et cependant, on le sait, toute reconnaissance d'enfant
naturel doit être libre, et ne pas devoir son existence à une cause qui pourrait gêner nòtre volonté.

« Pourquoi, dit M. Chabot (1), le législateur
» a-t-il exigé par l'art. 334 que la reconnaissance
» fût faite par acte authentique? C'est que, éclairé
» par une longue expérience, et craignant que,

(1) Comment. sur le titre des Successions, art. 256.

» à l'aide d'un écrit furtif, on ne parvînt à faire
» reconnaître un enfant naturel par un homme
» faible ou trompé, qui réellement n'en serait
» pas le père, il a voulu que les reconnaissances,
» pour être valables, fussent pleinement libres
» et bien réfléchies. »

M. Lahary, l'un des orateurs du tribunat, a
prévu et résolu la question : « Un acte aussi im-
». portant qu'une reconnaissance, dit-il, ne pou-
» vait être abandonné à une aussi frêle garantie
» que celle qui résulte d'un acte privé. Il était
» digne de la sollicitude du législateur d'exiger
» qu'il fût conservé *dans des dépôts publics.* »

Tout ce que l'on peut dire du testament olographe, c'est qu'il fait foi par lui-même de sa
date, ainsi que l'a dit un autre arrêt de la cour
de cassation, du 11 juin 1810 (1) ; c'est qu'il
est *solennel* dans le sens du droit romain, adopté
par la coutume de Paris. Mais nous ne pourrons
jamais nous déterminer à croire que ce soit un
acte authentique dans le sens de l'art. 334 du
Code civil (2).

(1) Sirey, tom. 10, 1ʳᵉ part., pag. 289.

(2) Il nous paraît difficile de critiquer justement l'arrêt
de la cour d'Angers du 25 thermidor an 13, qui l'a décidé
ainsi. *Vid.* Sirey, tom. 6, 2ᵉ part., pag. 728. Quoiqu'il
s'agît dans cet arrêt d'un testament fait en l'an 3, il était
toujours postérieur à la loi du 12 brumaire an 2, qui avait

N° 6. Lorsque le père a valablement reconnu son enfant naturel, peut-il révoquer sa reconnaissance ? Nous ne le pensons pas. L'enfant a un titre acquis par l'aveu de son père : il faudrait prouver que cet aveu a été arraché à ce dernier par surprise, dol ou violence (1). Il ne nous paraît pas plus que la reconnaissance pût être rétractée par la révocation du testament qui la contiendrait, à moins que la révocation ne portât taxativement sur cet objet : nous sommes fondés à raisonner ainsi à cause de l'art. 1306. C'est ce qu'a jugé la cour d'Aix le 12 avril 1806. Cet arrêt est rapporté au Journal des audiences de

aboli la recherche de la paternité. *Vid.* aussi l'arrêt de la cour de Rouen du 20 juin 1817, même Recueil, tom. 17, 2ᵉ part., pag. 423. Le testament olographe fut déclaré nul comme reconnaissance, non valable comme disposition en faveur d'un individu désigné. Il nous semble que l'on ne peut plus conserver le moindre doute à la vue de l'arrêt de la cour de cassation du 16 mai 1809. Sirey, tom. 9, 2ᵉ part., pag. 377. Cet arrêt a positivement décidé qu'un écrit sous seing privé reçu dans un dépôt public, *mais dont l'écriture est sujette à vérification*, n'est point un acte authentique. *Vid.* aussi un arrêt de la cour de Limoges du 27 août 1811, même Recueil, tom. 12, 2ᵉ part., pag. 237.

(1) Arrêt de la cour de Pau, du 5 prairial an 13, qui l'a ainsi décidé, Sirey, tom. 6, 2ᵉ part., pag. 8; — arrêt de la cour de Toulouse, du 24 juillet 1810, dans la cause Cabanon, même Recueil, tom. 11, 2ᵉ part., pag. 105.

la cour de cassation , année 1806 , supplément,
pag. 1.

N° 7. En général , les mineurs ne sont pas
capables de conventions à cause de la faiblesse
de leur âge, qui les expose à la captation , à la
surprise. Cependant, un mineur peut valablement reconnaître un enfant, parce qu'il ne fait
que remplir un devoir naturel. L'ordre public et
l'intérêt des mineurs sont suffisamment assurés
par l'art. 339 , qui permet de contester la reconnaissance lorsqu'elle n'a pas été l'effet d'une
volonté libre. C'est ce que décida la cour de cassation, par arrêt du 22 juin 1813, dans la cause
d'Eugénie Carton. *Vid. sup.* Ses motifs furent :
1° que l'art. 334 et suivans, concernant la reconnaissance de l'enfant naturel, ne distinguent
pas entre les majeurs et les mineurs, pour n'admettre la reconnaissance qu'autant que le père
qui la consent est majeur ; 2° que les inconvéniens, graves sans doute, qui peuvent résulter
de la facilité de surprendre une reconnaissance
à la faiblesse de l'âge et à l'inexpérience du mineur, disparaissent devant la disposition de l'art.
339, qui confère à tous ceux qui y ont intérêt le
droit d'attaquer la reconnaissance de l'enfant naturel, et, par suite, aux tribunaux celui d'annuler
cette reconnaissance ; 3° que d'ailleurs, d'après
l'art. 1310, le mineur n'est pas restitué contre

les obligations résultant de son délit ou quasi-délit; que le père qui reconnaît son enfant naturel ne fait autre chose que réparer une faute ou quasi-délit par lui commis, et qu'en cette matière l'aveu du mineur est recevable, et n'ouvre en sa faveur aucune action en restitution contre cet aveu.

Ces motifs indiquent assez que le mineur n'a pas besoin d'être assisté pour cela d'un curateur, ainsi que l'a jugé d'ailleurs la cour d'Aix, par arrêt du 3 décembre 1807 (1).

N° 8. On avait élevé la question de savoir si l'on pouvait reconnaître un enfant naturel avant sa naissance, et lorsqu'il n'est encore que conçu. Pour la négative, on disait : L'art. 334 porte que l'enfant naturel sera reconnu par un acte authentique, *lorsqu'il ne l'aura pas été par son acte de naissance*. Il résulte de ce texte que l'enfant naturel ne peut être reconnu qu'autant que l'acte de naissance est muet sur la paternité, et, par suite, après cet acte de naissance et l'accouchement de la mère.

Mais M. Locré, dans son Esprit du Code civil, tom. 4 de l'édition in 4°, pag. 179, dit que « la reconnaissance peut être faite *avant* ou » après la naissance de l'enfant. La commission

____

(1) Sirey, tom. 7, 2ᵉ part., pag. 693.

» voulait qu'elle fût valable dans les deux cas.
» Ce système, ajoute-t-il, a passé dans l'art. 334,
» lequel ne contenant point de restriction, et
» ne fixant pas l'époque où la reconnaissance
» devra être faite, l'admet dans tous les temps. »
Pourquoi, dit-il encore, refuserait-on à un homme qui a la conviction de sa paternité, le droit
d'obéir à sa conscience, même avant que l'enfant
ne soit né ? Les circonstances peuvent l'obliger
à s'éloigner avant ce terme ; une maladie grave
peut le surprendre, et ne pas lui laisser le temps
d'attendre l'accouchement de la mère. Ce système, tout plein de sagesse et de justice, fut
consacré par la cour de cassation, par l'arrêt
précité du 11 décembre 1811, rendu dans la
cause de l'enfant naturel de Buisserat et de Marie Anthoine.

N° 9. Dans une reconnaissance d'enfant naturel, l'enfant doit être désigné par tous les caractères propres à en établir l'individualité. Ainsi,
la reconnaissance par laquelle le père déclare
seulement *qu'il a un enfant naturel,* n'est d'aucun effet. La preuve des soins donnés par le père
à une mère et à un enfant, ne peut être admissible pour établir *l'identité* de l'enfant soigné
avec l'enfant reconnu. La raison en est que ce
serait autrement permettre la recherche de la
paternité défendue par l'art. 340, tandis que

l'art. 334 n'admet qu'une reconnaissance par écrit et par écrit authentique. C'est ce que jugea fort bien la cour de Lyon, par arrêt du 29 ventôse an 12 (1).

A plus forte raison, comme nous l'avons dit précédemment, à défaut de toute reconnaissance écrite et authentique, la preuve de la possession d'état ne saurait être admise pour la remplacer. Elle n'a été introduite que pour établir la filiation légitime, et elle n'a pas été ni pu être reproduite pour les enfans naturels; c'eût été tomber en contradiction avec l'art. 340.

N° 10. Lorsque la reconnaissance est authentique et clairement indicative, et que l'identité seulement est contestée, cette identité peut être établie par témoins. Ce n'est point, en effet, rechercher la paternité que de prouver que l'individu désigné dans l'acte de reconnaissance est le même que celui qui veut s'appliquer cet acte. On n'assimile point pour cela l'enfant naturel à l'enfant légitime; car celui-ci peut établir son identité par la possession d'état, à défaut de titre, conformément à l'art. 321, tandis que, pour user de la même faculté, celui-là a besoin d'un titre et d'un titre authentique. C'est ce qui paraît d'ailleurs suffisamment résulter de l'art. 339.

(1) Sirey, tom. 4, 2e part. , pag. 652.

Ajoutons que, pour l'enfant légitime, l'acte de naissance prouve la filiation, tandis que l'enfant naturel ne peut s'en servir utilement que lorsqu'il contient une reconnaissance formelle. Telle est la disposition de l'art. 334. Il le pouvait avant la loi du 12 brumaire an 2, qui a aboli la recherche de la paternité, ainsi que la cour de cassation l'a décidé le 14 floréal an 13, dans la cause Méricourt (1).

N° 11. Suivant l'art. 203, les père et mère contractent, par le seul fait du mariage, l'obligation de nourrir leurs enfans légitimes. Mais, comme la même disposition n'est point répétée dans le chapitre des enfans naturels, on doutait que ceux-ci eussent le droit de demander des alimens à leurs père et mère, quoique ces derniers les eussent légalement reconnus. Mais on a considéré que la nature elle-même, indépendamment de toute loi positive, impose aux pères l'obligation de fournir des alimens à leurs enfans, et que cette obligation, qui dérive nécessairement de la paternité, s'applique au père qui a reconnu son enfant naturel, comme au père d'un enfant légitime; que la *Novelle* 89, chap. 12, donnait, à cet égard, les mêmes droits aux enfans naturels qu'aux enfans légitimes, et qu'ils leur étaient

____

(1) Sirey, tom. 5, 1re part., pag. 321.

accordés également en France par une jurisprudence constante et uniforme ; qu'à la vérité, le
Code ne contient aucune disposition expresse ,
quant aux alimens, en faveur des enfans naturels
reconnus ; mais que, dans le silence des lois po-
sitives, il faut recourir au droit naturel; que les
articles 756 et 757 ne s'occupent que de la *succession*, et que, suivant la maxime du droit, *vi-
ventis nulla est hœreditas*, ils devaient nécessairement supposer le décès des père et mère de
l'enfant naturel, pour régler leur succession ;
qu'au surplus, ils ne déclarent pas que l'enfant
naturel n'aura de droit sur les biens des père et
mère *qu'après leur décès;* qu'il décide seulement
que, pour avoir des droits sur les biens des père
et mère après leur décès, il faut qu'il ait été légalement reconnu ; mais qu'il n'en résulte pas
que le père vivant ne doive pas d'alimens à l'enfant naturel qu'il a reconnu; qu'on ne peut et ne
doit pas supposer que les auteurs du Code civil
aient voulu affranchir les pères naturels de la
dette la plus sacrée, du devoir le plus impérieux
de la paternité ; qu'en effet, l'un des rédacteurs
du Code civil, en parlant au nom du gouvernement, sur le titre *de la paternité et de la filiation*, disait que la loi serait à la fois et impuis-
sante et barbare, qui voudrait étouffer le cri de
la nature entre ceux qui donnent et ceux qui

reçoivent l'existence, et que les pères ont, envers leurs enfans naturels, des devoirs d'autant plus grands, qu'ils ont à se reprocher leur infortune; qu'il résulte d'ailleurs de plusieurs dispositions du Code, qu'il n'a pas eu réellement l'intention de refuser des alimens aux enfans naturels reconnus; qu'avant les lois nouvelles, l'enfant naturel ne succédait jamais à son père, et que cependant il avait le droit de lui demander une pension alimentaire; que dans le droit romain il succédait, mais que la successibilité ne faisait point obstacle à la demande en alimens, et que le Code ayant accordé à l'enfant naturel des droits sur la succession de son père qui l'a reconnu (art. 756, 757 et 758), ayant même donné au père la succession de son enfant décédé sans postérité (art. 765), on doit conclure de ces rapports établis entre le père et l'enfant, qu'ils se doivent mutuellement des alimens pendant leur vie; qu'enfin, ce qui ne permet plus de doute à cet égard, c'est que le Code ayant expressément accordé, par l'art. 762, des alimens aux enfans adultérins ou incestueux, il serait contradictoire qu'il en eût refusé aux enfans nés de personnes libres, qui sans doute sont bien plus favorables, et qu'en effet il a traités avec beaucoup plus de faveur; que déjà la cour a décidé en faveur d'un enfant naturel, par arrêt du

16 novembre 1808, et qu'elle doit maintenir cette décision, qui est conforme au vœu de la nature, à la morale, à la justice et au véritable esprit de la législation. Tels sont les motifs de la cour de cassation dans son arrêt du 27 août 1811, rendu en faveur de la fille Carayon. *Vid. sup.*, n° 3, *in fine*.

Mais les alimens ne sont pas dus à celui qui n'a point en sa faveur une reconnaissance authentique. La cour de Paris décida bien cependant, le 25 prairial an 13 (1), qu'ils étaient dus à l'enfant reconnu par un acte privé. Elle dit que, quand il n'est question que d'alimens, les enfans naturels ont toujours droit de les demander, même les adultérins et incestueux, suivant l'art. 762, quoique, d'après l'art. 335, la reconnaissance par acte authentique ne puisse avoir lieu à leur profit, et que, d'un autre côté, l'article 340 interdise la recherche de paternité ; d'où il résulte, dit-elle, que cette classe d'enfans naturels, à plus forte raison ceux nés de parens libres, n'ont pas besoin, pour réclamer des alimens, d'un acte authentique.

Mais la cour de Limoges a raisonné d'une manière bien plus conséquente , selon nous , dans son arrêt du 27 août 1811 (2), en disant qu'il

(1) Sirey, tom. 7, 2ᵉ part., pag. 4.
(2) *Idem*, tom. 12, 2ᵉ part., pag. 237.

serait absurde que la preuve qui n'aurait pas été
suffisante pour faire déclarer un homme père
suivant la loi, pût l'être pour le contraindre à
fournir des alimens à un enfant qui peut être le
sien suivant l'ordre de la nature, mais que la
loi n'a pas permis de lui attribuer comme tel ;
qu'aussi, sous l'empire de la loi du 12 brumaire
an 2, dont l'esprit était bien plus favorable aux
enfans naturels, comme sous celui du Code civil, qui a senti la nécessité de resserrer les liens
de cette législation, le principe de l'indivisibilité
était pour les alimens comme pour la succession;
qu'il ne pouvait être permis de séparer l'un de
l'autre;... que l'exception pour les enfans adultérins ou incestueux, loin de détruire la règle,
vient, au contraire, à l'appui, puisqu'on ne
trouve dans le Code aucune disposition semblable en faveur des enfans naturels, et que le
principe de l'interdiction de toute recherche de
paternité et de l'indivisibilité de cette même
paternité, reste toujours dans toute sa force.

N° 12. L'enfant naturel reconnu, n'étant pas
le fruit du mariage, ne peut prétendre aux droits
de famille : c'est un des attributs de la légitimité.
Il porte bien le nom de son père s'il a été par
lui reconnu (1), ou bien celui de sa mère si la

______

(1) Les bâtards, même adultérins, pouvaient porter le

reconnaissance n'émane que d'elle seule ; mais il n'est point leur héritier comme l'enfant qui est provenu d'une union légitime : il n'a de droit que sur leurs biens et jusqu'à concurrence de la quotité fixée par la loi. Art. 756.

Cependant, lorsque l'enfant naturel reconnu veut se marier, il ne le peut sans avoir rempli les formalités prescrites par les art. 148, 149, 151, 152, 153, 154 et 155 du Code civil, relatives à l'acte respectueux qui doit être fait aux père et mère dans le cas prévu par ces articles. Ainsi en dispose formellement l'art. 158. Puisque l'enfant reconnu doit porter le nom de son père, et doit avoir une part dans ses biens, il est raisonnable et juste de lui imposer une déférence respectueuse à son égard. C'est une espèce de puissance paternelle qui s'étend même jusqu'au droit de détention correctionnelle que la loi accorde aux pères sur leurs enfans légitimes. Article 383.

Mais ce n'est qu'improprement que nous donnons à ces divers droits le nom de puissance paternelle. Si elle existait réellement sur les enfans naturels, leurs père et mère auraient la jouis-

___

nom de leur père malgré lui, conformément à un arrêt du parlement de Paris, rapporté par Augeard-Salviat, Jurisprudence du parlement de Bordeaux, 2ᵉ édition, publiée par M. B....., an 1824.

sançe impunie de leurs biens jusqu'à leur dix-huitième année accomplie, ou jusqu'à leur émancipation. Cependant, l'art. 384 ne l'accorde au père que *durant le mariage*, et, après sa mort, à la mère. Cet article est placé sous le titre de *la Puissance paternelle*. Cela fait voir de reste que cet usufruit légal ne leur est accordé qu'envers leurs enfans légitimes. D'un autre côté, la disposition de l'art. 384 n'est point répétée au chapitre des enfans naturels. Ainsi, nul doute sur ce point. Telle est aussi l'opinion de M. Toullier, n° 975 (1).

De ce que les enfans naturels reconnus ne jouissent point des droits de famille, il doit s'ensuivre qu'ils ne peuvent réclamer des alimens contre les parens de leurs père et mère, par exemple contre leur aïeul. Cette opinion avait pourtant été bien controversée. Elle avait été

(1) M. Loiseau, pag. 550, pense pourtant que la puissance paternelle a lieu sur les enfans naturels, et que leur père a l'usufruit légal de leurs biens, pour l'indemniser des alimens et des soins d'éducation de l'enfant. Son opinion est combattue par M. Rolland-de-Villargues, dans son Traité des enfans naturels, n° 295. Cette opinion de M. Loiseau nous paraît contraire à la loi. Celle de M. de Villargues et de M. Toullier est plus en harmonie avec la législation des enfans naturels, et conforme d'ailleurs à l'arrêt cité de la cour de cassation.

proscrite par un arrêt de la cour de Douai, du 19 mars 1816, lors duquel on invoqua des autorités sans nombre et une foule de préjugés qui avaient condamné l'aïeul à fournir des alimens à son petit-fils naturel. Mais cet arrêt a été cassé par la cour suprême le 7 juillet 1817 (1) : c'était en la cause de Lesclar et Demangeot. Indépendamment des motifs ci-dessus, la cour de cassation a considéré que « la reconnaissance de l'en-» fant naturel faite par le père est personnelle » au père, et ne peut produire d'obligation que » contre lui, d'après le principe immuable qui » veut qu'on ne soit pas lié par le fait d'autrui. »

N° 13. Toujours du même principe que les droits de famille n'appartiennent point à l'enfant naturel reconnu, doit encore découler la consé-

(1) Sirey, tom. 17, 1re part., pag. 289. Il est à remarquer que le fils était décédé *sans fortune* à la survivance de son enfant et de son père. Mais, s'il avait eu du bien, et que son père en eût la jouissance, nous pensons que ce dernier n'aurait pas pu se soustraire à la demande contre lui formée : *quia alimenta sunt onus ususfructûs. Sic judicatum in puncto,* au mois de mars 1688, à la grand'chambre, M. Demartin, rapporteur, en faveur de la nommée Genestre, contre Devaux, père du ravisseur. Salviat, 2e édition de M. B..., *verbo Bâtard.* Mais sans cela l'aïeul, au parlement de Bordeaux, ne devait point d'alimens au bâtard de son fils. Lapeyrère, n° 27, *verbo Bâtard,* et les arrêts qu'il rapporte.

quence que son père ne peut révendiquer sa tutelle légale. Nous adoptons en cela l'opinion de
M. Rolland-de-Villargues, dans son Traité des
enfans naturels, n° 299, et reproduite dans une
dissertation qu'il a fait insérer au Recueil de
Sirey, tom. 13, 2ᵉ part., pag. 19. M. Loiseau,
comme on le sent bien, est d'un avis contraire.
La puissance paternelle, dit-il, a lieu sur les
enfans naturels. Donc leur tutelle, qui n'est
qu'une suite de la puissance paternelle, appartient de plein droit à leur père ou à leur mère.
M. de Villargues a bien raison de dire que si le
principe est erroné, la conséquence ne peut être
vraie. Or, nous nous sommes expliqués sur le
principe.

La cour de Paris a eu à examiner cette question entre la demoiselle Ferry et les héritiers de
Marraize. Elle l'a décidée dans le même sens
par arrêt du 9 août 1811 (1), sur les motifs suivans : « qu'aux termes de l'art. 390 du Code, la
» tutelle légale n'a lieu qu'en cas de dissolution
» du mariage, et n'appartient qu'au survivant
» des époux; que la disposition de l'art. 405,
» loin d'être une exception à l'art. 390, en est
» une conséquence, puisqu'elle suppose le dé-
» faut des ascendans mâles, et ne peut s'appli-

____

(1) Sirey, tome 11, 2ᵉ part., pag. 471.

» quer aux enfans naturels qui n'ont point de
» famille; que, dans le silence de la loi sur la
» tutelle des enfans naturels, la justice doit se
» décider sur le droit général, et écouter l'inté-
» rêt des mœurs, qui exigent que la tutelle des
» enfans naturels soit dative. »

Il est vrai que la cour de Bruxelles avait jugé
le contraire le 4 février 1811, dans la cause de
la demoiselle Carton; mais ses motifs ne peuvent, selon nous, atténuer ceux de la cour de
Paris. Elle dit « qu'il est du droit naturel que
» les enfans en bas âge soient sous la tutelle
» d'autrui; que, dans le silence du Code civil,
» *ce devoir* se trouve imposé aux père et mère
» des enfans qu'ils ont reconnus hors mariage,
» non-seulement par le droit de la nature, mais
» aussi par la considération des avantages que
» leur assure l'art. 765 dans la succession de ces
» enfans dont ils sont héritiers. »

Qu'il soit de droit naturel que les enfans en
bas âge soient sous la tutelle d'autrui, à la bonne
heure, quoique ce droit ait eu besoin d'être consacré par la loi civile, comme l'obligation de
nourrir et d'élever les enfans. Art. 203. Que ce
devoir soit imposé aux père et mère des enfans
naturels, il faut distinguer. Sans doute, si la tutelle leur est déférée par le conseil de famille (et
elle le sera le plus souvent), ils ne peuvent la

refuser. C'est un *devoir* pour eux de l'accepter. Mais le devoir est autre chose que *le droit*. Être obligé de faire quelque chose n'est pas avoir le droit de la faire. Une obligation *imposée* est bien différente d'un droit *acquis*. Cette observation fait crouler tout le système de la cour de Bruxelles.

D'un autre côté, c'est par cela seul que la loi a gardé le *silence* sur la tutelle *légale* des enfans naturels, qu'on ne peut l'accorder à leur père ou à leur mère; car on doit croire que si elle avait voulu la leur conférer, elle s'en serait formellement expliquée, comme elle l'a fait pour la tutelle des enfans légitimes. On ne peut pas suppléer les dispositions législatives (1).

Que l'on fasse attention ensuite à la disposition de l'art. 402, qui porte que, lorsqu'il n'a pas été choisi au mineur un tuteur par le dernier mourant des père et mère, la tutelle appartient de droit à son aïeul paternel. Dans le système de la cour de Bruxelles, il faudrait donc accorder la tutelle légale à l'aïeul de l'enfant

______

(1) Non, la loi n'a pas gardé le silence; car, encore une fois, 1º la puissance paternelle n'est accordée au père que *durant le mariage*, art. 378; — 2º le père n'a l'usufruit légal du bien de ses enfans que *durant le mariage*, art. 384; — 3º ce n'est que *durant le mariage* que le père est administrateur des biens personnels de ses enfans mineurs, art. 389.

naturel ; or, comment pouvoir le faire, puisque cet aïeul n'est pas obligé de lui fournir des alimens? Quoi de plus monstrueux que de mettre dans une perpétuelle contradiction les devoirs et les droits de la nature!

Inutile d'argumenter des actes respectueux que les enfans naturels doivent adresser à leurs père et mère pour le mariage. Car, dans les motifs du titre du mariage, on voit que, « en exi-» geant comme autrefois, le consentement des » pères et mères pour le mariage des enfans, » *on ne motive plus la nécessité de ce consente-*» *ment sur la puissance paternelle*, mais que » c'est seulement un hommage particulier de » reconnaissance et de respect. » Cette dernière considération, que nous empruntons à M. Rolland-de-Villargues dans sa dissertation ci-dessus rappelée, sape dans sa base l'opinion de M. Loiseau (1).

Enfin nons dirons, avec cet estimable jurisconsulte, que, de ce que les art. 757 et 765 éta-

______

(1) M. Portalis dit formellement que c'est parce que le consentement au mariage *n'est plus un effet de la puissance paternelle*, que les enfans naturels peuvent s'en appuyer. C'est bien dire clairement que les enfans naturels ne sont pas soumis à la puissance paternelle. Or, comme c'est du principe contraire qu'on a voulu faire dériver la tutelle légale, la conséquence est facile à tirer.

blissent, entre les père et mère et leurs enfans
naturels, une successibilité réciproque, il ne
s'ensuit nullement que ces enfans soient assimilés aux enfans légitimes. S'ils leur sont assimilés
sous quelques rapports, comme ce sont autant
d'exceptions, il faut leur appliquer sévèrement
la règle *inclusione unius fit exclusio alterius.*

N° 14. Puisque les enfans naturels reconnus
ne sont point héritiers, la portion que la loi
leur accorde est *quota bonorum, et non quota
hœreditatis.* Devant quel tribunal doivent-ils alors
porter leur action en réclamation de leurs droits
lorsqu'ils sont réels? Devant le tribunal dans l'ar-
rondissement duquel la succession du père s'est
ouverte, et non devant le tribunal du domicile de
l'héritier. Ainsi l'a jugé la cour de cassation par
arrêt du 25 août 1813 (1). Son motif a été que,
suivant l'art. 757 du Code civil, le droit de
l'enfant naturel sur les biens de ses père et
mère *n'est pas une simple créance, mais une
portion déterminée dans la succession* indivise
du défunt; qu'à la vérité, l'enfant naturel ne
peut pas réclamer son droit à titre d'héritier,
mais que l'action qui en résulte n'en est pas
moins une action mixte, qui doit être portée
devant le juge de l'ouverture de la succession,

(1) Sirey, tom. 16, 1ʳᵉ part., pag. 13.

comme cela se pratique pour les demandes en délivrance de legs. Elle a jugé en même temps que c'était le juge de la situation qui pouvait connaître de la question d'état , parce qu'elle est incidente à la question de propriété. Mais on sent bien que, si l'enfant agissait en déclaration de reconnaissance , il en serait différemment, parce que cette action ne serait plus incidente, mais principale. Ce n'est que sur la contestation faite, de la part des héritiers du père, dans l'instance en délivrance de droit introduite contre eux par l'enfant, que l'on doit procéder comme l'a jugé la cour de cassation. Ce serait, d'après le même arrêt, devant le même tribunal que devraient être portées toutes les autres contestations incidentes , telles que validité de saisie-arrêt, etc.

N° 15. De ce que l'enfant naturel reconnu, quoique non héritier, a droit de réclamer en nature la portion qui lui revient dans les successions de ses père et mère, nous croyons qu'il a le droit d'exiger la composition de ces successions , et, par conséquent, de demander le *rapport,* comme la *réduction,* dans tous les cas où ce droit appartient à l'héritier. Autrement, il serait vrai de dire que la loi qui a fixé pour lui une portion dans les biens de ses père et mère , serait illusoire. Cette observation répond d'avance à l'objection qu'on pourrait tirer de ce que, par l'art. 857, le rapport n'est dû que par le cohéritier à son cohéritier; qu'il n'est point dû aux légataires ni aux *créanciers* de la succession. D'ailleurs, on peut ajouter que, d'après l'art. 850, le rapport ne se fait qu'à la *succession* du donateur, et que, suivant la cour de cassation, l'enfant naturel reconnu *n'est pas un simple créancier, mais qu'il a une portion déterminée dans la succession indivise.* La cour d'Amiens l'a jugé de même, par arrêt du 26 novembre 1811 , [dans la cause de la demoiselle Lefebvre contre la dame Dufour (1).

Ainsi, il y a une réserve légale pour les enfans naturels, qui ne peut être diminuée par des dispositions excessives ; d'où il suit que, pour exécuter la disposition de l'art. 757 , qui porte que *le droit de l'enfant naturel sur les biens de ses père et mère décédés, est d'un tiers de la portion héréditaire qu'il aurait eue s'il eût été légitime,* il faut admettre l'enfant naturel *momentanément* au nombre des enfans légitimes, et le faire concourir *fictivement* avec eux, de manière que, s'il n'existe qu'un enfant légitime , il doit être procédé comme s'il y en avait deux ; et s'il y en a deux, comme s'il y en avait trois, etc.;

______

(1) Sirey, tom. 12, 2ᵉ part., pag. 411.

car tel serait le nombre des légitimaires qui auraient concouru à la fixation de la portion héréditaire, si l'enfant naturel eût été légitime. Ce
serait évidemment y contrevenir, que d'opérer
d'une autre manière. Par l'effet d'une telle contravention, on porterait une atteinte manifeste
aux droits de l'enfant naturel, puisque, en dimi-
nuant le nombre des enfans légitimes, ou réputés tels, à l'effet de fixer la portion héréditaire,
on diminuerait pareillement la quotité des biens
non disponibles sur laquelle doit être prise
cette portion héréditaire dont le *tiers* appartient à l'enfant naturel. Arrêt de la cour de cassation, du 26 juin 1809, dans la cause de Picot.
Ainsi, au cas d'un enfant légitime, l'enfant naturel a droit à un sixième, non de la totalité
des biens de la succession, mais des deux tiers
des biens indisponibles ou composant la réserve,
c'est-à-dire qu'il a droit à un neuvième du tout (1).

Nous avons cru qu'il n'était pas hors de notre
sujet de fixer ces principes fondamentaux des
droits des enfans naturels reconnus. Les autres

(1) Sirey, tom. 9, 1ʳᵉ part., pag. 337. — Cet arrêt est
remarquable, en ce qu'il a cassé un arrêt de la cour de Pau
qui n'avait accordé qu'un *douzième* du tout à l'enfant naturel, ou un sixième de la moitié, parce qu'elle ne l'avait pas
compté *fictivement* au nombre des enfans pour la détermi-
nation de la réserve.

principes de détail rentrent dans la matière des successions, qui est étrangère au titre que nous examinons.

N° 16. Quant aux enfans naturels *non reconnus*, quoiqu'ils ne soient point avoués par leur famille, pourtant la société ne les abandonne point : elle veille sur eux, elle les protége pendant tout le temps qu'ils ont besoin de surveillance et de protection. C'est pour cela que, suivant l'art. 159 du Code civil, ils ne peuvent se marier avant l'âge de vingt et un ans révolus, sans avoir obtenu le consentement d'un tuteur *ad hoc*, qui leur est nommé.

ARTICLE 335.

Cette reconnaissance ne pourra avoir lieu au profit des enfans nés d'un commerce incestueux ou adultérin.

N° 1. On a vu que les enfans incestueux ou adultérins ne peuvent pas être légitimés par le mariage subséquent de leurs père et mère. La loi ne veut pas non plus qu'ils puissent être reconnus. La morale et la justice les repoussent. L'humanité seule leur donne les moyens de soutenir leur honteuse existence, en leur accordant des alimens. Art. 762.

On sait ce que c'est que les enfans adultérins.
Mais quels sont les enfans qu'on doit réputer
incestueux? Dans notre nouvelle législation, on
ne peut qualifier ainsi que ceux qui sont nés des
personnes auxquelles le mariage est défendu par
les art. 161, 162 et 163 du Code civil; encore
même lorsque les individus mentionnés dans ce
dernier article ont obtenu des dispenses, le mariage qu'ils contractent est valable, et leurs enfans sont légitimes.

Il suit de là que l'on ne peut réputer adultérins
ou incestueux les enfans naturels des prêtres (1).
Ils peuvent être reconnus par leurs père et mère,
encore que, au temps de leur naissance ou de
leur conception, le père fût incapable de mariage. Nous nous sommes expliqués sur ce point
important et délicat en parlant de la légitimation; et nous répétons que, puisque le Code civil
n'a point mis, par les articles précités, les prê-

____

(1) « Nous n'avons jamais connu, disait M. Duveyrier
» au corps législatif, que deux classes d'enfans naturels.
» Dans la première, les enfans naturels simples, nés de
» personnes libres, *ex soluto et solutâ;* dans la seconde, les
» adultérins et les incestueux; et l'inceste religieux étant
» désormais étranger à la loi civile, ce dernier genre devient
» presque insensible, si l'on observe surtout qu'il n'y aura
» point inceste civil, même dans les degrés prohibés aux-
» quels le gouvernement peut appliquer la dispense. »

tres dans la catégorie des personnes incapables
du mariage civil, leurs enfans ne peuvent être
qualifiés d'adultérins ou incestueux, et sont susceptibles d'être reconnus. Appelons de tous nos
vœux une loi expresse sur cette matière; con-
tinuons de dire, pour la provoquer, qu'elle est
demandée, sollicitée par la morale, peut-être
même par l'intérêt des familles, par celui de la
religion que professe la majorité des Français,
et, par suite, par l'intérêt de l'État; mais n'ayons
pas la présomptueuse audace de nous ériger en
législateurs (1).

Non-seulement la reconnaissance d'un enfant
adultérin, ou incestueux proprement dit, est

(1) C'est ainsi que pensa la cour de Grenoble lorsqu'elle
eut à examiner la question de savoir *si l'enfant d'un cha-
noine pouvait être reconnu.* « Considérant, dit–elle, que les
» nouvelles lois civiles ne s'occupant point des vœux reli-
» gieux, les actes qu'a pu faire l'ex-chanoine Brunel depuis
» la promulgation de ces lois, sont régis par les mêmes
» principes que ceux passés entre les autres citoyens; —
» que l'art. 335 du Code civil, en repoussant de la légiti-
» mation les enfans incestueux, n'a eu en vue que ceux
» *nommément* désignés par elle; d'où il suit que toute autre
» exception qu'elle n'a pas prévue n'est pas du domaine
» des tribunaux. » Arrêt du 14 ventôse an 12, Sirey, tom. 4,
2ᵉ part., pag. 125; — même décision, pour la légitimation, par la cour de Bourges, du 14 mars 1809, même
Recueil, tom. 9, 2ᵉ part., pag. 206.

défendue ; mais si elle avait lieu, elle serait nulle et ne pourrait produire aucun effet à l'enfant.

« Cette reconnaissance sera impossible, di-
» sait M. Duveyrier au corps législatif, s'il faut
» l'appuyer sur l'inceste ou sur l'adultère. L'of-
» ficier public ne la recevra pas ; et si, malgré
» lui, l'acte contient le vice qui l'infecte, cette
» reconnaissance *nulle* ne pourra *profiter* à l'en-
» fant adultérin ou incestueux pour qui elle
» aura été faite.

» Rendons grâces, continue-t-il, à cette inno-
» vation morale, qui écarte d'une loi si pure
» dans sa source et dans son objet, ces chances
» pernicieuses d'infamie, ces révélations mortel-
» les à la pudeur sociale. On ne déchirera plus,
» pour des passions individuelles et des intérèts
» particuliers, le voile épais dont l'intérêt pu-
» blic couvre ces écarts scandaleux ; et les ex-
» pressions mêmes qui servent à les désigner ne
» seront plus prononcées que dans les jugemens
» destinés à flétrir ceux qui oseront s'en mon-
» trer coupables (1). »

(1) La morale noble et majestueuse répandue dans les paroles éloquentes de cet orateur, ressort particulièrement de cet autre passage du même discours à l'occasion de la loi du 12 brumaire an 2 :

« La société fut ébranlée dans ses fondemens. Le ma-
» riage n'était plus qu'un inutile fardeau, et la légitimité

N° 2. Ces dernières expressions nous font voir que, quoiqu'il soit prouvé que l'enfant est le fruit de l'adultère ou de l'inceste, on n'est pas admis à se servir contre lui de cette preuve pour faire annuler des libéralités faites en sa faveur. C'est ce qu'on trouve décidé notamment par deux arrêts de la cour de cassation, le premier, du 14 mai 1810, dans la cause des enfans Lemur; le second, du 9 mars 1824, dans la cause de l'enfant d'Elizabeth Gengout (1). Ces arrêts sont fondés sur ce que la recherche de la paternité est interdite par l'art. 340; sur ce qu'encore, aux termes de cet article et de l'art. 342, la recherche de la paternité ne peut pas plus avoir lieu con-

» un honneur futile. Des enfans nombreux n'appelaient
» sur les auteurs de leurs jours que le dédain et la raille-
» rie, et le délire, essayant le ridicule et le sarcasme sur
» les choses les plus saintes , comme sur les objets les
» plus atroces , allait jusqu'à nommer les membres les
» plus vénérables, les chefs de la société, *la faction des*
» *pères de famille.* »

(1) Sirey, tom. 10, 1ᵉ part., pag. 272, et tom. 24, 1ᵉ part., pag. 114. A plus forte raison, ne serait-on pas admissible à prouver le vice de sa naissance, comme dans l'arrêt Lemur. *Vid.* aussi un arrêt de la cour de Paris du 6 juin 1809, tom. 9, 2ᵉ part., pag. 310, et arrêt de la cour de cassation, du 11 novembre 1819, en faveur de Joséphine-Désirée , fille de la dame de Villars.

tre les enfans qu'à leur profit, même **par voie** d'exception.

Dans l'espèce du dernier arrêt, l'enfant d'Elizabeth Gengout avait été reconnu dans son acte de naissance par Christophe Bataille, homme marié, qui s'en était déclaré le père. On disait : Mais si la reconnaissance d'un enfant adultérin ou incestueux est nulle d'après l'art. 335, comment concilier cet article avec l'art. 762, qui leur accorde des alimens, et comment l'enfant qui aura intérêt à les obtenir pourra-t-il se dire au moins incestueux ou adultérin ?

La cour de cassation a d'abord répondu que l'art. 335 prohibait, en termes généraux et absolus, la reconnaissance des enfans adultérins et incestueux, afin de prévenir les révélations scandaleuses d'inceste et d'adultère. *La nullité de ces reconnaissances n'en laisse subsister aucun effet.*

Venant directement à l'objection, elle a dit que « l'art. 762 s'applique aux espèces où,
» *par la force des choses et des jugemens,* la
» preuve de la filiation adultérine ou incestueuse
» est acquise en justice ; que cet article est évidemment sans application dans le cas d'une
» simple reconnaissance que la loi proscrit
» *d'une manière absolue, et dont,* comme dans
» la cause, *l'enfant repousse de toutes ses forces*
» *les effets.* »

Il semblerait, d'après cela, que les enfans adul- térins et incestueux n'ont droit à des alimens que lorsqu'ils sont *reconnus en jugement*. Mais nous pensons, avec M. Toullier, n° 968, que la cour suprême, à l'instar de la loi, n'a entendu parler que des enfans qui, n'étant pas déjà recon- nus, voudraient se faire reconnaître en justice : ce serait là, en effet, une véritable recherche de paternité prohibée. Mais celui qui a déjà une reconnaissance, n'a plus à la demander. Voilà son titre pour réclamer des alimens. Mais là aussi se borne tout son droit ; autrement, on aurait raison de dire que jamais les enfans dont nous parlons ne pourraient contraindre ceux qui leur ont donné le jour à être justes en remplissant envers eux l'obligation que la nature leur impose.

Cela est si vrai, que la même cour de cassa- tion a décidé, le 28 prairial an 13, qu'un enfant adultérin peut réclamer des alimens *en vertu d'un testament olographe* par lequel le testateur l'a reconnu, et lui a donné la quotité disponible. Elle a dit que, s'il est vrai que l'enfant adultérin ne puisse exciper de la *reconnaissance* portée au testament, il est également vrai qu'en lui re- fusant le legs, attendu le vice de *bâtard adul- térin,* on constate sa filiation *assez* pour qu'il y ait lieu à lui accorder des alimens (1).

(1) Sirey, tom. 5, 1ʳᵉ part., pag. 357. *Vid.* aussi un ar-

M. Merlin , tom. 16 du Répertoire , *verbo Filiation,* pense que la reconnaissance *sous seing privé* ne peut pas autoriser l'enfant à réclamer des alimens. Il raisonne par analogie et consé-quence avec la reconnaissance des enfans natu-rels nés de personnes libres. Il cite un arrêt de la cour de cassation, du 6 mai 1820, rendu contre Thérèse Diozi, réclamant une pension alimen-taire pour Henri-Alexandre-Justin, qu'elle pré-tendait être le fils adultérin du général Ramel. Elle fondait la reconnaissance sur plusieurs lettres qu'elle attribuait à ce général, et dont elle de-mandait la vérification. Elle fut déboutée de sa demande en première instance et en cour d'ap-pel. S'étant pourvue en cassation, son pourvoi fut rejeté.

M. Merlin pense, par suite, que le droit aux alimens ne peut résulter que d'une reconnais-sance *authentique,* dont l'effet s'arrête là, et ne

rêt de la cour de Bruxelles du 29 juillet 1811, et un autre de la cour de Nanci du 20 mai 1816, tom. 11 , 2ᵉ part., pag. 484, et tom. 17 , 2ᵉ part., pag. 149. Ces trois arrêts ont jugé que l'art. 762 accordant aux enfans adultérins le droit de demander des alimens à leur père, et l'art. 335 ne permettant pas qu'il soit reconnu *en forme authentique,* il faut en conclure que la loi, pour leur accorder des alimens, se contente d'une reconnaissance sous seing privé, et que la prohibition de l'art. 335 a pour *unique* objet l'exclusion des droits successifs.

peut conférer aucun droit de successibilité. Cette dernière opinion est aussi celle de M. Toullier, n°, 967. Nous croyons que cette opinion est la plus saine, parce qu'elle fait disparaître la contradiction qui paraît exister entre l'art. 335 et l'art. 762 (1), et qu'elle rend ainsi ces deux dispositions exécutables dans leur sens respectif.

Pour ne pas conserver le moindre doute sur cette opinion, écoutons M. Siméon dans son discours au corps législatif, séance du 29 germinal an 11 :

« Un homme aura signé comme père un acte » de naissance, sans faire connaître qu'il est » marié à une autre femme que la mère du » nouveau-né, ou que la mère est sa sœur; il » aura voulu faire fraude à la loi : l'enfant, » ignorant le vice de sa naissance, se présen- » tera dans sa succession pour y exercer les » droits d'un enfant naturel; on le repoussera » par la preuve qu'il est né d'un père qui ne » pouvait légalement l'avouer; mais l'aveu de

(1) Cependant M. Chabot, sur cet art. 762, dit qu'il ne peut s'appliquer au bâtard adultérin ou incestueux reconnu par *acte authentique*, mais à celui dont la filiation est constatée *indépendamment de toute reconnaissance* VOLONTAIRE *de la part des père et mère*. Mais alors ne serait-ce pas admettre la recherche de la paternité ?

» fait, écrit dans son acte de naissance, lui res-
» tera et lui procurera des alimens. »

Somme toute : la reconnaissance authentique
d'un enfant adultérin ou incestueux ne peut lui
procurer aucun droit sur les biens ou sur les
successions de ses père et mère ; mais elle lui
donne celui de réclamer des alimens. La reconnaissance sous seing privé ne peut pas lui
conférer ce dernier droit.

ARTICLE 336.

**La reconnaissance du père, sans l'indication et l'aveu de
la mère, n'a d'effet qu'à l'égard du père.**

La première rédaction de cet article, discu-
tée au conseil d'État, était celle-ci :

« La reconnaissance du père, si elle est dés-
» avouée par la mère, sera de nul effet. »

M. Bigot-Préameneu demanda si cet article
aurait son effet, même lorsque la maternité serait prouvée. M. Malleville répondit que l'article 341 décidait la question ; car, dit-il, la preuve
de la maternité étant une fois faite, elle doit
nécessairement faire regarder comme non avenu
le désaveu de la mère.

A défaut d'aveu ou de reconnaissance positive de la mère, M. Portalis dit qu'il est des circonstances qui ne sont pas moins fortes que l'aveu positif pour opérer la conviction : tels sont, par exemple, l'éducation, les soins donnés à l'enfant, en un mot, ce qu'on appelle en droit le *traitement.*

Mais M. Eymeri observa qu'on ne pouvait pas y avoir égard. L'enfant né d'une union illicite, dit-il, n'appartient qu'à sa mère, parce que, hors le mariage, il n'y a de certain que la maternité. Il serait donc contre l'ordre que la reconnaissance de celui qui se prétend père de l'enfant prévalût sur l'aveu formel de la mère. Mais quand il est prouvé par un aveu antérieur que le désaveu actuel est l'effet de la passion, ce désaveu devient non recevable : toute autre circonstance ne doit être d'aucune considération ; c'est un malheur si l'application de ce principe nuit aux intérêts de l'enfant.

M. Tronchet fit ensuite une autre observation. Il sera décidé, dit-il, que la reconnaissance du père est insuffisante quand il y aura eu désaveu valable de la part de la mère. Or, quel sera, dans ce système, l'effet de la reconnaissance du père, quand la mère sera morte avant de l'avoir ni avouée ni désavouée? Laissera-t-on celui qui se prétend le père libre d'attribuer l'enfant à telle femme qu'il voudra, par une déclaration ensevelie chez un notaire ou chez un juge de paix, et que la mère prétendue n'aura pas connue? Ce serait là la conséquence nécessaire du principe qui ne prive d'effet la reconnaissance du père que quand elle est désavouée par la mère. On échapperait à cet inconvénient si, au lieu de ne regarder la déclaration du père comme nulle que dans le cas où elle est désavouée par la mère, on n'y avait égard que lorsqu'elle serait avouée. Cette rédaction avait d'abord été proposée.

Mais M. Cambacérès répondit que l'inconvénient n'était pas aussi grave qu'il le paraissait d'abord, puisque la déclaration du père ne donne à l'enfant aucun droit à la succession de la mère. On peut néanmoins, ajouta-t-il, prévenir tout danger, en permettant au père de reconnaître l'enfant sans indiquer la mère; cette forme aurait même l'avantage de mieux ménager les mœurs : puisqu'il ne s'agit que d'une créance sur les biens du père, rien ne s'oppose à ce que la loi se contente de l'aveu du père.

M. Tronchet demanda qu'on décidât avant tout que l'enfant reconnu n'aurait droit *qu'à une créance*, et seulement sur les biens de celui qui l'aurait avoué.

Il paraît qu'on n'eut pas égard au premier chef

de réclamation de M. Tronchet, puisque le conseil d'État arrêta la rédaction de l'article de la manière suivante (1):

» La reconnaissance d'un enfant naturel n'aura d'effet qu'à l'égard de celui qui l'aura reconnu (2). »

Cependant, au corps législatif, l'art. 336 fut arrêté tel qu'il existe aujourd'hui ; mais il fut rédigé dans le même sens. On en trouve la preuve dans ce passage du rapport de M. Duveyrier (3) :

« De l'impossibilité d'obtenir sans un grave » inconvénient la déclaration ou l'aveu de la » mère, on est parvenu naturellement à la conséquence contraire, c'est-à-dire à la nécessité » de n'exiger ni la déclaration, ni l'aveu, ni » même la désignation de la mère, en statuant » seulement que, dans ce cas, la reconnaissance » n'aura d'effet qu'à l'égard du père seulement. » On voit bien ce que peut produire cette faculté » d'une déclaration solitaire. Mais, encore une » fois, il vaut mieux pour la société de tolérer

(1) *Vid. sup.*, n° 14 de l'art. 334, l'arrêt de la cour de cassation du 25 août 1813.

(2) Conférence du Code civil.

(3) Il nous semble que la rédaction du conseil d'État était plus précise et plus législative.

» ce qu'elle ignore, que de connaître ce qu'elle
» doit punir (1). »

Pour que la reconnaissance du père puisse lier la mère, il faut donc que celle-ci ait également reconnu l'enfant, soit conjointement avec le père, soit par un acte séparé, ou que, par cet acte, elle ait avoué que l'indication faite d'elle comme mère est véritable et sincère. Mais toujours faut-il que l'aveu ou la reconnaissance ait lieu d'une manière expresse (2); car la possession d'état toute seule ne pourrait établir une équipollence suffisante, et ne saurait être prouvée par témoins, comme on le verra sur l'art. 342.

(1) Dans les précédens projets, on avait clairement manifesté l'intention, et toujours attendu l'incertitude de la paternité, de ne donner aucune créance, aucun effet à la reconnaissance d'un enfant naturel faite par son père, si elle n'était pas confirmée par l'aveu de la mère. Mais on a senti, comme le dit encore M. Duveyrier, que c'était faire dépendre l'état et la destinée de l'enfant d'une révélation difficile, quelquefois impossible, et toujours inconvenante à la pudeur d'une femme.

(2) L'aveu de la mère peut résulter de ce qu'elle a comparu personnellement, du vivant de son enfant, dans l'inventaire auquel il a été procédé après le décès du père, et qu'elle y a fait divers dires et réclamations qui confirment l'indication de maternité contenue dans l'acte de naissance. Arrêt de la cour de cassation du 26 avril 1824, Sirey, tom. 24, 1re part., pag. 317.

On a vu qu'au conseil d'État M. Tronchet dit qu'il serait décidé que la reconnaissance du père est insuffisante quand il y aura désaveu valable de la part de la mère. Il paraît au contraire, suivant M. Locré, tom. 5, pag. 272, édit. in-8°, que la mère, par son seul témoignage, ne peut désavouer la reconnaissance du père et détruire l'effet qu'elle doit produire par rapport à lui.

M. Toullier, n° 956, dit que cette disposition est singulière; qu'elle fut adoptée contre l'avis du premier consul, et qu'elle peut occasionner le spectacle scandaleux d'un enfant réclamé par plusieurs pères. Il nous semble que ce spectacle scandaleux n'est pas à craindre, en interprétant la loi dans son vrai sens. En parlant du désaveu, il faut entendre celui qui a pour objet la *maternité* et non la *paternité*. Ainsi, un homme en reconnaissant un enfant naturel comme lui appartenant, indique une telle femme pour sa mère. Celle-ci peut fort bien désavouer cette indication; elle peut soutenir qu'elle n'est point la mère désignée; mais ce désaveu ne portera aucune atteinte à la reconnaissance du père pour ce qui le concerne.

ARTICLE 337.

La reconnaissance faite pendant le mariage par l'un des époux, au profit d'un enfant naturel qu'il aurait eu, avant son mariage, d'un autre que de son époux, ne pourra nuire à celui-ci, ni aux enfans nés de ce mariage.

Néanmoins, elle produira son effet après la dissolution de ce mariage, s'il n'en reste pas d'enfans.

—————

N° 1. La femme qui se marie doit être légalement assurée qu'elle n'aura d'autres héritiers que les enfans qui proviendront de son union. C'est sur la foi de cette certitude légale que le mariage a dû être arrêté dans sa famille. La même garantie était due aux enfans légitimes eux-mêmes.

C'est pour cela que, d'une part, la reconnaissance que pourrait faire le mari d'un enfant qu'il aurait eu avant son mariage d'une autre femme que de la sienne, ne peut nuire à celle-ci, et que, d'autre part, ses enfans légitimes ne peuvent non plus en souffrir.

Il en est de même, à l'égard du mari et de leurs enfans, de pareille reconnaissance qui serait faite par la femme.

N° 2. L'art. 337 ne parle que de la reconnaissance *volontaire* faite pendant le mariage. Doit-on appliquer sa disposition à la reconnaissance *forcée* sur la réclamation de l'enfant? Oui sans doute, si cet enfant prétend être le fruit du mariage. Mais, dans le cas contraire, la demande en reconnaissance ne saurait être admise à cause de son immoralité et des dangers qu'il y aurait de troubler la paix d'un ménage, surtout si l'action de l'enfant avait pour objet de réclamer pour mère la femme qui serait mariée avec un autre homme que son père; à moins qu'il ne se trouve dans les cas exprimés par l'art. 342.

On conçoit qu'il en serait différemment si la reconnaissance portait sur les enfans que les époux auraient eus avant leur mariage. Cette reconnaissance serait bien valable. Seulement, les enfans n'auraient que la qualité et les droits d'enfans naturels, pour n'avoir pas été reconnus avant le mariage de leurs père et mère, et n'avoir pas été par eux légitimés. C'est pour cela que l'article restreint sa disposition aux enfans que l'un des époux aurait eus avant son mariage d'un autre que de son conjoint.

Mais la reconnaissance faite volontairement par l'un des époux pendant le mariage, produira son effet après la dissolution; s'il n'en reste pas d'enfant; parce que, dans ce cas, il n'existe plus de tiers intéressé à la contester.

N° 3. De ce que l'article ne parle que de la reconnaissance ainsi faite *pendant* le mariage, s'en-suit-il que si elle est faite après la dissolution du mariage, elle puisse nuire aux enfans légitimes issus de cette union ?

M. Toullier, n° 959, dit que, puisque la loi ne parle que de la reconnaissance faite pendant le mariage, on ne peut l'appliquer à la recon-naissance faite après la dissolution du mariage. *Qui dicit de uno negat de altero.* Il ajoute que, puisqu'un mariage intermédiaire dont il reste des enfans, n'empêche pas que les enfans na-turels, antérieurement nés, ne puissent être légitimés par le mariage de leur père, devenu veuf, avec leur mère, cet homme peut, à plus forte raison, leur donner, en les reconnaissant, les droits beaucoup moins étendus que la loi accorde aux enfans naturels ; que c'est par ce motif sans doute qu'on a retranché de l'art. 337 la disposition proposée par la commission dans l'art. 31 du projet du Code, qui ne permettait à l'époux, devenu veuf, de reconnaître les en-fans naturels qu'il aurait eus avant son ma-riage, que dans le cas où il ne resterait pas d'enfans issus du mariage.

Cependant on se demande pourquoi l'art. 337

dit que la reconnaissance pendant le mariage ne peut nuire aux enfans de ce mariage, et pourquoi elle ne peut produire d'effet que lorsqu'il n'existe pas d'enfans légitimes lors de la dissolution de cette union.

Bien certainement, c'est l'intérêt qu'inspirent les enfans légitimes qui a dicté ces dispositions. Or, comment cesseraient-ils de mériter cet intérêt, parce que leur père aura attendu la mort de son épouse pour reconnaître des enfans naturels qu'il aura eus avant son mariage? Si la loi n'avait parlé que de l'épouse, on pourrait croire que c'est uniquement par respect pour sa qualité qu'elle n'a pas voulu que la reconnaissance fût utilement faite pendant sa vie; mais elle a dit aussi que cette reconnaissance ne pourrait nuire aux enfans légitimes. Elle a dit plus. Elle a ajouté que la reconnaissance ne pourrait produire d'effet qu'autant que, après la dissolution du mariage, il ne resterait pas d'enfans légitimes. Et pourquoi? Indubitablement, pour que leurs droits ne pussent être amoindris par les enfans naturels de leur père. Tel a dû être nécessairement son objet moral. Or, on ne peut penser qu'elle a cessé d'avoir cet objet en vue pour le cas où la reconnaissance des enfans naturels serait faite après la dissolution du mariage.

On ne peut faire aucun rapprochement tout-à-fait concluant entre les enfans naturels et les enfans légitimés par mariage subséquent. Ceux-ci ont pour eux un principe de droit, une expectative, qui peut, d'un moment à l'autre, se développer, se réaliser par le mariage de leurs père et mère. La sanctification du lien de leurs auteurs efface toutes les traces du vice de leur naissance. Ils sont considérés comme légitimes; ils ont les mêmes droits que s'ils étaient nés du mariage : au lieu que les enfans naturels ne reçoivent leur existence civile que de la seule et nue volonté du père qui les reconnaît, quelquefois de son caprice; et il peut arriver aussi qu'ils ne la doivent qu'à sa méchanceté, à sa haine pour ses enfans légitimes, et non au sentiment de la nature, absolument étranger à sa véritable qualité. Disons tout : un père qui croira avoir des sujets de mécontentement contre ses enfans légitimes, ne peut-il pas *supposer* un enfant naturel et le reconnaître ?

M. Toullier cite pourtant, à l'appui de son opinion, un arrêt du 3 prairial an 13, rendu par la cour de Pau. Nous devons ajouter que le pourvoi contre cet arrêt a été rejeté par la cour de cassation le 6 janvier 1808 (1). Les motifs de la cour de Pau ne nous avaient pas plus convaincus

(1) Sirey , tom. 8, 1ʳᵉ part., pag. 86.

que l'arrêtiste qui le rapporte. Mais nous convenons avec bonne foi, et c'est toujours ce sentiment qui nous guide, que nous avons été frappés
par les raisons de M. Pons, substitut du procureur général près la cour suprême. Ces raisons,
du moins les plus puissantes à notre avis (1), ne
sont pourtant pas celles dont la cour de cassation s'est servie. Voici les motifs qui ont basé
son arrêt :

« Considérant que toute discussion sur l'esprit
» d'une loi est inutile lorsque son texte est clair;
» qu'il est évident que l'art. 337 du Code ne
» parle que des reconnaissances d'enfans natu
» rels *faites pendant le mariage;* que c'est uni
» quement ces reconnaissances faites pendant le
» mariage qui, dans les cas prévus par l'art.
» 337, ne peuvent opérer d'effet en faveur des
» enfans naturels; que la reconnaissance dont
» il s'agit n'a pas été faite pendant le mariage
» de Léon-François Picot, mais bien après la
» mort de son épouse, et, par conséquent, *après*
» la dissolution du mariage. » L'arrêt fut rendu
après un délibéré en la chambre du conseil. Une
autorité semblable doit, sans doute, prévaloir

(1) Il disait que le père pouvait, après la dissolution du
mariage, *légitimer* son enfant naturel par son union avec la
mère de cet enfant. Bien pour ce cas, mais si cette mère
était morte à cette époque!.....

sur notre opinion personnelle , déjà si faible à côté de celle de M. Toullier.

N° 4. La cour de cassation , qui , par cet arrêt, a dit que l'art. 337 était trop clair pour concevoir le moindre doute sur sa disposition , a pourtant décidé , le 27 août 1811 , que la reconnaissance faite par un époux *pendant le mariage,* d'un enfant qu'il a eu auparavant d'un autre que de son époux, confère néanmoins à cet enfant le droit de demander des alimens même pendant la durée de l'union légitime (1). Il nous aurait semblé que c'était *nuire* au conjoint, que c'était *nuire* aux enfans du mariage , que d'accorder un pareil droit à l'enfant naturel; car le fournissement des alimens doit nécessairement diminuer les revenus de celui que l'on veut y assujettir, et ce retranchement est par suite nuisi-

---

(1) Sirey, tom. 12 , 1re part., pag. 13. — Cet arrêt a également jugé qu'une reconnaissance d'enfant naturel est valable , quoique provoquée et obtenue par importunité , pourvu qu'elle ne soit point le résultat du dol ou de la violence. Le sieur Carayon avait traité Marie comme sa fille naturelle. Il lui avait écrit plusieurs lettres qui le prouvaient. Le 1er mai 1809 , il lui consentit un acte notarié , portant que, « après avoir vu et examiné trois lettres qui lui étaient » présentées pour en faire l'aveu, il déclare que Marie Ca- » rayon est sa fille naturelle , à laquelle il a fait, en deux » différentes fois, *deux baisers et deux embrassades, dont elle* » *a requis acte.* »

ble aux membres de la famille légitime. Cependant l'art. 337 ne veut pas qu'on leur *nuise;* sa disposition est *évidente* et *claire.*

~~~~~~

ARTICLE 338.

L'enfant naturel reconnu ne pourra réclamer les droits d'enfant légitime. Les droits des enfans naturels seront réglés au titre des successions.

———

La première rédaction de cet article portait :

« L'enfant naturel reconnu ne pourra récla-
» mer les droits d'enfant légitime, mais seule-
» ment une créance déterminée par la loi sur
» la succession de celui qui l'aura reconnu. »

M. Cambacérès dit que quelques personnes trouvaient trop dure la disposition qui exclut l'enfant naturel de la succession de sa mère, lorsqu'elle n'a pas d'autres enfans.

M. Bigot-Préameneu répondit que c'était pour maintenir l'honneur du mariage qu'on avait réduit les enfans naturels à une simple créance; qu'on ne pourrait se relâcher de cette sévérité sans ébranler ce système.

M. Treillard observa que l'article appartenait à la matière des successions : il proposa de l'y renvoyer.
~~~~~~

M. Tronchet dit qu'un tel ajournement ferait durer trop long-temps l'incertitude qui régnait par rapport au droit des enfans naturels.

M. Cambacérès partagea le sentiment de M. Treillard. Mais celui-ci dit que le conseil aurait également à examiner si, à défaut d'héritiers, les enfans naturels exclueraient le fisc de l'hérédité de leurs père et mère; mais il ajouta que cette question appartenait aussi à la matière des successions.

M. Jolivet dit qu'il serait trop dur de leur refuser la préférence sur le fisc. Mais M. Bigot-Préameneu observa qu'ils pouvaient exclure le fisc sans devenir héritiers, parce que ce n'était pas à titre d'héritier que le fisc prenait les biens.

L'article fut adopté tel qu'il existe (1).

Le vœu de M. Jolivet fut exaucé plus tard, puisque l'art. 723 déclare que « la loi règle l'ordre » de succéder entre les héritiers légitimes; qu'à » leur défaut, les biens passent aux enfans natu- » rels, ensuite à l'époux survivant, et s'il n'y en » a pas, à l'État; » et l'art. 758 ajoute que « l'enfant naturel a droit à la totalité des biens, » lorsque ses père et mère ne laissent pas de » parens au degré successible. »

Dans le rang des enfans légitimes qui excluent

____

(1) Conférence du Code civil.

les enfans naturels reconnus, se placent nécessairement les enfans naturels légitimés, puisque,
suivant l'art. 333, ils ont les mêmes droits que
s'ils étaient nés du mariage.

Mais en sera-t-il de même de l'enfant adopté?

L'art. 350 dispose que « l'adopté n'acquerra
» aucun droit de successibilité sur les biens des
» parens de l'adoptant, mais qu'il aura, sur la
» succession de l'adoptant, les *mêmes droits* que
» ceux qu'y aurait l'enfant né en mariage, même
» quand il y aurait d'autres enfans de cette der-
» nière qualité nés depuis l'adoption. »

Ainsi, la loi place sur la même ligne l'enfant
du légitime mariage et l'enfant adoptif, par
rapport à l'adoptant. Ils ont les mêmes droits
dans sa succession. Ils doivent donc l'un comme
l'autre exclure l'enfant naturel reconnu. C'est
aussi ce qu'a jugé la cour de cassation en faveur
de Jean-Marie-Barthélemy Décamp, contre la
demoiselle Décamp, par arrêt du 24 juillet 1811
(1), en cassant un arrêt de la cour de Toulouse,
du 9 août 1809, qui avait annulé l'adoption.

(1) Sirey, tom. 11, 1ʳᵉ part., pag. 329. — L'adoptant
avait déjà une fille légitime, et il était le père de l'enfant
naturel adopté suivant un acte de reconnaissance. Il est vrai
que l'adoption était antérieure au Code civil, sous l'empire
duquel il n'aurait pas pu faire cette adoption, art. 343. On
ne pourrait même pas aujourd'hui adopter son enfant na-

La cour de Toulouse s'était fondée sur ce que l'adoption n'était qu'une fiction de la loi ayant pour objet de suppléer la nature ; qu'elle n'avait été introduite à Athènes qu'en faveur de celui qui n'avait pas le bonheur d'être père : *imitatur naturam ad solatium eorum qui liberos non habent, ad molliendum naturæ defectum aut infortunium* (1) ; qu'Antoine Décamp n'avait pu se servir de cette fiction. Mais la cour de cassation se détermina sur ce que les lois romaines concernant l'adoption étaient inusitées en France, tant dans les provinces régies par le droit écrit que dans les pays coutumiers, lorsque l'adoption y avait été introduite en 1792; qu'en conséquence, elles étaient inapplicables à l'espèce : elle considéra que la loi qui réduit l'enfant naturel à une portion d'hérédité, et porte qu'il ne pourra, par donation entre vifs ou par testament, rien recevoir au-delà de ce qui lui est accordé au titre des successions, n'empêcherait pas qu'il ne pût être

turel reconnu, quand on n'aurait point d'enfant légitime. Arrêt de la cour de cassation du 14 novembre 1815, Sirey, tom. 16, 1re part., pag. 45.

(1) Théophile et Vinnius la définissent ainsi : *Est actus legitimus quo in jus et locum filiorum familiás adipiscimur eos qui nobis extranei sunt, in solatium eorum qui liberos non habent*

plus avantagé par l'effet de l'adoption, si elle a lieu (1).

Au demeurant, puisque l'adopté jouit des droits de l'enfant *légitime*, relativement à l'adoptant, et que l'art. 338 déclare que l'enfant naturel reconnu ne pourra réclamer les droits d'enfant *légitime*, il s'ensuit que l'enfant adopté empêchera l'enfant naturel d'appréhender la succession; il ne la recueillera qu'à défaut d'enfans du mariage et des enfans de l'adoption.

ARTICLE 339.

Toute reconnaissance de la part du père et de la mère, de même que toute réclamation de la part de l'enfant, pourra être contestée par tous ceux qui y auront intérêt.

La reconnaissance de l'enfant naturel pourra être contestée si elle n'est pas authentique. Elle

(1) Cet arrêt avait appliqué, dans l'espèce, l'article 1er de la loi transitoire du 25 germinal an 11, portant: « Toutes » adoptions faites par actes authentiques, depuis le 18 jan- » vier 1792 jusqu'à la publication des dispositions du Code » civil relatives à l'adoption, seront valables, quand elles » n'auraient été accompagnées d'aucunes des conditions » depuis imposées pour adopter et être adopté. » — On avait abusé de la généralité de ces dispositions au point qu'on avait validé l'adoption des *enfans adulterins*. Arrêt

pourra l'être encore s'il résulte de son acte de naissance *en forme*, ou de tout autre acte prouvant, même de l'acte de reconnaissance, qu'il est né de personnes non libres, c'est-à-dire si sa naissance le place au rang des enfans adultérins ou incestueux.

Mais si aucune preuve légale n'établit l'inceste ou l'adultérinité, on ne pourra en faire la preuve par témoins, ainsi que l'a jugé la cour de cassation, dans l'affaire Lemur.

En un mot, la reconnaissance pourra être attaquée par tous les moyens dont nous avons déja fait connaître l'origine et la nature ; elle pourra l'être par les héritiers de celui à qui la paternité est attribuée ; elle pourra l'être par lui-même ; elle pourra l'être même par celui qui voudrait s'arroger cette paternité, jusqu'alors ignorée ou méconnue.

Ne nous lassons pas d'écouter et de redire ce qu'exprimait si bien, à ce sujet, M. Duveyrier à la tribune nationale ; car c'est un des orateurs qui ont le mieux exprimé toute l'intention et toute la moralité de la loi :

de la cour d'Aix du 10 janvier 1809. Décision immorale! mais la cour de cassation en rendit une contraire en rejetant, le 23 décembre 1816, le pourvoi contre un arrêt de la cour de Nancy. Sirey, tom. 9, 2ᵉ part., pag. 258, et tom. 17, 1ʳᵉ part., pag. 164.

« La reconnaissance d'un enfant naturel peut
» nuire à tout autre qui aura it plus de tendresse
» et plus de raisons pour se d ire le père de l'en-
» fant ; elle peut nuire à l'enfant qui a déjà
» trouvé ou qui réclame un a utre père. La re-
» connaissance faite par le père, ou la réclama-
» tion élevée par l'enfant, peuvent, l'une aussi-
» bien que l'autre, nuire à des hé ritiers légitimes.
» Ces divers intérêts , et tous autres qu'il est
» impossible de prévoir et de dé signer , ont in-
» diqué la justice et la nécessité d'une disposi-
» tion générale qui donne à tous ceux qui y ont
» intérêt le droit de contester , soit la recon-
» naissance faite par le père ou la mère , soit la
» réclamation élevée par l'enfant.

» Et nous ne craindrons pas que cette dispo-
» sition, généralement exprimée, puisse étendre
» la faculté de contester jusqu'à l'abus, toujours
» trop facile en cette matière , et surtout jus-
» qu'à l'usage indiscret de ces exceptions odieu-
» ses, de ces inquisitions flétrissantes dont l'acte
» lui-même ne contiendrait aucune preuve , au-
» cun indice, et dont le projet de loi, dans son
» esprit, dans ses principes, dans ses préceptes,
» signale sans cesse la prescription absolue.

» L'objet est simple et le sens est clair. C'est
» l'acte lui-même qu'il s'agira d'attaquer; sa
» forme, si elle n'est point authentique, ou si

» elle est irrégulière ; son contexte, si le men-
» songe et la fraude l'ont dicté.

» Mais qu'on veuille affaiblir le crédit de cet
» acte, ou changer ses résultats par l'enquête
» scandaleuse d'un fait qui serait étranger à l'acte
» contesté ; que des collatéraux, par exemple,
» pour diminuer la portion que la loi donnera
» à l'enfant naturel dans la succession de son
» père, et le réduire aux alimens charitables ré-
» servés à l'enfant du crime, prétendent que cet
» enfant reconnu par un père libre est entaché
» d'adultère du côté de sa mère, inconnue et
» non désignée dans l'acte ; nous devons penser
» qu'ils ne seront point écoutés. »

Il n'y a point de commentaire à faire après
un si beau développement.

ARTICLE 340.

La recherche de la paternité est interdite. Dans le cas d'enlèvement, lorsque l'époque de cet enlèvement se rapportera à celle de la conception, le ravisseur pourra être,
sur la demande des parties intéressées, déclaré père de
l'enfant.

N° 1. On sait qu'autrefois la déclaration d'une
fille était suffisante pour mettre l'enfant dont
elle était enceinte sur le compte du premier venu.

Ce n'était point la loi qui le permettait ainsi, c'é-
tait l'usage. Cet usage, sur lequel était fondée la
jurisprudence de presque tous les tribunaux, dérivait de la maxime du président Faber, *creditur
virgini se prægnantem asserenti , ne pereant
fame*. « Il faut croire la déclaration d'une fille
» sur l'auteur de sa grossesse, de peur que la
» mère et l'enfant ne périssent de faim. »

C'est cette maxime contre laquelle s'éleva
avec tant de force et d'éloquence M. l'avocat
général Servan, dans la cause d'un maître à danser contre une jeune fille son élève , qu'il était
accusé d'avoir séduite.

« Je ne vois pas, disait-il au parlement de
» Grenoble, comment on peut concilier la maxi-
» me du président Faber avec cette protection
» que la justice doit à tous les citoyens. A l'abri
» des lois, chacun doit être tranquille comme
» sa conscience; et où sera cette sécurité, cette
» confiance dans le commerce des deux sexes
» que nos mœurs autorisent? Une fille sera donc
» un piége public! On ordonnait à Sparte de s'ar-
» rêter par respect devant une femme enceinte,
» et nos citoyens seront obligés de fuir devant
» une fille qui a le malheur de l'être! chacun
» tremblera qu'en détournant sur lui ses re-
» gards, elle ne l'infecte de la paternité (1). »

(1) OEuvres choisies de M. Servan, tom. i , pag. i64,

N° 2. Le Code civil , par l'art. 340, a laissé la paternité telle qu'elle est aux yeux de la loi comme aux yeux de l'homme, un mystère impénétrable. « C'est ainsi, disait M. Duveyrier,
» qu'en remontant à une vérité fondamentale,
» nous arrivons naturellement et sans efforts à
» cette règle première , à l'impossibilité de ces
» déclarations de paternité conjecturales et ar-
» bitraires , à la répression irrévocable de ces
» inquisitions scandaleuses qui, peu secourables
» pour l'enfant abandonné, portaient toujours
» la discorde dans les familles et le trouble dans
» le corps social. »

Ainsi, lorsqu'un enfant naturel n'a pas été légalement reconnu par son père , quelle que soit la déclaration de sa mère, il n'est plus admissible aujourd'hui à rechercher la paternité.

édit. de 1818. Le président Faber avait excepté, à la vérité, les hommes mariés de la confiance qu'il accordait à la déclaration d'une fille en tout autre cas. Mais, comme le dit M. Servan, ce n'était là retrancher que la moitié du danger de sa maxime. — La cause du maître à danser F... contre la C.... ne fut point jugée, il y eut partage. F... était un homme presque sexagénaire , privé d'un œil et estropié d'une jambe. La C... était une jeune fille de quinze ans. Elle disait être entrée vierge chez son maître à danser, et en être sortie enceinte le troisième jour. « Ce qu'on peut
» dire de plus honorable pour cette fille , s'écriait l'avocat
» général, c'est qu'elle ment. » Pag. 175.

C'est un malheur pour lui sans doute; mais le système contraire en serait un bien plus grand.

Il n'est qu'un cas où la loi permet cette recherche ; c'est le cas d'enlèvement. Alors , lorsque l'époque de cet enlèvement se rapportera à celle de la conception, le ravisseur pourra être, sur la demande des parties intéressées, déclaré père de l'enfant. Telle est la seconde disposition de l'art. 340.

Cette seconde disposition nécessite un examen sérieux, et fournit matière à des observations importantes.

La rédaction de l'article , communiquée au tribunat, portait :

« La recherche de la paternité est interdite.

» Lors même que l'époque de la conception » d'un enfant concourra avec des circonstances » de rapt ou de viol, il n'y aura lieu qu'à des » dommages-intérêts envers la mère. »

On observa au tribunat, sur le second paragraphe, qu'il ne s'agissait point ici de déterminer en quel cas il y a lieu d'accorder des dommages-intérêts à la mère ; mais bien de dire que, dans le même cas où ces dommages-intérêts pouvaient être accordés, la recherche de la paternité n'en est pas moins interdite. On proposa , en conséquence , de réunir ces deux paragraphes, et de rédiger la disposition en ces termes :

« La recherche de la paternité est interdite,
» quand bien même l'époque de la conception
» d'un enfant concourrait avec des circonstances
» de rapt ou de viol, qui donneraient lieu à des
» dommages-intérêts au profit de la mère. »

La rédaction définitive fut ainsi conçue :

« La recherche de la paternité est interdite.
» Mais, dans le cas d'enlèvement, lorsque
» l'époque de cet enlèvement se rapportera à
» celle de l'*accouchement*, le ravisseur *sera*, sur
» la demande des parties intéressées, déclaré
» père de l'enfant. »

Au conseil d'État, M. Cambacérès rappela
que, dans la conférence avec le tribunat, on était
convenu de ne rendre la déclaration de paternité que facultative et non forcée. Il proposa,
en conséquence, de substituer le mot *pourra* au
mot *sera*.

M. Treillard dit que le concours de l'époque
de l'enlèvement avec celle de la conception, et
la prolongation de la charte privée ne laissant
aucun doute sur la paternité, toute recherche,
tout examen devenaient inutiles, et qu'il n'était
plus possible de laisser au juge le pouvoir de décider le contraire ; que la loi ne devait pas autoriser une contestation qui porterait sur un fait
évident ; que le ravisseur n'avait pas à se plaindre ; que la déclaration de paternité était ici la

suite nécessaire et la peine de l'enlèvement ; qu'au surplus, c'était à l'époque de la conception, et non à celle de l'accouchement, qu'il convenait de s'arrêter.

Mais MM. Tronchet, Portalis, Eymeri, Bertier, Malleville, Muraire, Boulin et Regnaud-de-St-Jean-d'Angely furent d'avis que l'exception devait être purement facultative, parce que, si on la laissait subsister comme absolue, le tribunal se trouverait quelquefois obligé de prononcer contre sa conscience, en déclarant la paternité du ravisseur, même lorsqu'il serait d'ailleurs démontré que l'enfant a un autre père.

L'article fut donc rédigé tel qu'on le voit aujourd'hui (1).

Il résulte de cette discussion que la recherche de la paternité n'est permise que lorsqu'il y a eu véritablement enlèvement, et non simplement rapt ou viol, comme l'avait d'abord voulu le tribunat. Il y a une grande différence entre l'un et l'autre.

N° 3. Autrefois le rapt était traité avec la dernière rigueur. L'empereur Constantin, après avoir puni du dernier supplice les principaux auteurs de ce crime, ajouta que les ministres infidèles de la subornation, les domestiques, qui souvent sont les instrumens de ce crime, fini-

(1) Conférence du Code civil.

raient leurs jours par un nouveau genre de tourment, qu'on leur verserait du plomb fondu dans la bouche et dans la gorge , pour expier ainsi le crime d'une longue séduction qui a versé le poison dangereux d'une passion ardente dans le cœur d'une jeune fille. L'empereur Justinien , par la loi *Unica, Cod. de rapt.*, § 2 et 3 , voulait que l'on brûlât les esclaves qui auraient été les complices ou les ministres du rapt. Les rois s'étaient interdit le droit de faire grâce aux coupables.

Le rapt de séduction était puni encore plus sévèrement que le rapt de violence. C'est ce qu'on voit dans la même loi romaine, § 2. La raison en était que le rapt de violence pouvait souvent ne renfermer qu'un crime ; que celui de la séduction en renferme toujours deux ; que celui de la personne ravie ne peut servir d'excuse au ravisseur , qui en est l'auteur. C'est ce qui est exprimé par ces paroles élégantes de Constantin : *Nihil ei prosit puellæ responsio ; ipsa puella potiùs criminis societate obligetur.*

Les Capitulaires, *lib.* 7, *cap.* 395, disaient aussi: *Placuit ut hi qui rapiunt feminas , vel furantur, vel seducunt , eas nullatenùs uxores habeant.* Les mêmes dispositions étaient contenues dans l'ordonnance de 1679 (1).

_____
(1) Œuvres de d'Aguesseau, tom. 5, pag. 314 et suiv.

Mais, suivant la dernière jurisprudence des cours souveraines, lorsqu'il n'y avait pas une grande inégalité de condition entre le ravisseur et la personne ravie, et qu'il n'existait point de cas et de circonstances graves, on leur permettait de se marier ensemble ; ainsi le ravisseur échappait à la peine capitale. Les arrêts portaient toujours l'alternative (1).

N° 4. Le Code a voulu faire disparaître les différences qu'il y avait entre le rapt de violence et le rapt de séduction : il s'est servi génériquement du mot *enlèvement*. Ainsi, soit que le rapt ait été fait avec violence, soit qu'il ait eu lieu du consentement de la personne ravie, il y aura toujours enlèvement ; ce fait donnera lieu à la recherche de la paternité, lorsque l'époque de l'enlèvement se rapportera à celle de la conception.

Mais le fait seul d'enlèvement et sa coïncidence avec l'époque de la conception, ne rendront pas *de droit* le ravisseur père de l'enfant. Il *pourra* seulement être déclaré tel selon les circonstances. Cela est de toute justice. Il serait possible, en effet, que la fille eût consenti à son enlèvement, pour déverser sur son ravisseur une paternité qui ne lui appartient point. Il faut donc alors laisser aux juges la faculté de rechercher et de découvrir la vérité.

(1) Ferrière, Dictionnaire de droit, au mot *Rapt*.

N° 5. Mais y aura-t-il *enlèvement* dans le sens de la loi, si la fille était majeure?

Nous ne le pensons pas : l'art. 354 du Code pénal ne punit que l'enlèvement des *mineurs* effectué par fraude ou par violence; et l'art. 357 ajoute que, dans le cas où le ravisseur aurait épousé la fille qu'il a enlevée, il ne pourra être poursuivi que sur la plainte des personnes qui, d'après le Code civil, ont le droit de demander la nullité du mariage, ni condamné, qu'après que la nullité du mariage aura été prononcée. Le Code civil a parlé de l'enlèvement sans le définir. Le Code pénal est venu ensuite, et a dit ce que c'était que l'enlèvement; il ne l'a puni que lorsqu'il avait pour objet un mineur. Il n'a point parlé de l'enlèvement des majeurs; et en raisonnant pour le cas où le ravisseur aurait épousé la fille qu'il a enlevée, c'est encore la fille mineure qu'il a en vue. Il faut de plus que la fille soit au-dessous de seize ans accomplis pour que l'enlèvement soit punissable des travaux forcés à temps; car l'enlèvement des autres mineurs n'est puni que de la reclusion.

Cependant, s'il était prouvé que l'enlèvement d'une fille majeure a eu lieu par *violence*, et non de son consentement, et que l'époque de la conception coïncidât avec cet événement, nous pensons qu'il rendrait nécessaire l'application de l'art. 340 du Code civil ; à la différence de l'enlèvement de la fille mineure, qui peut avoir lieu par *fraude*, suivant l'art. 354 du Code pénal, c'est-à-dire par artifice ou par séduction, indépendamment de la violence.

N° 6. La paternité est indivisible sous le Code, comme elle l'était sous la loi du 12 brumaire an 2. Hors le cas dont nous venons de parler, la recherche de la paternité est interdite, non-seulement par rapport aux droits successifs, mais encore relativement aux alimens pour l'enfant et aux dommages-intérêts pour la mère. Un homme, en effet, ne peut pas être père pour un cas, et ne l'être pas pour un autre. C'est ce que jugea la cour de cassation, par arrêt du 26 mars 1806, en faveur de Jacques Marthe, contre Marie-Anne Linstruiseur (1).

Aussi la même cour, conséquemment à ce principe, a-t-elle également décidé, le 10 mars 1808, que les femmes et les filles n'ont aucune action en dommages-intérêts, sous prétexte qu'elles ont été séduites (2). Elles n'ont droit de demander des alimens pour leurs enfans que lorsqu'ils ont été promis ; « attendu, a dit la » cour suprême, que les juges de première in» stance et d'appel, en repoussant l'action

(1) Sirey, tom. 6, 2ᵉ part., pag. 570.
(2) *Idem*, tom. 8, 1ʳᵉ part., pag. 231.

» exercée par la demoiselle Monty, tant en son
» nom, pour cause de prétendue séduction,
» qu'au nom et comme tutrice d'une fille dont
» elle supposait le sieur Mayre père, se sont
» conformés aux dispositions de la loi; — que
» d'autre part, la condamnation au paiement
» d'une somme capitale en faveur de cette fille,
» n'étant aucunement fondée sur des présomp-
» tions de paternité, mais sur des faits et des
» circonstances, même des offres réelles, et sur
» le sens des défenses fournies par le deman-
» deur, dont les juges ont fait résulter un enga-
» gement, il n'appartient pas à la cour d'entrer
» dans un examen du bien ou mal jugé de cette
» partie de l'arrêt. »

N° 7. Si la recherche de la paternité est inte r-
dite à l'enfant dans son intérêt, elle est égale -
ment interdite contre lui, soit par action, soit
par exception, pour lui disputer une donation
ou un legs qui lui aurait été fait par celui qu'on
prétendrait être son père adultérin. C'est ce qu e
nous avons déjà dit et prouvé en rapportant l'arrêt rendu dans la cause des enfans Lemur. Dans
l'un ni dans l'autre cas, on ne peut invoquer la
possession d'état; car pour l'enfant naturel, il lui
faut une reconnaissance authentique; et contre
lui, cette reconnaissance serait repoussée par une
possession contraire, ou par un acte de nais-

sance qui lui donnerait une autre filiation. Cette reconnaissance serait même nulle, comme on l'a vu, si elle lui donnait la qualité d'enfant adultérin ou incestueux, suivant l'art. 335. C'est encore ce qu'a jugé la cour de cassation, par arrêt du 23 mars 1820 (1).

Ce que nous venons de dire de la recherche de la paternité, soit en faveur, soit contre l'enfant, est si vrai, que la cour de Rouen a décidé, avec bien de la raison selon nous, que l'enfant qui est réputé le fruit du mariage, aux termes de son acte de naissance, qui d'ailleurs n'a pas été troublé dans la possession de son état de légitimité, ne peut être autorisé à changer d'état par le fait seul d'un père adultérin qui l'aurait reconnu comme son enfant ; que vainement il alléguerait que le mari de sa mère était absent

(1) Sirey, tom. 20, 1re part., pag. 222. Cet arrêt a décidé encore que la recherche de la maternité est interdite, dans ce cas, comme celle de la paternité ; parce que l'article 335 n'a pas distingué lorsqu'il a dit que la reconnaissance ne pourra avoir lieu au profit des enfans nés d'un commerce incestueux ou adultérin ; et que, d'un autre côté, l'art. 342 ajoute qu'un enfant ne sera jamais admis à la recherche soit de la paternité, soit de la maternité, dans le cas où, suivant l'art. 335, la reconnaissance n'est pas admise. Aussi l'arrêt n'admit pas contre l'enfant l'adultérinité dont on voulait l'entacher. Il jugea que *la recherche de la paternité ne peut pas plus avoir lieu contre ces enfans qu'à leur profit.*

et très-éloigné à l'époque de la conception ; que
s'il pouvait y avoir lieu à une action en désaveu
de la paternité, cette action appartiendrait à la
famille du mari, et non à l'enfant qui voudrait
renoncer à sa légitimité pour se faire déclarer
adultérin, et obtenir des alimens comme tel.
C'était en la cause de Cécile-Bérénice Legras et
de la dame Belot (1).

N° 8. De même que les parens d'un enfant naturel qui ont volontairement reconnu un enfant
pour *légitime*, ne sont plus recevables ensuite à
lui contester cette qualité (2) ; de même nous
pensons qu'ils seraient non recevables à contester la qualité d'enfant *naturel* qu'ils auraient
volontairement reconnue. Dans l'un et l'autre
cas, il y aurait, de leur part, renonciation à leurs
droits, qui ne pourrait être utilement attaquée
pour cause d'erreur de droit, surtout s'ils
avaient exécuté cette reconnaissance, soit par
un partage fait avec l'enfant, soit par d'autres
actes contenant le réglement des intérêts de la
famille. Il en serait de même quoiqu'ils n'eussent pas traité spécialement sur la cause de leur
erreur. Telle est la disposition de l'art. 2052 du
Code civil. Il existe en faveur de l'enfant natu-

(1) Sirey, tom. 20, 2e part., pag. 261.
(2) Ainsi jugé par la cour de cassation le 13 avril 1820.
Sirey, tom. 21, 1re part., pag. 8.

rel les mêmes motifs qui ont été accueillis par
la cour de cassation pour l'enfant légitime (1).

~~~~~~

ARTICLE 341.

La recherche de la maternité est admise. — L'enfant qui
réclamera sa mère sera tenu de prouver qu'il est identiquement le même que l'enfant dont elle est accouchée.

Il ne sera reçu à faire cette preuve par témoins, que lorsqu'il aura déjà eu un commencement de preuve par écrit.

———

N° 1. Pour empêcher qu'on ne donnât à cet
article une extension qui serait une source de
scandale et de trouble , et pour avertir , en
même temps, que les articles relatifs à la reconnaissance d'un enfant naturel, étaient, quant à
l'effet, applicables à la preuve résultante de la
recherche de la maternité, un membre du tri-

____

(1) Nous disons que telle est la disposition de l'art. 2052;
car l'art. 2054 ne parle que d'un titre nul. Or, la reconnaissance de l'enfant naturel, faite par les parens, n'est pas un
titre nul. Il en serait différemment si l'enfant était adultérin
et par eux reconnu comme tel. Alors, et parce que l'article 335 rejette cette reconnaissance, il est certain que les
parens de qui elle émanerait pourraient la faire annuler, à
moins qu'ils n'eussent expressément traité sur la nullité,
auquel cas ils seraient non recevables à la relever.
~~~~~~

bunat proposa, et la section adopta la rédaction suivante :

« La recherche de la maternité est admise
» dans le cas où, aux termes de l'art. 335, la
» reconnaissance peut avoir lieu; elle n'est point
» admise lorsque la mère est, au moment de la
» demande, engagée dans les liens du mariage.
» L'effet de la preuve résultant de cette recher-
» che sera le même que celui de la reconnais-
» sance (1). »

La première disposition de cet article proposé n'était qu'une répétition de ce qui avait été dit dans les articles précédens, notamment dans l'art. 335, et surtout dans l'art. 342. Ainsi, cette répétition était inutile, et elle était vicieuse pour une loi. Cependant, nous la rappelons nous-mêmes, afin de montrer constamment cette vé-rité morale, que la mère, pas plus que le père, ne peut reconnaître valablement un enfant adul-rin ou incestueux, pour lui conférer du moins des droits successifs.

Quant à la seconde disposition du même ar-ticle, proposée par le tribunat, elle était injuste. Eh quoi! parce qu'une mère aura été assez déna-turée pour oublier, pour méconnaître un enfant qu'elle a eu à une époque où elle était libre,

(1) Conférence du Code civil.

elle empêchera cet enfant de la réclamer, sous prétexte que, au moment de la réclamation, elle est engagée dans les liens du mariage! N'a-t-elle pas aussi des devoirs à remplir envers lui, et ces devoirs n'existaient-ils pas avant l'union que cette femme a contractée? Répétons-le avec M. Duveyrier : « Il serait barbare autant qu'impo-
» litique de refuser à l'enfant le droit de récla-
» mer sa mère, qui se cache, mais que la nature
» ne refuse jamais de découvrir (1). »

La troisième disposition de l'article proposé était aussi inutile que la première ; car, si la loi lui permet de rechercher la maternité, c'est qu'il n'existe pas de reconnaissance de la part de la mère. Or, la recherche admise, suivie de la découverte, devait nécessairement produire le même effet que la reconnaissance : il était donc tout-à-fait oiseux de le répéter.

L'article resta donc tel qu'il avait été présenté au tribunat.

N° 2. Ce n'est pas tout qu'un enfant réclame

______

(1) Tel est aussi le sentiment de M. Toullier, qui dit, n° 947 : « Au reste, les enfans naturels nés avant le mariage
» de leur mère peuvent la réclamer, même après le mariage
» qu'elle a contracté avec un autre individu que leur père,
» comme le décida le conseil d'Etat dans la séance du 26
» brumaire an 10. On ne peut admettre une exception ou
» limitation qui n'existe point dans le Code. »

une telle femme pour sa mère : la justice et la morale veulent qu'il soit prouvé que cette femme est réellement accouchée; car on sent parfaitement quel danger il y aurait autrement à admettre la recherche de la maternité. Elle pourrait porter sur une fille dont la conduite aurait toujours été régulière, et donner ainsi une atteinte mortelle à son honneur.

L'enfant doit donc commencer par prouver l'accouchement de celle à qui il attribue son existence.

Mais ce n'est pas tout encore. L'accouchement prouvé, il faut de plus que l'enfant établisse qu'il est identiquement le même que celui dont sa prétendue mère est accouchée. L'on conçoit aisément que, sans cela, un enfant étranger pourrait trop facilement usurper une filiation qui ne lui appartiendrait pas.

Mais dans quel cas et de quelle manière un enfant pourra-t-il prouver par témoins les deux faits d'accouchement et d'identité ? C'est seulement lorsqu'il aura déjà un commencement de preuve par écrit, dit l'art. 341.

Or, qu'est-ce qu'un commencement de preuve par écrit, dans le cas et dans le sens de cet article ? Peut-on appeler ainsi l'acte de naissance de l'enfant, contenant l'indication de sa mère, et rédigé sur la déclaration des personnes désignées par l'art. 56 du Code civil.

Il faut répondre négativement avec la cour de cassation, dans son fameux arrêt du 28 mai 1810, dans la cause de la demoiselle Hamelin, femme Coron, et du mineur Abel. Cette cour a décidé en effet :

1° Que les présomptions graves qui, selon l'art. 323, rendent admissible la preuve testimoniale, au cas de recherche de maternité *légitime*, n'ont pas le même effet au cas de recherche de la maternité *naturelle*, autorisée par l'art. 341 ;

2° Que le commencement de preuve par écrit doit porter sur le fait d'accouchement;

3° Que ce commencement de preuve par écrit ne peut résulter de l'acte de naissance.

Voici les motifs de cet arrêt, que nous croyons devoir rapporter ici :

« Attendu 1° que, suivant l'article 341 du Code
» Napoléon, l'enfant naturel ne peut être reçu
» à prouver par témoins qu'il est le même que
» l'enfant dont la mère qu'il réclame est accou-
» chée, s'il n'a déjà un commencement de preuve
» par écrit de cette identité;
» Attendu 2° qu'un acte de naissance ne forme
» point ce commencement de preuve, puisqu'il

(1) Sirey, tom. 10, 1ʳᵉ part., pag. 193.

» peut être applicable à un autre individu que
» le réclamant;

» Que ce principe est d'autant plus constant,
» qu'il a été reconnu au conseil d'État lors de
» la discussion du projet du Code civil, en écar-
» tant l'article qui disposait que le registre de
» l'état civil constatant la naissance d'un enfant
» né de la mère réclamée, et duquel le décès ne
» serait pas prouvé, pourrait servir de com-
» mencement de preuve par écrit;

» Attendu 3° que ce n'est que dans le cas de
» la filiation légitime que l'art. 323 du même
» Code permet de recevoir la preuve par té-
» moins, lorsque les présomptions et indices
» résultant de faits dès-lors constans sont assez
» graves pour déterminer l'admission; qu'aucun
» article du Code n'étend cette faculté au cas de
» la filiation naturelle;

» D'où il résulte que, en admettant la preuve
» testimoniale sur le seul fondement de l'acte
» de naissance du 3o germinal an 5, et de pré-
» somptions et indices résultant du procès, l'ar-
» rêt a violé l'art. 341, et faussement appliqué
» l'art. 323 du Code. »

Nous n'avons pas à nous occuper de l'art. 342,
qui est clair et précis, et dont nous avons eu
d'ailleurs occasion de parler en examinant les
articles précédens.

M. Servan, à l'endroit que nous avons cité, s'exprime en ces termes, pag. 182 et 183 :

« Tout gouvernement policé ne doit-il pas
» avoir des maisons destinées pour ces enfans
» malheureux, qui sont plus particulièrement
» que tous les autres les enfans de l'État? L'Es-
» pagne a été bien plus noble dans ses idées.
» La police leur assure la subsistance, et l'opi-
» nion leur accorde la noblesse. Nous nous con-
» tentons de les faire vivre; mais l'Espagne a
» la *générosité* de les consoler. Les lois présu-
» ment en faveur de ces infortunés qu'ils sont
» tous nés d'un père noble; voilà, voilà le *gé-*
» *néreux* usage qu'on doit faire des présomp-
» tions. Faber emploie la présomption pour
» condamner un citoyen, et les lois espagnoles
» pour l'honorer. »

Avons-nous jamais eu, avons-nous aujourd'hui moins de *mœurs*, moins de *générosité* que les Espagnols? Cette question appartient à l'histoire.

FIN.

TABLE DES MATIÈRES

PAR ORDRE ALPHABÉTIQUE.

A

ABSENCE.

Enfant né pendant l'absence du mari. — Est-il légitime?
— Quelle doit être la durée de l'absence? Pag. 14 et suiv.

ACCIDENT.

Cause qui donne lieu au désaveu. Pag. 19 et suiv.

ACTE DE NAISSANCE.

C'est la première et la principale preuve de la filiation
des enfans. Pag. 106.

La représentation de l'acte de naissance n'est pas toujours une preuve irrécusable de la légitimité des enfans.
Pag. 107 et suiv.

Cette preuve doit être jointe à la possession d'état.
Pag. 107 et suiv.

A défaut d'acte de naissance, la possession constante de
l'état d'enfant légitime suffit. Pag. 121.

Comment s'établit cette possession? Pag. 122 et suiv.
jusqu'à la page 129.

ACTE EXTRAJUDICIAIRE.

Le désaveu peut être fait par un acte semblable, pourvu

qu'il soit suivi, dans le mois, d'une action en justice.
Page 101.

Cet acte extrajudiciaire n'est point indispensable. P. 102.

ACTION.

L'action en réclamation d'état ne peut être intentée par les héritiers de l'enfant que dans les délais et sous les conditions déterminés par la loi. — Quels sont ces délais et conditions? Pag. 177 et suiv.

Difficultés à ce sujet. Pag. 180 et suiv.

L'enfant peut se désister de son action en réclamation d'état; mais il faut que son désistement soit formel, et qu'il le fasse en majorité. Pag. 187 et suiv.

L'enfant ne peut transmettre à ses héritiers des droits qui n'étaient point ouverts lors de son décès. Pag. 188 et suiv.

Mais ses héritiers directs peuvent exercer l'action en réclamation d'état, quoiqu'il n'y ait aucuns droits ouverts avant la mort de l'enfant. — Il n'en est pas de même des héritiers collatéraux ou testamentaires. Pag. 188 et suiv.

Cette action peut-elle être intentée par les créanciers de l'enfant. Pag. 191 et suiv.

ADULTÈRE.

L'adultère seul de la femme ne peut motiver le désaveu de l'enfant par le mari. — L'aveu de l'adultère, fait par la femme, ne peut nuire à l'enfant. Pag. 37 et suiv.

Les deux faits d'adultère et de naissance cachée doivent-ils concourir pour donner au mari le droit de désavouer l'enfant, de manière que l'adultère soit reconnu et constaté avant l'introduction de l'action en désaveu. — Arrêt. Pag. 44 et suiv.

BONNE FOI.

La bonne foi du père ou de la mère qui était libre lors du mariage avec celui qui ne l'était pas, est-elle présumée en faveur des enfans, ou doivent-ils la prouver? Pag. 117 et suiv.

C

COHABITATION.

C'est le fondement de la présomption de paternité. Cette présomption continue-t-elle d'exister dans le cas de la séparation de corps judiciaire? — Arrêts. Pag. 27 et suiv.

CONVOL.

Enfant né du second mariage de la femme dans les dix mois de la dissolution du premier, auquel des deux maris est-il censé appartenir? auquel des deux succède-t-il? — Le second mariage de la femme, célébré avant les dix mois de son veuvage, est-il valable? Pag. 2 jusqu'à la page 9.

CONTESTATION.

Peut être faite, de la reconnaissance de l'enfant, par tous ceux qui y ont intérêt. Pag. 311.

D

DELAI.

Eloignement du mari lors de la naissance de l'enfant. — Quel doit-il être pour que celui-ci puisse être désavoué? *Vid.* ABSENCE, PRESCRIPTION.

DÉSAVEU.

Doit être signifié au tuteur *ad hoc* de l'enfant et à sa mère. — Pourquoi à sa mère? Pag. 102 et suiv.

DESAVEU DU MARI.

Vid. NAISSANCE.

E

ENFANT.

Né du second mariage de sa mère, mais dans les dix mois du veuvage de celle-ci. *Vid.* CONVOL.

Enfant né avant le 180ᵉ jour du mariage, ou 300 jours après la dissolution. *Vid.* NAISSANCE.

Viable ou *non viable*. Pag. 69 jusqu'à la page 80.

Enfans naturels. *Vid.* RECONNAISSANCE.

L'enfant naturel ne peut réclamer les droits d'enfant légitime. Pag. 307 et suiv.

Quid de l'enfant adoptif? Pag. 309.

ERREUR.

L'erreur commise sur les registres de l'état civil, dans les prénoms de l'enfant, mais non pas dans le nom de famille, ne constitue point un faux nom à lui attribué. Il n'y a qu'une simple rectification à faire. Pag. 150.

ETAT.

Nul ne peut réclamer un état contraire à celui que lui donnent son titre de naissance et la possession conforme à ce titre. — Et *vice versâ* nul ne peut contester l'état de celui qui a une possession conforme à son titre de naissance. Pag. 130 et suiv.

Les tribunaux civils sont seuls compétens pour statuer sur les réclamations d'état. — L'action criminelle contre un délit de suppression d'état ne peut commencer qu'après le jugement définitif sur l'action civile. Pag. 167 et suiv.

La décision criminelle ne peut exercer aucune influence sur la décision civile. Pag. 170 et suiv.

La preuve du mariage des père et mère de l'enfant, découverte dans la procédure criminelle, lui profite pour sa filiation. Pag. 171.

Comment peut se commettre la suppression d'état ? Pag. 172.

Les auteurs et complices de ce crime ne peuvent être poursuivis criminellement par le ministère public, tant que les parties intéressées à faire déclarer que l'enfant prétendu supposé leur est étranger, ne l'ont pas fait juger par les tribunaux civils. Pag. 174.

La réclamation d'état est imprescriptible à l'égard de l'enfant. Pag. 175.

Mais que doit-on décider des biens auxquels l'enfant peut prétendre, si ces biens ont été vendus par les héritiers du mari avant toute réclamation de l'enfant, et si les acquéreurs ont possédé pendant dix ou vingt ans, avec titre et bonne foi ? Pag. 176 et suiv.

F

FAITS.

Vid. PREUVE.

FAUX NOMS.

Si l'enfant a été inscrit sous de faux noms, ou comme né de père et mère inconnus, la preuve testimoniale de sa filiation légitime peut se faire par témoins, pourvu qu'il y ait un commencement de preuve par écrit, ou des faits dès-lors constans. Pag. 147 et suiv.

FILIATION.

G

GROSSESSE.

H

HERITIERS.

I

IDENTITE.

LEGITIMITÉ.

M

MARIAGE.

L'enfant né du second mariage de sa mère, dans les dix mois de son veuvage, appartient-il au second ou au premier mari? Pag. 2 et suiv.

Il n'existe encore aucune loi qui interdise ou qui annulle le mariage des prêtres. — Les enfans qui en proviendraient ne pourraient donc être réputés adultérins ou incestueux. — Ils pourraient être même légitimés par le mariage subséquent. Pag. 224 et suiv.

Le mariage intermédiaire de l'une des parties avec une autre n'empêche pas la légitimation. Pag. 222 et 223.

Le mariage putatif ne peut donner lieu à la légitimation. Pag. 212 et suiv.

MARI.

Le mari peut désavouer l'enfant né hors des délais indiqués par la loi. *Vid.* DÉLAI, IMPUISSANCE, GROSSESSE, ADULTÈRE, NAISSANCE, ASSISTANCE.

MATERNITÉ.

La recherche de la maternité est admise. — Identité à prouver. — Cette preuve ne peut être admise par témoins que lorsqu'il y a commencement de preuve par écrit. Pag. 327 et suiv.

MINEUR.

Les héritiers de l'enfant ne peuvent réclamer qu'autant qu'il est décédé mineur, ou dans les cinq années après sa majorité. Pag. 177.

Quid lorsque l'action a été formée par l'enfant lui-même? Pag. 177 et suiv.

Difficultés d'entendre les époques fixées par la loi. Pag. 180 et suiv.

N

NAISSANCE.

La naissance cachée est une cause de désaveu, lorsqu'il y a preuve des autres faits propres à justifier que le mari n'est pas le père. Pag. 41 et suiv.

La naissance précoce peut donner lieu à l'action en désaveu. — Qu'est-ce que la naissance précoce ? Pag. 58 jusqu'à 62.

Assistance du mari à l'acte de naissance. *Vid.* ASSISTANCE.

P

PATERNITÉ.

La recherche de la paternité est interdite. — *Quid* dans le cas d'enlèvement et comment? Pag. 314 et suiv.

PRESCRIPTION.

Délais accordés au mari pour réclamer contre la légitimité de l'enfant. Pag. 87 et suiv.

Délais accordés aux héritiers du mari pour contester la légitimité de l'enfant. Pag. 90 et suiv.

Le délai accordé aux héritiers est-il fatal dans tous les cas? Pag. 92 et suiv.

L'action en réclamation d'état est imprescriptible à l'égard de l'enfant. Pag. 175.

Quid des biens vendus et possédés par des tiers avec titre et bonne foi pendant 10 ou 20 ans? Pag. 176 et suiv.

Délais et conditions de l'action en réclamation d'état par les héritiers de l'enfant. Pag. 177 et suiv., pag. 180 et suiv.

Quid si l'enfant a été en possession des biens, et que ses
héritiers aient laissé passer les délais? Pag. 182 et suiv.

PRÉSOMPTIONS.

Vid. PREUVE et BONNE FOI.

PREUVE.

En l'absence de titre et de possession constante, la preuve
de la filiation peut se faire par témoins; mais il faut un
commencement de preuve par écrit, ou des présomptions
ou indices graves résultant de faits dès-lors constans.
Pag. 134 et suiv.

Commencement de preuve par écrit nécessaire pour
rendre recevable la preuve testimoniale. Pag. 134 et suiv.

Ce que c'est que le commencement de preuve par écrit
en matière de question d'état. — Arrêt. Pag. 153 et suiv.

La preuve contraire peut se faire par tous les moyens,
propres à établir que le réclamant n'est pas l'enfant de la
mère qu'il prétend avoir, ou même, la maternité prouvée,
qu'il n'est pas l'enfant du mari de la mère. Pag. 156 et suiv.

De quelle manière cette preuve contraire peut-elle se
faire? Pag. 165 et suiv.

PROVISION.

Pendant l'instance en désaveu l'enfant a-t-il droit à une
provision? Pag. 97 et suiv.

Quid de l'enfant dont la naissance est contestée comme
tardive? Pag. 98 et suiv.

Vid. RECONNAISSANCE.

PUISSANCE PATERNELLE.

Les enfans naturels reconnus ne sont point sous la puis-

Ils ne peuvent prétendre aux alimens contre les parens de leurs père et mère, par exemple de leur aïeul. Pag. 275 et suiv.

Ils ne sont point sous la tutelle légale de leur père. Pag. 276 et suiv.

Ils ne sont point héritiers. Pag. 281.

Devant quel tribunal doivent-ils porter leur réclamation? Pag. 281.

Ils ont une réserve légale, quoique non héritiers. Pag. 283.

Les enfans naturels nés d'un commerce incestueux ou adultérin ne peuvent être reconnus. Pag. 285 et suiv.

Quid des enfans des prêtres? Pag. 286 et suiv.

On ne peut pas prouver que les enfans naturels sont adultérins ou incestueux. — Arrêts. Pag. 289 et suiv.

Les alimens ne leur sont dus que lorsqu'ils sont reconnus par acte authentique. Pag. 291 et suiv.

La reconnaissance du père, sans l'indication et l'aveu de la mère, n'a d'effet qu'à l'égard du père. Pag. 294 et suiv.

Reconnaissance faite pendant le mariage d'un enfant né auparavant d'un autre que de l'époux. Pag. 300 et suiv.

Cet enfant a-t-il droit à des alimens, même pendant le mariage. Pag. 306.

Recherche de paternité ou de maternité; dans quel cas est-elle permise? Pag. 329 et suiv.

S

SEPARATION DE CORPS.

Détruit-elle la présomption de paternité? Doit-elle au moins l'affaiblir? — Arrêts. Pag. 27 jusqu'à la pag. 36.

SECONDES NOCES.

Enfant d'un second mariage contracté dans les dix mois

du veuvage de sa mère, auquel des deux maris appartient-il? *Vid.* CONVOL.

T

TEMOINS.

Preuve par témoins. *Vid.* PREUVE.

TESTAMENT.

Peut-on reconnaître valablement un enfant naturel par un testament olographe? *Vid.* RECONNAISSANCE.

TROUBLE.

Possession des héritiers du mari troublée par l'enfant. Pag. 95 et suiv.

Les héritiers du mari troublés dans leur possession doivent contester la légitimité dans les deux mois du trouble, à peine de déchéance. Pag. 95 *in fine* et 96.

Comment s'établit le trouble? — Arrêt. Pag. 96 et suiv.

U

USUFRUIT.

L'usufruit légal des biens des enfans naturels n'appartient point à leurs père et mère. Pag. 294 et suiv.

V

VIABILITE.

Comment peut-on reconnaître qu'un enfant est né viable? Pag. 75 et suiv.

A la charge de qui est la preuve de non viabilité de l'enfant, en cas de désaveu du mari? Pag. 71 et suiv.

La successibilité est une conséquence nécessaire de la légitimité. Pag. 72.

VIE.

Comment on reconnaît qu'un enfant est né vivant. Pag. 70 et suiv.

Quel est celui du mari ou de la femme qui doit prouver que l'enfant est né vivant, en cas de désaveu de la part du mari? Pag. 73.

FIN DE LA TABLE.

LIMOGES, IMPRIMERIE DE F. CHAPOULAUD.